[英]巴兹尔·利德尔·哈特——著　　梁力乔——译

一个英国军事顾问眼中的二战

THE HISTORY OF THE SECOND WORLD WAR

II
欧陆争夺：
第三帝国的穷途末路

中国画报出版社·北京

CONTENTS

目 录

第 1 章
大西洋战役

001

第 2 章
反攻欧洲

037

第 3 章
进攻意大利

059

第 4 章
德军在苏联战场败退

101

第 5 章
盟军占领罗马及在意大利战场受挫

133

第 6 章
法国获得解放

161

第 7 章
苏联获得解放 — 195

第 8 章
对德国的轰炸加强 — 229

第 9 章
希特勒的阿登反击战 — 269

第 10 章
从维斯瓦河到奥得河的进军 — 301

第 11 章
希特勒失去意大利 — 313

第 12 章
"第三帝国"覆亡 — 323

第 1 章 大西洋战役

The Battle of the Atlantic

第1章 大西洋战役

大西洋战役是贯穿第二次世界大战始终、战局跌宕起伏的持久战，而1942年下半年和1943年上半年是大西洋战役最关键的时期。由于德国首批远洋U艇于1939年8月便离开德国，进入在大西洋的作战位置，因此我们可以这么说：大西洋战役先于第二次世界大战开始。在德国入侵波兰前夕的1939年8月底，德国已有十七艘潜艇在大西洋游弋，另有约十四艘近海型U艇开进北海。

虽然德军潜艇的准备工作很晚才开始，但还是在1939年大战爆发前凑齐了五十六艘潜艇（其中十艘尚不具备完全作战能力），只比英军少一艘。在这批德军潜艇中，有三十艘是不宜在大西洋作战的"北海鸭子"。

1939年9月3日，也就是英国对德国宣战的那天晚上、德国入侵波兰的第三天，德国潜艇首战告捷，击沉了从英国往外国航行的邮轮"雅典"号。虽然希特勒特别命令搞潜艇战一定要遵守海牙国际公约，但"雅典"号是被德军不宣而战并用鱼雷击沉的。U艇指挥官坚称自己认为"雅典"号是一艘武装商船，以此标榜自己行为的合理性。几天后，又有好几艘船被德国潜艇击沉。

1939年9月17日，德军U-29潜艇取得了一次更重要的胜利：在

通往不列颠群岛的西航道外击沉了英军"勇敢"号航空母舰。9月14日,英军航空母舰"皇家方舟"号险遭德军U-39潜艇的毒手。不过,U-39潜艇很快就被护航的驱逐舰击沉了。德军潜艇带来如此大的压力,导致英国不敢再用舰队型航空母舰猎杀德军潜艇。

德军潜艇在对商船的袭击中也取得很大的战果。1939年9月,同盟国和中立国共有四十一艘,共十五万四千吨商船被击沉。1939年底,被击沉的数字更是上升到了一百一十四艘,总计四十二万吨以上。

此外,1939年10月中旬①,海军上尉君特·普里恩指挥的U-47潜艇在深入英军斯卡帕湾泊地,击沉了英军战列舰"皇家橡树"号,并迫使英军在防卫情况有所改善前暂时放弃了这一主要基地。

然而,有一点很重要:1939年11月到12月,英国商船的损失还不到1939年9月到10月的一半,并且1939年11月到12月英国商船的损失多半是水雷造成的,少数才是被U艇击沉的。此外,德军潜艇也被击沉了九艘,占德军潜艇总实力的六分之一。德军飞机对英国舰船发起的空袭最糟时也不过是制造骚乱罢了。

第二次世界大战初期,德国海军不仅对U艇,还对水面舰艇寄予厚望。不过,经验表明,这种希望不切实际。第二次世界大战刚爆发时,德国袖珍战列舰"格拉夫·斯佩海军上将"号在中大西洋地区严阵以待,其姊妹舰"德意志"号——后改叫"吕佐夫"号——则在北大西洋。然而,希特勒不允许这两艘袖珍战列舰

---

① 准确日期是1939年10月10日。君特·普里恩事后得到了"斯卡帕湾之牛"的美称。1941年3月8日,U-47潜艇在试图攻击盟军护航舰队时被英国驱逐舰击沉。——译者注

第1章 大西洋战役

在1939年9月26日前攻击英国运输船。因此"格拉夫·斯佩海军上将"号和"吕佐夫"号都没取得很大的战果。1939年12月，被困在拉普拉塔河河口的"格拉夫·斯佩海军上将"号更是被迫自行凿沉。两艘新型战列巡洋舰"沙恩霍斯特"号和"格奈森瑙"号曾在1939年11月出击，但在冰岛与法罗群岛之间的海峡击沉了一艘武装商船后就逃回了德国。根据1917年到1918年的第一次世界大战时期的经验，同盟国已经为舰船提供了护航队——虽然护航军舰数量不足，很多商船还得不到军舰护航，但盟军军舰对德军潜艇还是起到了极大的威慑作用。

1940年6月法国沦陷后，英国的海运航线变得更加危险了。当时，舰船但凡通过爱尔兰以南海域，都会遭到德军的潜艇、水面舰艇和飞机的袭击。如果不走这条十分危险的航道，就只剩下西北航道这一绕爱尔兰以北的曲折航线可走了。但德国首款四个发动机的远程飞机福克-伍尔夫"兀鹰"从挪威斯塔万格和法国波尔多附近的梅里尼亚克起飞，航程也足以覆盖盟军航线，还能汇报盟军舰船的情况，甚至直接轰炸盟军舰船。1940年11月，德国远程轰炸机击沉盟军舰船十八艘，共六万六千吨。潜艇击沉舰船的数量也大大增加：1940年10月，德国潜艇击沉盟军舰船六十三艘，吨位总计三十五万吨以上。

当时，德军对盟军舰船的威胁已经十分严峻，英国只得撤销之前派遣大批军舰防止德军入侵本土的任务，改为将军舰派往西北航道护航。但英国的海空护航还是很脆弱。

1940年6月是战略形势有所改观的第一个月。U艇击沉的舰船数量已经上升到五十八艘，共计二十八万四千吨；虽然被击沉数

字在7月略有减少，但德军在随后几个月击沉舰船的总吨位平均在二十五万吨以上。

德国空投水雷在东海岸航线造成的损失比U艇在1939年最后几个月对盟军造成的损失更大。1940年春季入侵挪威和其他低地国家后，德国海军的威胁就更加迫在眉睫了。

1940年秋季，德国袖珍战列舰"舍尔海军上将"号在未被发现的情况下悄悄进入大西洋，并在11月5日攻击了一支从新斯科舍省哈利法克斯归航的护航队。德军击沉了五艘商船和为了赢得让其他商船逃走的时间而自我牺牲的唯一护卫舰、武装商船"杰维斯湾"号。

慑于"舍尔海军上将"号突然出现在这条重要航路上，盟军贯穿大西洋的全部航运一时陷入混乱，其他护航队不得不停运两星期，直到得知"舍尔海军上将"号已经驶入南大西洋才重新复航。虽然"舍尔海军上将"号在南大西洋发现的目标不多，但在航行四万六千多英里并于1941年4月1日安全返回基尔时，已经获得了击沉舰船十六艘，共计九万九千吨的战果。1940年11月，德国重巡洋舰"希佩尔海军上将"号也驶入大西洋，却在圣诞节攻击一支盟军护航队时惊讶地发现这是一支驶往中东的护航队，护航力量十分强大。最终，盟军护航巡洋舰将"希佩尔海军上将"号赶走了。而"希佩尔海军上将"号此时因机械故障，不得不开回布雷斯特维修。

1941年2月，"希佩尔海军上将"号从布雷斯特第二次出发，在一次对一支在非洲沿海航行、没有护航的船队发动的袭击中成功击沉了七艘船，但燃料即将耗尽，因此舰长决定返回布雷斯特。

第1章 大西洋战役

1941年3月中旬,"希佩尔海军上将"号奉德国海军参谋部命令回国进行更加彻底的整修,正好赶在"舍尔海军上将"号之前返回基尔。除机械故障外,"希佩尔海军上将"号仅在续航能力低于"舍尔海军上将"号这个方面就体现出了不适合进行商路破袭战的特点。

德军在海战中除潜艇和水雷之外,还有另一样最厉害的武器,那就是为商路破袭战而改装的伪装商船。自1940年4月以来,德军一直派遣伪装商船进行远程巡航任务。截至1940年底,首批六艘伪装商船已经击沉五十四艘共计三十六万六千吨同盟国商船,其中大多是在远海被击沉的。"眼前出现的是否为伪装商船"这一点造成的混乱和焦虑甚至不亚于它们袭击事件造成的混乱和焦虑。

德军还巧妙利用秘密地点进行燃料物资补给,给盟军商船造成的威胁更加复杂。伪装商船的船员操舰熟练,精心挑选目标,虽然其中一艘不得不与盟军舰船交战,但并未受到重创。伪装商船的船长们除一人外都还算比较人道:既能给目标船员足够的登上救生船的时间,也不虐待俘虏。

由于护航舰稀缺,在面对德军的种种威胁,特别是大西洋上通往英国航道的U艇,英国海军可谓压力重重,已经快要承受不住了。德国潜艇从布雷斯特、洛里昂和靠近拉罗谢尔的拉帕利斯出发,最远可以航行至西经25°。但1940年夏,英军舰船只能航行至距离爱尔兰以西约两百英里的西经15°左右的海域。

此后,同盟国船队要么护航力量变得分散,要么就只能在没有护航的情况下航行。即使到了1940年10月,盟军的严密护航也

只能保持到距离爱尔兰以西约四百英里、西经19°左右的海域。不仅如此，只有开往中东的护航队才能得到更强的保护。每个护航队的武装力量通常仅有一艘武装商船，直到1940年底，这一状况才得到改善，平均每个护航队有两艘武装商船。

这里应该指出，盟军大西洋护航队航行的西部终点是位于加拿大新斯科舍省的哈利法克斯。同盟国舰船在这里装载食品、石油和军火后便归航，由加拿大驱逐舰护送第一段（约三百海里至四百海里），其后便由远洋护航队接替，一直护送到西部航道防御较好的海域为止。

1940年春季出现的小型护卫舰在解决护航力量不足的问题上帮了大忙。这种小型护卫舰排水量仅九百二十五吨，虽然常常受到恶劣气候的影响，搞得船员筋疲力尽，航速也不足以赶上在水面航行的U艇，但还是在各种气象条件下勇敢地完成了护航任务。

1940年9月，丘吉尔经过两个月的苦苦相劝，终于与罗斯福总统达成了一个为解决护航问题提供更大帮助的协议：英国以大西洋西岸八个基地租借给美国十九年的条件换取美国海军在第一次世界大战时用剩下的五十艘驱逐舰。

尽管这些美国驱逐舰已经过时，甚至要安装潜艇探测声呐方可使用，但一交付就很快能为护航、反潜作战做出巨大贡献。当时尚保持中立的美国也借这一双边交换协议得以保护美国远洋、近海运输的基地，踏出了被卷入大西洋战役的第一步。

1940年的冬季和随之而来的坏天气增加了护航队和护航军舰面临的困难，但减少了德国潜艇的活动。德国数据显示，其潜艇的实力从第二次世界大战爆发到1940年7月已经增加百分之五十，

第 1 章 大西洋战役

虽有二十七艘被毁，但还剩五十一艘。1941年2月，德国仅剩二十一艘可以作战的潜艇了。虽然德国总兵力有所减少，但由于得到了法国的海军基地，也就可以维持更多潜艇在海上作战，还可以在盟军的远洋航线上使用更小的近海型潜艇。

意大利海军对战争的贡献少得可怜。自1940年8月起，意大利潜艇虽然就在大西洋上活动了，11月时出海的潜艇更是至少有二十六艘，但在实际作战中根本毫无作为。

因冬季恶劣气候的影响，德国潜艇战的压力有所减轻，但到了1941年初，压力又恢复了，甚至因德国海军上将邓尼茨采用"狼群战术"而压力倍增。1940年10月，德国潜艇开始采取"狼群战术"，并在随后的几个月中发展了这种战术。

"狼群战术"是这样实行的：设在岸上的潜艇总部在大致确定护航队所在位置后就会通知就近的U艇群，潜艇群则派出一艘潜艇前往搜索并跟踪同盟国护航队，并利用无线电引导其他潜艇。德国潜艇一旦在战场集结，就会抢占护航队的上风向，在水面发动夜袭，并且一连攻打几晚之久。白天，德国潜艇会撤退，避开同盟国护航队及其护卫军舰的锋芒；晚上，在进行水面夜袭时，其航速又比多数盟军护航战舰要快。水上夜袭早在第一次世界大战时就已经开过先例，并由邓尼茨本人在第二次世界大战爆发前发行的一部著作中记录过应用方法。

"狼群战术"可以说打了英军一个猝不及防：由于英国考虑的主要是提防德国潜艇的水下袭击，因而一味相信探测距离约一千五百码的声呐，但声呐奈何不了浮在护航舰队附近水面上像鱼雷艇一样作战的潜艇。夜间，一旦德国潜艇在水面行动，护航

舰实际上就像是在蒙眼作战。德国这样搞夜袭完全打乱了英军为潜艇战进行的准备，英军因此惊慌失措。

早早找出"跟踪员"联络潜艇且加以驱逐，就是对付"狼群战术"的最好机会。如果盟军护航队可以迫使德国潜艇下潜，潜艇就将因夜间潜望镜不起作用而处于不利地位。一个对付夜袭最重要的措施就是把海面照亮，盟军在这方面起初是依靠照明弹或发射火箭弹时产生的光，但后来用一种效果更好的"雪花"式照明装置代替。"雪花"在"点亮黑夜为白昼"方面起了很大作用。另外，以发明人名字①命名的"利式探照灯"也被应用在护航和反潜巡逻的飞机上。更重要的是，盟军还改进了雷达，弥补了目视观测的不足。与技术装备投入使用共同进行的，还有对护航军舰和护航队更加充分的训练，以及对情报机构的大力改进。

但这一切都需要时间，所幸这时德国潜艇数量不多，使新的"狼群"活动受到限制。根据邓尼茨在第二次世界大战爆发前的预估，如果要对付英国可能采用的全球护航系统，德国至少需要三百艘U艇才能取得决定性战果。但在1941年春，德国潜艇的数量只有估计数量的十分之一。

英国之所以格外幸运，是因为德国其他战舰和飞机在1941年3月袭击商船的数字达到了峰值。德国袖珍战列舰"舍尔海军上将"号、重巡洋舰"希佩尔海军上将"号和两艘战列巡洋舰"沙恩霍斯特"号、"格奈森瑙"号共击沉、俘获舰船十七艘，远程轰炸机和潜艇各击沉四十一艘。因为各种缘故，德军共击沉盟军

---

① 汉弗莱·戴维德·利当时是英军军官。——译者注

第1章 大西洋战役

舰船一百三十九艘,共五十多万吨。

然而,德国战列巡洋舰在1941年3月22日到达布雷斯特港,却因英国空军在4月炸毁港口而动弹不得。

1941年5月中旬刚过,德国战列舰"俾斯麦"号和新式重巡洋舰"欧根亲王"号开进大西洋,加大对盟国的威胁力度。英国情报机构做得很好——伦敦在5月21日一早就收到德国军舰在卡特加特海峡附近的警报。

同一天傍晚,英国岸防司令部的飞机在卑尔根附近发现了"俾斯麦"号战列舰和"欧根亲王"号重巡洋舰。英国海军中将兰斯洛特·霍兰指挥的"胡德"号战列舰和"威尔士亲王"号战列舰立刻从斯卡帕湾泊地出发。英军预计德军将从冰岛以北迂回绕行,因此决定在德军航道上拦截。1941年5月23日傍晚,英国重巡洋舰"诺福克"和"萨福克"号在位于冰岛以西、格陵兰以东的冰原边缘地区发现了德国军舰,而当时兰斯洛特·霍兰的舰队已经靠近丹麦海峡的南端了。

从纸面数据来看,英军舰队有一个有利条件:排水量四万两千吨的"胡德"号战列舰名义上是双方海军中吨位最大的军舰,配备八门十五英寸[①]火炮;还有排水量三万两千吨、配备四门十四英寸火炮的"威尔士亲王"号这一新型战列舰。

然而,"胡德"号战列舰是在1920年《华盛顿条约》签订前就建造的战舰,根本没有实现彻底的现代化,又因为1939年第二次世界大战爆发,英国海军部只能取消1939年3月对"胡德"号

---

① 1英寸=2.54厘米。——译者注

战列舰水平及垂直防护做出改善的计划；而"威尔士亲王"号战列舰更是新得连搭载的武器设备都没有经过彻底检验。[1]虽然德国本应严格遵守《华盛顿条约》上规定的"战列舰不超过三万五千吨，重巡洋舰不超过一万吨"的限制，但"俾斯麦"号战列舰的实际排水量在四万两千吨左右，"欧根亲王"号重巡洋舰则在一万五千吨左右，如此才能获得更厚的装甲保护。

此外，尽管"俾斯麦"号战列舰配备的八门十五英寸主炮及"欧根亲王"号重巡洋舰配备的八门八英寸主炮在火力上不如英军，但因为"威尔士亲王"号战列舰火炮的缺陷、英国军舰投入战斗时的仓促及德国军舰测距设备优良，从而扳回了局面。

1941年5月24日5时35分，距离日出还有一小时，德国军舰被发现。5时52分，英军与德军的四艘战舰在两万五千码（约合十四英里）的距离上开火。德军集中火力对付领头的"胡德"号战列舰。

除了担负旗舰职责，"胡德"号战列舰还设法尽快靠近德国军舰。因为它的装甲最脆弱，尤其不堪曲射炮击。双方距离如此近，结果英军军舰的后部炮塔无法瞄准德国军舰，而德国军舰却能用所有侧舷火炮发动齐射。德国军舰齐射在进行到第二轮或第三轮时见效了：1941年5月24日6时，"胡德"号战列舰爆炸，没过几分钟就迅速沉没了。"胡德"号战列舰上一千四百名官兵仅三人死里逃生。这不由得让人想起英国战列巡洋舰二十五年前在日德兰海战时的结局。

---

[1] 船上当时还有一些来自克莱德河一带的船工。——原注

第1章 大西洋战役

"胡德"号战列舰沉没时,"威尔士亲王"号战列舰已经处于被两艘德国军舰一起攻击的局面。几分钟内,"威尔士亲王"号战列舰就接连被"欧根亲王"号重巡洋舰击中三炮,还被"俾斯麦"号战列舰击伤。

1941年5月24日6时13分,"威尔士亲王"号战列舰舰长英明地决定停止战斗,在烟幕掩护下掉头撤退。当时双方距离已经缩短至一万四千六百码。指挥两艘巡洋舰、在兰斯洛特·霍兰死后接管整个舰队指挥职务的海军少将弗雷德里克·威克-沃克批准了撤退,并决定在战时海军上将[①]约翰·托维指挥的主力舰队赶到前跟随德国军舰。英军的主力舰队在大约三百海里之外的位置,因为早间能见度较低,赶上德国军舰的希望不大。因此,当约翰·托维在午后不久听说"俾斯麦"号战列舰改变航线,航速降低到约二十四节时,不由得松了一口气。

"俾斯麦"号战列舰之所以做出如此改变,是因为"威尔士亲王"号战列舰在之前的短暂交锋中曾两次击中过它,其中一次导致它漏油,令其续航能力降低。德国海军上将君特·吕特晏斯只能放弃入侵大西洋的计划。当然,他没有趁几支英国舰队从四面八方赶来拦截前返回德国,而是改为驶向法国西部的一个港口。

1941年5月24日下午,约翰·托维派海军中将奥尔本·柯蒂斯指挥的第二巡洋舰中队和即将开赴地中海的航空母舰"胜利"号开到距离"俾斯麦"号战列舰不到一百英里、足以派遣舰上九架

[①] 1941年时,约翰·托维尚未正式获得海军上将军衔,"战时海军上将"军衔是为了让他合理指挥相当规模的舰队才做出的临时提升。1942年,约翰·托维正式晋升为海军上将。——译者注

鱼雷轰炸机出击的位置。当晚22时,九架鱼雷轰炸机冒着恶劣天气起飞,大费周章之后终于找到"俾斯麦"号战列舰,并最终在午夜后连续发动几次袭击。虽然被击中一次,但装甲厚重的"俾斯麦"号战列舰未受到很大伤害,并在5月25日早早逃走。英军又花了一天寻找,却再也没有找到。

1941年5月26日10时30分,岸防司令部的一架"卡塔琳娜"式飞机终于在距离布雷斯特约七百英里的地方发现了"俾斯麦"号战列舰并做了报告。当时,约翰·托维指挥的军舰彼此散得太开,部署的位置也不恰当,加之燃料即将用完,又来不及在"俾斯麦"号战列舰进入掩护区域前赶上。幸亏从直布罗陀开来、由海军上将詹姆斯·萨默维尔指挥的H舰队正好身处足以拦截"俾斯麦"号战列舰的位置,并且H舰队当时配有更大的"皇家方舟"号航空母舰。英国第一次攻击没有命中,但于5月26日21时左右发动的第二次攻击比较成功:英军发射十三枚鱼雷,两枚命中目标。虽然命中的两枚鱼雷中有一枚击中"俾斯麦"号战列舰的装甲带,造成的破坏很小;但另一枚击中了右舰尾,打坏螺旋桨,击毁舵轮并卡住了方向舵,这竟成了对"俾斯麦"号战列舰的致命一击。

菲利普·维安上校的驱逐舰分队完成了对"俾斯麦"号战列舰的包围,并在夜间继续施放鱼雷。英国战列舰"罗德尼"号和"英王乔治五世"号也赶到战场,用主炮朝"俾斯麦"号战列舰发射了穿甲弹。1941年5月26日22时15分,"俾斯麦"号战列舰已经被炸成一团火球。于是,英国战列舰奉约翰·托维的命令赶在德国潜艇或者重型轰炸机赶来之前先撤退了,只留下巡洋舰送这艘正在下沉的德国战列舰最后一程。"多塞特"巡洋舰发射的

第1章 大西洋战役

三枚鱼雷成了对"俾斯麦"号战列舰的最后一击。5月26日22时36分,"俾斯麦"号战列舰最终沉入大海之中。

沉没前,"俾斯麦"号战列舰至少吃了八枚(也可能是十二枚)鱼雷,遭受不少重炮炮弹轰击,但竟然没有被击沉——这是对德国设计师的非凡赞美。

1941年5月24日,"欧根亲王"号重巡洋舰离开"俾斯麦"号战列舰前往中大西洋地区加注燃料,但之后发动机便发生了故障,因此舰长决定放弃任务,开往布雷斯特港。虽然"欧根亲王"号重巡洋舰的行踪已经被英军发现,但还是在6月1日安全靠港。

然而,1941年5月的这一系列戏剧性事件既标志着德军为用水面战舰打赢大西洋战役计划和行动的高潮,也标志着德军这一努力的最后失败。

德国U艇坚持战斗了更久,还成了同盟国的威胁,只是这威胁时大时小而已。

1941年5月,U艇击沉的舰船数字大幅度上升,并在6月重回击沉三十多万吨的"高峰"。准确地说,是击沉舰船六十一艘共三十一万吨,与一支大规模护航队的船数相当。不过,值得注意的是,水手们从没有被吓得不敢驾船,船上也从没缺过船员。

1941年春季,一连串反制德国潜艇活动的重要因素纷纷开始起作用。3月11日,美国的"租借议案"变成了《租借法案》;3月,美国组建了一支由驱逐舰和水上飞机组成的"大西洋舰队火力支援群";4月,美国海军部队巡逻的美洲"安全区"从西经60°向东延伸至西经26°。

还是在1941年3月,美国在格陵兰东海岸建立了新的空军基

地，并在百慕大群岛修建了军事设施；5月，美国海军接管了纽芬兰东南部位于阿真舍的租借地；7月初，美国海军陆战队接替英军守卫位于冰岛的雷克雅未克。美国这个"中立"国家在大西洋显得越来越不中立了。4月，英国舰船已经获准在美国船坞整修，《租借法案》下的商船和战舰也开始建造。

与此同时，加拿大也为英国的大西洋作战减轻了不少负担。1941年6月，以纽芬兰的圣约翰斯为基地，首支加拿大护航队成立。现在，加拿大皇家海军担负起东至冰岛以南一个集合点的反潜任务。如此才可能实现英国海军部的全线护航计划。

1941年夏季，在位于西经35°的中大西洋会合点，英国护航舰队与加拿大护航舰队会合并交接。在西经18°左右的东大西洋会合点，冰岛护航舰队和西航道护航舰队会合并交接。

从1941年7月开始，直布罗陀护航航线全程可以得到军舰伴随护航；塞拉利昂护航队在西非海岸也能得到军舰的全程护送。

当时，每支护航队平均可以得到五艘护航舰的护卫力量。一支由四十五艘船组成的护航队可以提供覆盖方圆三十英里的保护。即便如此，每艘护航军舰装备的声呐探测范围也只是一个半径一英里的扇形大小，仍然有很大的探测盲区，U艇可以不知不觉地渗透进来。

如果谈及空中掩护，从1941年春开始，英国得到了《租借法案》下"卡塔琳娜"水上飞机的补充，空中掩护的范围得以扩大。英军空中掩护范围扩大至不列颠群岛以外七百英里、加拿大以外六百英里及冰岛以南四百英里的区域，迫使U艇远离盟军航线的西航道。但在中大西洋地区，空中掩护区仍有三百英里的空

第1章 大西洋战役

隙,虽说航程很远的PB4Y-1"解放者"远程飞机能填补这个空隙,但直到1943年3月,"解放者"才开始大批量供应。1943年4月中旬,"解放者"只有四十一架服役。

同时,U艇的数量在逐步增加。1941年9月1日,德军共有U艇一百九十八艘,而损失四十七艘。7月,德国可供使用的U艇只有六十五艘,到10月时才增加到八十艘。总之,U艇服役的速度远超过被击沉的速度。此外,U艇的结构强度也有所增加——焊接耐压船体比英国造的增加薄钢板的船体更难被破坏,只有在比之前距离更近的地方投放深水炸弹才可能将它炸沉。

1941年9月,因空中掩护不足,四支护航队损失惨重。

然而,同样是在1941年9月,在之前和丘吉尔于1941年8月会谈过后,罗斯福批准了规划周密的美国"第四号西半球防务计划",美国海军与英国海军之间的合作得到进一步加强。美国海军获准根据这一计划为非美国船舶提供护航,并开始为某些大西洋护航队提供向东航行到中大西洋会合点的护航军舰,而这个会合点已经东移至西经22°附近。

这就解决了英国遇到的困难,在不列颠群岛和中大西洋会合点之间,英国已经可以提供足够的护航力量。截至1941年底,相关护航集群已经增至八个,每个由三艘驱逐舰和六艘小型护卫舰组成。此外,还有十一个每个由五艘驱逐舰组成的舰群。它们名义上作为预备队被用来解救遭遇不测的护航队,或者应对U艇的集中攻击,但实际上需要承担大量常规任务。

1941年10月,德国潜艇击沉盟军舰船的数量下降至三十二艘,共十五万六千吨。值得注意的是,没有一艘船是在距离岸防

017

司令部基地四百英里内被击沉的。这说明，U艇不愿意以身涉险，进入远程侦察机和轰炸机掩护的范围内——尽管击沉舰船数的下降和U艇被派往地中海支援隆美尔在北非的作战有部分关系。

1941年11月，U艇的击沉数量再次下降，只比前一个月总数的三分之一略高一些；12月，U艇在北大西洋击沉的舰船数更少。但日本参战后，盟军船队在远东损失惨重，共二百八十二艘、六十万吨的舰船因种种原因被击沉。

在西方，1941年下半年，德国远程轰炸机已经比德国潜艇构成的威胁更大，特别是对直布罗陀护航队的威胁。英国从此认识到使用战斗机对护航队进行近距离支援的必要性。因此，1941年6月，英国采用了第一艘带弹射器、顺利包围返航的直布罗陀护航队时起到关键作用的"大胆"号护航航空母舰——尽管在战斗九天后被击沉了。①

1941年底，德国共有可用U艇八十六艘，另有一百五十艘在训练或试验中。不过，德国把五十六艘U艇用在了地中海，北大西洋就只剩下三十六艘了。1941年6月，德国U艇在北大西洋地区扫荡盟军补给船时，有九艘遭到了盟军拦截，这使南大西洋的U艇也撤退了。4月到9月，德国与意大利王国潜艇共击沉舰船三百二十八艘，共计一百五十七万六千吨，但其中只有三分之一是护航队的舰船。德国潜艇损失的三十艘潜艇中有二十艘是被护航军舰击沉的。很明显，由于护航能力较强并且航向有回避性，英军护航舰

---

① 1941年12月21日，在葡萄牙外海，"大胆"号被德国U-751号潜艇击沉。——译者注

第1章 大西洋战役

暂时占了上风。

对1942年初护航的状况进行总结或许是有好处的。当时，海军上将珀西·诺布尔爵士指挥的西航道司令部设有利物浦、格里诺克和伦敦德里三个作战基地及二十五个护航群，拥有约七十艘驱逐舰和九十五艘小型舰艇。

英军战舰共分四类：其一是续航能力低，为中东、北非护航队进行第一段护航及为美军邮船横跨大洋执行护送任务的驱逐舰；其二是远程驱逐舰和小型护卫舰，为从大西洋上的会合点到英国的北大西洋护航队护航，同时为直布罗陀护航队的主要航线护航；其三是长航程小型护航舰、驱逐舰和快艇，为塞拉利昂护航队的主要航线护航；其四是防空集群，为在德国轰炸机航程范围内的护航舰提供支援，并为北冰洋、直布罗陀护航队护航。

此外，盟军在直布罗陀地区有护航的舰队，兵力相当于两个集群，还有"弗里敦护航队"。"弗里敦护航队"由一小队驱逐舰和大约二十四艘小型护卫舰组成。"纽芬兰护航队"主要由加拿大海军构成，配备十四艘驱逐舰、约四十艘小型护卫舰及二十艘担任当地护航任务的其他舰船。

然而，1942年初，前景逐渐好转的大西洋战役遭遇重重困难，其中第一个困难就是缺乏飞机。1941年夏，接管岸防司令部时，菲利普·费特爵士曾经预估大约需要八百架各式飞机，还特别强调了远程轰炸机的重要性。不过，1942年，为了空袭德国，岸防司令部的轰炸机及新造飞机都被调给了轰炸机司令部。当时，为了获得供应优先权，盟军内部产生的争论越来越激烈。英国海军航空兵也在大费周章地为已经订购的三十一艘新型护航航空母舰争取战斗机。

第二个困难是，美国为英国开工建造的新型护卫舰服役日期没有预期快，这很大程度上因为当时正在优先建造为横渡英吉利海峡作战所需的登陆艇。因为美国人认为，横渡英吉利海峡作战即使不在1942年打响，也会在1943年打响。优先生产登陆艇使英国因缺乏新型护卫舰而在大西洋战役中无能为力，进一步扩大了其舰船损失。

第三个困难是，1942年初，美国在海上遇到了麻烦。这种麻烦不仅来自太平洋珍珠港的灾难，也来自德军U艇在大西洋的活动范围扩大和美国舰船因此遭受的损失。

1942年5月，邓尼茨上将和参谋们估计：如要打败英国，平均每月必须击沉盟国各类舰船七十万吨。邓尼茨等人深知德军离这个数字还很远。邓尼茨等人尽管不知道每月的平均数字只有不到十八万吨，但认为美国参战对德国有利，因为德国潜艇在大西洋西侧的行动会更加自由，并有更多机会找到更多没有护航的盟军舰船目标。

只有少得可怜的德国潜艇能被派到美国近海活动，但这些少数潜艇取得的成果很大。这是因为和第一次世界大战时期的英军将领一样，美国海军将领也是迫于无奈，迟迟才出动护航队。在采取其他预防措施方面，美国行动也很慢：采用发光航道标志，并且未限制使用船上的无线电设备，从而有利于德国潜艇找到一切袭击目标。夜晚，在迈阿密等沿海旅游胜地，长达数英里的海滩上依旧霓虹闪耀，仿佛为滨海区点亮了一盏明亮的灯——在这些灯光的照耀下，舰船的轮廓格外清晰。U艇白天垫伏在水底，夜

第1章 大西洋战役

晚则升上水面,用舰炮和鱼雷发起攻击。

虽然在美国沿海活动的德国潜艇最多时只有十二艘,但在1942年4月初,这些潜艇击沉了近五十万吨的舰船,其中百分之五十七是油船。

英国的处境受到很大影响。美国海军不得不把护航船和飞机撤退到美国沿海地区。而英国商船历经千难万险才跨过了大西洋,在美国水域却成了德军唾手可得的战利品!

邓尼茨大受鼓舞:只要有多余的U艇,他就想派到美国海岸。对盟军来说,希特勒的"直觉"竟然助了自己一臂之力。希特勒在1942年1月22日的一次会议上宣布自己坚信挪威是"命运决定区",并坚持利用所有水面舰艇和U艇在挪威抵抗盟军进攻。1月25日,邓尼茨接到一个完全出乎意料的命令:派遣首批八艘潜艇去掩护挪威海上航道。1月,德国新战列舰"提尔比茨"号开往挪威,随后前往挪威的还有"舍尔海军上将"号、"欧根亲王"号及"吕佐夫"号。

希特勒的坚持多少是有远见的,因为1942年4月,为解除德国对北极护航队带来的压力,丘吉尔曾让参谋长委员会研究在挪威发起登陆的可行性。但因美国的缘故,英国疑虑倍增,因此挪威登陆计划始终没有成型。

此外,盟军还撞上了另一件好事:1941年到1942年的冬季出奇得寒冷,这耽搁了U艇在波罗的海的训练。1942年上半年,只有六十九艘U艇做好了战斗准备——其中二十六艘被派往挪威北部,两艘在地中海,十二艘被用以填补损失,而在大西洋U艇的净增长数量就只有二十九艘了。

即便如此，轴心国潜艇击沉盟军舰船的数据仍在逐月上升。1942年2月，轴心国潜艇击沉舰船的吨位数接近五十万吨；1942年3月，击沉吨位数超过五十万吨；1942年4月，击沉吨位数下降至四十三万吨，但在1942年5月竟回升至六十万吨。1942年6月，盟军被击沉的舰船总吨位达到了七十万吨这一不祥的数字。截至1942年6月底的半年中，因各种原因沉没的船舶总计达四百一十四万七千四百零六吨，其中被潜艇击沉的多达三百多万吨，其中接近百分之九十是在大西洋和北冰洋被击沉的。幸亏当时全面改进了反潜战术，并且美国采取了护航制度，才将每月U艇击沉的船舶吨位数字下降到五十万吨以下。

但对盟军而言，1942年夏季形势的好转其实是个假象。1942年8月，新造U艇的出现使德国潜艇的总数量超过三百艘，其中近半是可以作战的。德军拥有格陵兰岛沿海、加拿大沿海、亚速尔群岛沿海、西北非沿海、加勒比海和巴西沿海等数个潜艇集群。

1942年8月，U艇的击沉吨位数再次超过五十万吨。因特立尼达沿海的舰船仍然有许多是独自航行的，德军在接下来几个月里取得了丰硕的战果。但从政治和战略角度来看，有一个行动的用意是值得商榷的——8月中旬德军U艇击沉了五艘巴西的船，直接导致巴西立刻宣战。因使用了巴西的基地，盟军得以更有力地控制整个南大西洋，此后更是将"水面袭击者"彻底赶跑。

然而，水面袭击作战已经没有之前那么重要了，因为德军当时在远海袭击商船的伪装商船已经被新型、排水量一千六百吨、活动半径达到三万英里的大型"巡洋U艇"取代了。

现在，U艇不但生产量大，还能下潜到六百英尺的深度，紧急

第1章 大西洋战役

情况下甚至还能更深一些。不过,这个优势很快就被盟军深水炸弹能在更深的水下爆炸这一新情况抵消了。U艇还有另外两大优势:一个是在潜航状态下通过"给油U艇"加燃料,另一个是无线电情报准确度不断提高。不仅如此,当时的德军又像1940年8月那样,可以识破很多英军指挥护航队的加密信号了。

与此同时,英国科学家也取得了卓越的成就,那就是开发出了U艇不能截获的新型分米波雷达装置。1943年初,盟军飞机全面使用这种雷达装置时,只需搭配利式探照灯,就能在夜间或者能见度较低的情况下占有主动权,德国的米波雷达搜索接收机就没有用武之地了。

在这一时期的战斗日志中,邓尼茨记录下了自己对英国新式搜索装备的列装及对英国在中大西洋地区不断增加的飞机数量的忧虑。

从整个大西洋之战的进程来看,邓尼茨是一个很能干的战略家。他总是在寻找对手的弱点,并在对手防御遭到削弱时集中兵力出击。邓尼茨从战役打响就一直把持着主动权,盟军的反潜部队则总是落后一步。

1942年下半年,邓尼茨的作战计划集中在格陵兰以南没有空中掩护的地区,这是为了能在盟军护航队抵达前就找出其所在位置,在盟军护航队驶过这一区域时集中力量发起攻击,并在盟军恢复空中掩护前先行撤退。

不仅如此,1942年秋季,邓尼茨麾下已有足够多的U艇。他开始允许麾下的潜艇在机会到来时主动出击。

因此,U艇带来的压力从1942年7月起不断增加,并在11月

取得了击沉一百一十九艘舰船,共计七十二万九千吨的战绩。不过,这其中很大一部分舰船是在没有随护航队护航并独自航行时于非洲南部或南美洲沿海被击沉的。

1942年秋,英军与美军在西北非发起"火炬行动",海军对护航军舰的需求也随之增加。这样一来,就必须暂停直布罗陀、塞拉利昂及北极护航队的航行。同时,从冰岛送美军到英国的运兵船护航队也需要护航军舰。这样的快速护航队至少需要四艘驱逐舰才能护航三艘运兵船。

这其中有两个例外——两艘由八万吨级巨型邮船改造成的运兵船"伊丽莎白女王"号和"玛丽女王"号不需要护航。它们每艘能搭载至少一万五千名士兵,相当于大半个师的兵力。这两艘邮船的航速在二十八节以上,全速前进时任何驱逐舰都无法跟上,光靠快速行驶和迂回曲折、不断改变航线就能保证安全。这种冒险策略取得了成功:1942年8月,"伊丽莎白女王"号运兵船和"玛丽女王"号运兵船曾经多次横渡大西洋,但没有一艘德国潜艇能设法拦截。

总体而言,无论提供多少海军护航和空中掩护,都赶不上U艇产量带来的日益严重的威胁。当时,平均每个月都有大约十七艘U艇服役。1942年底,德国共有三百九十三艘U艇,其中能作战的有两百一十二艘;而1942年初时德国仅有二百四十九艘,其中能作战的仅九十一艘。盟军共摧毁德国潜艇八十七艘、意大利王国潜艇二十二艘,这样的击毁量远不足以抵消新建的数量。

1942年,轴心国的潜艇在各地共击沉各种舰船一千一百六十艘,六百二十六万六千吨。再算上其他武器对舰船造成的破坏,

第 1 章 大西洋战役

这个数字就会提升至一千六百六十四艘，七百七十九万吨以上。

同盟国尽管每年都有七百万吨左右的新舰船服役，但自第二次世界大战爆发以来，即使每年都有这么多新舰船服役，仍会损失近百万吨的舰船。英国的进口量已经降到三千四百万吨以下，比1939年少了三分之一。还有一个特别的麻烦，那就是英国商船的储备燃料已经下降至三十万吨的危险点，而每月的消耗是十三万吨。虽然当时可以从海军储备燃料中抽调以弥补不足，但这终究是在不得已的情况下才能采取的紧急措施。

因此，1943年1月，在摩洛哥沿海城市卡萨布兰卡召开的会议上，当盟军讨论下一步战略时，面前摆着的是一张令人不安的商船吨位"资产负债表"。在克服U艇威胁并打赢大西洋战役前，进攻欧洲实际上是不切实际的。如同1940年的不列颠战役德国要先消灭英国空军一样，大西洋战役已经成为一场至关重要的、比拼在物质和心理上谁能支撑更久的战役。

指挥官的更换对战局产生了影响。1942年11月，珀西·诺布尔被任命为英国驻华盛顿海军代表团团长，成为美国联合参谋长委员会中英国第一海军大臣的代表。

在二十个月西航道司令任期内，珀西·诺布尔曾大力改善反潜措施，通过表示自己了解护航军舰船员及飞机机组人员的疾苦，并一直与官兵保持密切交往，以提升士气。幸运的是，珀西·诺布尔的继任者选得很恰当。这个继任者是海军上将马克斯·霍顿。

第一次世界大战时期，马克斯·霍顿就是一名杰出的潜艇指挥官，并从1940年初以来就一直指挥英国本土基地的潜艇。马克

斯·霍顿将潜艇和艇员方面专家级的知识、十足的干劲和丰富的想象力，在反潜作战中全部发挥了出来。这些优点组合起来，足以和邓尼茨一较高下。

马克斯·霍顿计划对U艇展开更加强势和集中的反击。小型护卫舰等小船航速不够快，一旦远距离追击就追不上护航舰队，因此不能和U艇战斗到底。这就需要更多单独行动的驱逐舰、护卫舰来支援护航军舰，并接替小型护卫舰继续战斗。为此，早在1942年9月初，英国就组织了火力支援群，马克斯·霍顿一上任更是加强了组织工作，甚至不惜缩减近距离护航群的规模。他的用意是动用几个新建的火力支援群和舰载机，配合护航舰和超远航程飞机，奇袭大西洋地区的敌人。他强调，火力支援群的军舰不应把时间浪费在四处搜索U艇上，这是过去失策的地方。反之，应该在靠近护航队的地方发现U艇，然后火力支援群再跟护航军舰群密切合作。每有一支护航舰群进入格陵兰岛空中掩护不能覆盖的空白区域时，就要派一个火力支援群去增援，只要有可能，还要派飞机增援。马克斯·霍顿认为，过去U艇已经习惯了遭受来自护航舰的攻击。一旦火力支援群的军舰从四面八方发起进攻，它们就招架不住了。

而在德国，因在新年那天从阿尔滕峡湾派出"希佩尔海军上将"号、"吕佐夫"号和六艘驱逐舰对北极护航队的进攻无功而返，这对大西洋战役产生了深远影响，希特勒大为光火。希特勒十分厌恶地表示，自己要"痛下决心"放弃大型军舰。结果，海军元帅埃里希·雷德尔于一个月后愤而辞职，邓尼茨继任德国海军总司令，并保留了U艇部队司令的头衔和职位。

第1章 大西洋战役

应对希特勒时,邓尼茨很有一套,最终获得了希特勒的同意,把"提尔比茨"号、"吕佐夫"号和"沙恩霍斯特"号作为"一支十分强大的特混舰队"留在挪威。

1942年12月到1943年1月,U艇的击沉数字下降到近二十万吨,大西洋上因狂风暴雨的到来而暂时平静。但护航队中的商船,特别是马力较小的商船遭了难,原来的平静就这样被打破了。

1943年2月,U艇的击沉舰船数字几乎翻了一倍。3月,击沉数字上升至一百零八艘,共六十二万七千吨。这就再次逼近了6月和11月的高峰数字。更让人忧心忡忡的是,被击沉的舰船中有三分之二是随护航队航行的。

1943年3月中旬,三十八艘U艇对两支碰巧靠近的归航护航队发动了集中攻击,在3月20日空中掩护恢复前以损失一艘U艇的代价击沉舰船二十一艘,共十四万一千吨。这是第二次世界大战期间最大的潜艇破交战①之一。

此战过后,英国海军部的记载是这样的:"1943年3月前二十天,德国已经切断了新旧世界②的交通线。"英国海军参谋部甚至想,护航队是否还能被看作并被当作有效的防御系统进行使用?

但真正决定战争胜败的其实是1943年3月的最后十一天。其间,局势迅速扭转。3月前三分之二的时间内,德国U艇在北大西洋击沉了一百零七艘船,但在剩下的十一天中仅仅击沉了十一艘。4月,盟军的损失减少了一半,5月损失更少。马克斯·霍顿

---

① 在战争中,为破坏敌人交通线而发动的作战。——译者注
② 旧世界指欧洲(含英国),新世界则指美国。这种说法是对殖民扩张时期"新大陆"与"旧大陆"两个概念的活用。——译者注

的协同反攻在一个很短的时间内便取得了预期的效果。

1943年3月最危急的时刻，美国要求退出北大西洋防御系统，转守南大西洋，特别是通往地中海的航线。另外，美国对太平洋战场也放心不下。不过，这种改变的实际效果并不大。美国把第一艘配属于火力支援群的航空母舰交给英国指挥，并向英国人提供了非常重要的、航程极远的"解放者"飞机。因此，从4月1日开始，英国与加拿大便掌管了所有往返于美洲大陆和英国之间的护航队。

1943年春，U艇在一系列护航作战中遭遇失败，损失惨重。5月中旬，邓尼茨十分有见地地向希特勒做了这样的报告："因为敌人采用了新型定位装置，我们正面临潜艇战中最大的危机……我军损失惨重，战斗正变得难以为继。"因为5月U艇的损失翻了一倍有余，在海上的损失率更是到了百分之三十——德国无法长时间承受如此之大的损失，所以，5月23日，邓尼茨从北大西洋撤回所有潜艇，并直到德国海军有新武器可用之前都不再出战。

1943年7月，同盟国建造的商船数量已经超过被击沉的数量。这是问题的关键，也是U艇攻势已经失败的证据。

但回想起来，1943年3月，英国显然差点就被打败了。这显然主要是因为缺乏能保护护航队的远程飞机。1943年1月5日，有空中掩护的情况下，只有两艘护航队舰船在大西洋被击沉。一旦护航队得到充分的空中掩护，特别是航程较长的"解放者"飞机掩护，U艇"狼群作战"成功的难度就会越来越大。当时，德国潜艇随时都有可能发现一架飞机突然在头顶盘旋并引导一支火力支援群赶赴作战位置。

第1章 大西洋战役

但正如邓尼茨认识到并且强调的那样,德军无法截获的新式分米波雷达绝对起到了十分重要的作用。例如"刺猬弹"反潜火箭装置及重磅深水炸弹等新武器也起到了一定的作用。此外,1942年初,为了发展反制U艇的最好战法而成立的西部航道战术部队做的分析工作及帕特里克·布莱克特教授关于护航队调度的作战分析也很重要。1943年5月底投入使用的指挥船新密码同样让德国丧失了最重要的情报来源。

然而,胜利的最主要因素或许是护航战舰和飞机训练标准的改进,以及船上水手和机组成员之间配合默契的提升。

至于个人方面,海军上将马克斯·霍顿在战胜德国潜艇方面起到了重要作用。空军中将约翰·斯莱瑟曾在1943年2月大西洋战役的关键时刻担任岸防司令部司令,也做出了不少贡献。优秀的护航舰群指挥官中有两人凭借功绩值得专门提及。他们分别是1941年之后上任的弗雷德里克·约翰·沃克上校和1942年到1943年在任的彼得·威廉·格雷顿中校。

1943年6月,没有一支护航队在北大西洋遭袭,而U艇在7月,特别是在比斯开湾损失巨大,这正是因为英军岸防司令部的空中巡逻队在比斯开湾取得了丰硕的战果。7月,八十六艘U艇曾试图穿越比斯开湾,其中有五十五艘被发现,十七艘被击沉——其中十六艘都是被飞机击沉的,还有六艘被迫中途返回。邓尼茨在给希特勒的报告中沮丧地指出,德国潜艇的大洋航线就只剩下比斯开湾中紧靠西班牙海岸的一条狭窄航线了。盟军的反潜巡逻队损失十四架飞机,为胜利付出了巨大代价。

从1943年6月到8月,在地中海以外水域中,德国U艇仅仅击沉

不到五十八艘同盟国商船，其中近半战果是在非洲南部沿海和印度洋取得的。然而，德国损失了七十九艘U艇——其中至少五十八艘是被飞机击沉的。

邓尼茨恳求希特勒在大西洋提供更多远程空中侦察，并在航线上提供更强的空中掩护，以求重占上风。他用一番比埃里希·雷德尔讲得更中听的论点劝戈林不要不愿意合作。邓尼茨还获得了将潜艇产量从每月三十艘提升到四十艘的批准，并优先生产能在水下高速行驶的新式潜艇。但这种可以大有作为的"瓦尔特"式柴油-过氧化氢化合物动力潜艇，在投产时遇到了不少波折，结果在1945年战争结束时都没有一艘服役。不过，德国潜艇装上了重要的新设备——可以让潜艇保持在潜望镜深度为蓄电池充电、由荷兰在1940年前首创的"施内克尔"通气管和柴油机排气杆。1944年6月，已经有三十艘U艇装上了新设备。

1943年中期，德国配备了两种新装备——一种是靠寻找声波来攻击对方舰船螺旋桨的声自导鱼雷，另一种则是滑翔炸弹。但9月和10月潜艇战恢复时，U艇只击沉了盟军在北大西洋六十四支护航队共计两千四百六十八艘商船中的九艘，却付出了二十五艘被击沉的惨重代价。这次大败后，邓尼茨放弃了利用大批机动潜艇群作战的想法。

1943年10月8日，英国根据与葡萄牙共和国达成的协议，接管了亚速尔群岛上的两个空军基地。从此，盟军的空中掩护可以遍及整个北大西洋上空了。

1944年1月到3月，U艇的损失更加惨重。同盟国一百零五支横渡北大西洋护航队的三千三百六十艘商船中仅有三艘被U艇击沉，

第1章 大西洋战役

而U艇被击沉三十六艘。邓尼茨旋即取消了对护航队的袭击,并报告希特勒,称在获得新的U艇、新的防御设备和更好的空中侦察前都无法恢复潜艇作战。

1944年3月底,邓尼茨受命组建一支由四十艘潜艇组成的、在近海防备盟军进攻西欧的U艇群。5月底,邓尼茨已经在比斯开湾各大港口集结了七十艘潜艇,只在北大西洋留下三艘担负气象预报职责的潜艇。

德国在北大西洋放弃潜艇作战让英军岸防司令部长舒了一口气。截至1944年5月,在长达四十一个月的反潜大战中,岸防司令部第十九大队的飞机在德国潜艇出入比斯开湾的两千四百二十五次航行中击沉德国潜艇五十艘,击伤五十六艘,自己则损失了三百五十架飞机。如果当时岸防司令部得到数量更多、与任务相关性更适应的飞机,或许会以更小的代价取得更大的战果。

在四十一个月的大战中,英军曾发动两次进攻,击伤了停泊在挪威北部的"提尔比茨"号战列舰。这两次进攻中的一次是在1943年9月派出三艘微型潜艇发动的,另一次则是在1944年3月由英国海军航空兵发动的。最终,1944年11月,英国空军的重型轰炸机把"提尔比茨"号战列舰送进了海底。"提尔比茨"号战列舰仅在袭击匹茨卑尔根时动用过一次主炮。承受这么多伤害后,"提尔比茨"号战列舰还能幸存下来,足以证明德国在船舶建造方面设计精良、实力强大。"提尔比茨"号战列舰的存在既是德国"现有军舰实力"的证明,也是英国的海上威胁,对英国的海上战略有重大影响,牵制了英国海军大批兵力。

1943年12月,"沙恩霍斯特"号战列舰的威胁也被解除了。

它在试图拦截一支北极护航队时被英国海军本土舰队拦截并击沉。

1944年上半年，英国领海内的主要威胁均来自德国的小型摩托鱼雷艇——也就是所谓的"E艇"。E艇虽然最多时也仅有三十六艘，但拥有快速从一条护航航线转移到另一条护航航线的能力，是一种能不断骚扰对手、令对手讨厌的武器。

U艇曾经被集中在法国西部港口用以抵抗盟军跨英吉利海峡的军事行动，但没起到什么作用。不过，盟军于1944年6月登陆诺曼底时，德国潜艇开始装上了"施内克尔"通气管，从而不再那么容易遭到空袭了。

等1944年8月中旬美国第三集团军从诺曼底登陆并向内陆突进，逼近布雷斯特、洛里昂和圣纳泽尔等法国西部港口时，德国潜艇多数都已经转移至挪威。从此，往来英国的舰船不但可以重新启用环绕爱尔兰岛南岸的航线，也可以使用绕爱尔兰岛北岸的航线了。

1944年8月下旬起，一支U艇部队从挪威、德国出发，绕过苏格兰和爱尔兰，在船舶往来频繁的英格兰沿海寻找藏身之地隐蔽，最远摸到了英格兰南部海岸的波特兰岬。但德军在沿海作战中收获甚微。虽然因为经常下潜和多次使用"施内克尔"通气管使损失比之前少了，但1944年9月到12月，在英国近海水域仅击沉舰船十四艘。

北极护航队

早在1941年9月底，英国就开始往苏联北部的北冰洋航路派遣

第 1 章 大西洋战役

护航队了。阿尔汉格尔在冬季封冻,所以护航队要使用苏联仅有的重要不冻港——摩尔曼斯克。德国犯了重大的战略失误——没能通过陆上攻势占领摩尔曼斯克,失去了封堵最易遭到攻击的北部航路的机会。

等终于了解到英国航路(随后还有美国舰船)正在北极航线上为苏联大批输送援助物资时,德国急忙增强了在挪威的海空力量,并于1942年3月到5月猛攻盟军的北极护航队。6月底,往东行驶的PQ-17护航队遭遇沉重打击。英国海军部认为德国军舰即将把护航队及其护航舰击溃,于是7月4日下午命令护航队在巴伦支海散开。束手无策的盟军商船随即遭到德国飞机和U艇的双重猎杀,三十六艘商船中只有十三艘侥幸脱险。PQ-17护航队最终成功为苏联送到了八十七架飞机(损失了二百一十架)、一百六十四辆坦克(损失了四百三十辆)及八百九十六辆其他非战斗车辆(损失了三千五百五十辆)。另外,还损失了其他物资九万九千三百一十六吨,占运来物资总量的三分之二。

直到PQ-17护航队遭遇的浩劫过去两个月后,盟军才于1942年9月再次派遣护航队到苏联。这次,护航队得到了比之前强很多的护航力量。而埃里希·雷德尔得到无线电传来的告警信息后,谨慎地不允许本有可能击溃护航军舰的德国大型军舰出战。其实,新派的PQ-18护航队的四十艘商船中有二十七艘平安抵达阿尔汉格尔,德国的飞机和U艇反倒损失惨重。此后,德国再也没有能力在遥远的北方海域部署如此庞大的空中力量了。

又隔了一段时间,到了1942年冬季,同盟国再次派出了几支规模较小的护航队。但一再要求派遣更多护航队前来的苏联从不在

033

远洋航道上协防,只是在航行的终点提供少许保护。从1943年3月起,因为白昼时间变长,英国本土舰队司令约翰·托维上将便不再愿意冒险派遣护航队了。最终,因大西洋战区的危急局势结束了争论,北冰洋的护航军舰都被调到了大西洋。1943年春,U艇之所以在大西洋一败涂地,正是因为这些护航军舰发挥了巨大作用。

接着,1943年11月,北极护航队复航时已经可以得到包括新型护航航空母舰在内的更强大的护航军舰支援了。这些军舰在对U艇和日益削弱的德国空军造成惨重损失的同时,成功掩护了大批物资安全抵达苏联。

北极护航队从1941年起往外派出的四十支共计八百一十一艘护航船中,因各种原因,共有五十八艘被击沉,三十艘被迫返回,其余七百二十艘护航船把包括五千辆坦克和七千多架飞机在内的约四百万吨货物送到了苏联。同盟国在运送如此多货物的同时共损失军舰十八艘、商船九十八艘(包括归航护航队中的舰船)。德军在试图拦截盟军护航队的过程中,损失了战列舰"沙恩霍斯特"号、三艘驱逐舰和三十八艘U艇。

大西洋战役的结束

1945年的头几个月,由于使用"施内克尔"通气管装置并暂停了在大西洋上远距离作战,U艇的损失减少。加上建造了新的潜艇,U艇部队的规模有所扩大。1945年1月,德国有三十艘新型U艇服役,此前几个月的月平均产量达到了十八艘。德国服役的新潜艇中有若干艘是改良型号——排水量一千六百吨的XXI型远洋潜

第1章 大西洋战役

艇和排水量二百三十吨的XXIII型近海潜艇(其中有约三分之二是较大型的潜艇)。3月,U艇的数量达到了四百六十三艘。

1945年3月,大轰炸终于开始严重影响德国生产了。对盟军来说,尽管在波罗的海地区空投布雷的行动与该行动造成的实际破坏不成正比,但还是产生了一个重要影响——阻碍了德国潜艇试验和训练,进而阻碍了新型潜艇大量投入战斗。空投布雷的行动影响之大,远未被盟军海军主官认识到。新型U艇如果得到进入大海的机会,对盟军构成的威胁可能会同1943年时一样大。

1945年3月,盟军渡过了莱茵河,与从东线杀来的苏军一道直奔柏林,这对德国人的压力有所增强,德国人的战斗力自然有所削弱。

欧洲战场战事结束前的最后几个星期,德国潜艇主要在英国东岸及东北岸活动。虽然取得的战果寥寥,但值得注意的是,从未有一艘新式U艇被击沉。

1945年5月,德国投降。之后,德国共交出潜艇一百五十艘,另有二百零三艘被凿沉。这正是U艇艇员倔强到底的傲气和不可动摇的士气的写照。

在长达五年半的战争中,德国一共制造并编入现役的U艇达一千一百五十七艘,接管外国潜艇十五艘;损失潜艇七百八十九艘,其中三艘是外国潜艇。德国还将约七百艘微型潜艇编入现役。一方面,德军在海中被击沉六百三十二艘潜艇,其中绝大部分——五百艘——被英国或者英国指挥的部队击沉;另一方面,轴心国的潜艇共击沉舰船两千八百二十八艘,约一千五百万吨,其中绝大部分都是被德军击沉的。U艇还击沉了一百七十五艘盟军

军舰，其中大部分都是英国军舰。

在U艇对盟军造成的损失中，百分之六十一是没有随护航队护航的舰船，百分之九是护航队中掉队的舰船，百分之三十是护航队舰船。而在有空中掩护的条件下，护航队的损失微乎其微。

德国对法国比斯开湾海军基地的占领长达四年。虽然爱尔兰共和国主要依靠盟军护航队运送物资，但还是拒绝同盟国使用其西南部的海岸线。这些在很大程度上造成了同盟国在大西洋的损失。通往英国仅剩的唯一航道之所以始终畅通，是因为同盟国对北爱尔兰和冰岛的控制发挥了作用。

第2章

反攻欧洲

Re-entry into Europe

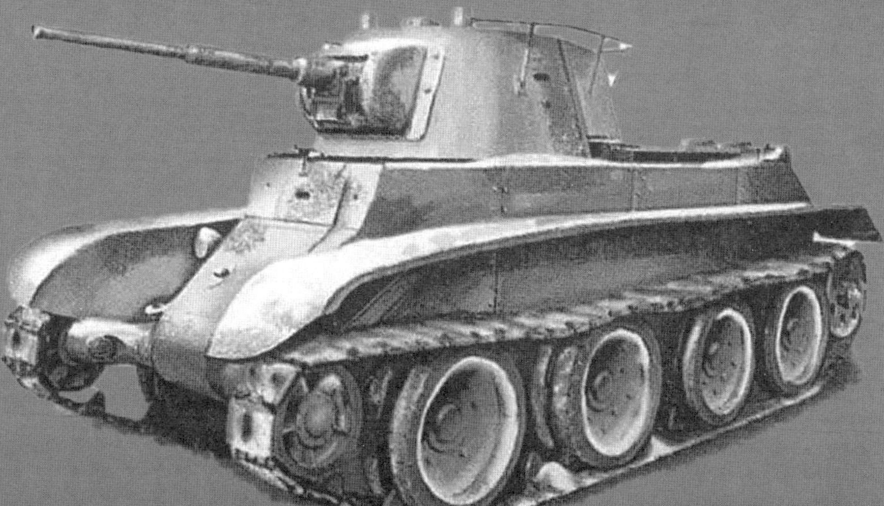

第 2 章 反攻欧洲

1943年,盟军攻占西西里岛。回想起来,当时攻占西西里岛看似容易,其实是顶着很多不确定因素为重返欧洲进行的一次冒险。盟军成功攻克西西里岛实际上有赖于一系列长时间不为人知的因素助力。首先,因为虚荣,希特勒和墨索里尼当时都决心在非洲战场携手"保住颜面";其次,墨索里尼对德国盟友又忌妒又害怕,不愿让德军在保卫意大利王国的领地方面当主角;再次,希特勒和墨索里尼之间存在分歧——因为相信了英国巧妙的欺骗计划,希特勒错误地认为西西里实际上不是盟军的目标。①

德国与意大利王国要在非洲"保面子"是上面三个因素中最重要的一个。纵观第二次世界大战整个过程,人们会发现一件很讽刺的事,那就是希特勒和德国总参谋部通常都不敢在英国海军势力所及的地方发动海外远征。起初,希特勒不敢给隆美尔增援足够多的部队,从而让他扩大在非洲作战的胜利成果,但在最后

---

① 即"肉馅计划"。英军把一具因肺炎死亡的男性尸体伪装成一名英军专家的尸体,放任其被德军发现,"随尸携带"的文件是经过巧妙设计的,声称英国"要在撒丁岛登陆"。英国利用这具尸体及围绕这具尸体进行的一系列骗局成功欺骗德军移防撒丁岛。直至盟军发起西西里岛登陆时,德军还认为这只是佯攻,盟军真正的目标是撒丁岛。——译者注

一刻，希特勒回心转意，派遣大批德军漂洋过海驰援非洲战场，结果失去了在欧洲进行防御的希望。

更具讽刺意味的是，1942年11月，英美联军进入法属北非，趁德军没有防备，给了德军重重一击。但之后，德军又出人意料地成功挡住了艾森豪威尔向突尼斯进军的初次尝试。后来，当盟军小心翼翼地从阿尔及利亚往东推进时，德军开始迅速跨过地中海空运部队，希望借此阻止盟军占领突尼斯港和比塞大港。最后，德军成功控制住了各山间通道，开始与盟军长期对峙。

然而，这是一个致命的错误——因为希特勒和墨索里尼据此更加相信突尼斯稳如泰山了。为了和艾森豪威尔不断增兵的行动抗衡，德国与意大利王国也不断往突尼斯增兵。随着投入不断增加，他们越发觉得不能从突尼斯撤退——因为撤退意味着颜面无存。同时，凭借强大的海空优势，盟军卡住了西西里岛和突尼斯之间的海峡，这让德军与意大利军队无论是撤退还是坚守，难度都随之越来越大了。

1942年冬，德军与意大利军队建在突尼斯的防线挡住了盟军前进的脚步，也为隆美尔从阿拉曼撤退两千英里到此的残部提供了掩护。盟军占领突尼斯的早期尝试就这样失败了，但这实际上对盟军大有好处。盟军的进攻失败堵住了希特勒和墨索里尼的耳朵，让他们在还有时间、有机会撤军时听不进任何与"撤退"相关的意见。

1943年3月10日，隆美尔乘飞机到位于东普鲁士的希特勒的

总部——"狼穴"①,做了试图让希特勒明白撤退必要性的最后努力。在日记中,隆美尔的一段文字说明了这是一次徒劳无功的行程:"我尽力强调'非洲军'必须撤回意大利休整,从而担负起保护南欧侧翼的重任——通常我不喜欢向人做保证,但这次我甚至向希特勒提出了'用这些部队就足以打退盟军在南欧方向任何进犯'的保证。即便如此,我还是没法说服希特勒。"②

当盟军逼近突尼斯的轴心国军队的防线,准备发动"最后一击"时,轴心国军队只能怀着消沉的心情坐以待毙了,因为其把本可以利用的1943年4月的多雾天气提供的撤退机会浪费了——大雾足够为这些部队登船、运输提供掩护。德军曾在4月20日到4月22日阻止了盟军打垮防线的最初尝试,但到了5月6日,轴心国军队的防线在被突破后崩溃了。紧接着,由于防线纵深不够,守军都十分清楚自己正背对着不利于自己作战的大海这一状况。因此,盟军的"突破防线"很快扩大成了"全线突破"。

轴心国部署在突尼斯的八个师全部被俘,其中包括隆美尔麾下的大部分德军老兵和意大利精锐部队。现在,这八个师非但不能再为从意大利进入欧洲的通道提供坚强的防卫力量——这样盟军进攻得手的概率就很小了——反倒让意大利和意大利的附属岛屿全部以无兵防卫的状态暴露在盟军面前。然而,早在1943年1月,尽管盟军就已经做出了下一步要在西西里岛登陆的决策,并且盟军占领突尼斯的时间也接近预期,但盟军当时根本没有立刻

---

① 为执行"巴巴罗萨计划"建立的军事指挥部,1945年,因苏军进攻而被迫放弃。——译者注
② 隆美尔:《隆美尔文件集》,第419页。——原注

这么做的打算。盟军真的很幸运，德军高层此时的分歧和内部争执让这个机会继续存在。

现在，我们要看看由曾经担任南意大利德军总指挥的阿尔贝特·凯塞林的参谋长西格弗里德·韦斯特法尔将军提供的证词："由于意大利此时已经没有机械化机动部队了，其军事首脑只能要求德国提供一支例如装甲师一样的强大增援部队。"当时，希特勒倒是认为可以答应这个要求。他发私人电报给墨索里尼，答应给墨索里尼五个师。但在没有知会阿尔贝特·凯塞林的情况下，墨索里尼就回复希特勒称他"只要三个师"。也就是说，除已经在运往非洲途中、临时拼凑的两个师之外，再加一个师就够了。墨索里尼甚至表达了自己不希望德国再派援军来非洲的想法。

1943年5月中旬，墨索里尼之所以不愿意接受德国援助，是因为自傲和畏惧两种情绪交织作祟：他不愿意让自己的国民乃至全世界的人们看到自己依赖德国援助苟延残喘。西格弗里德·韦斯特法尔曾做过这样的评价："墨索里尼希望由意大利人自己防御国土，但对自己部队的无能及不能担负起这样防御任务的事实视而不见。"

不过，以"接受大批德军对防守意大利及其前沿岛屿是必要的"为由，意大利新陆军参谋长马里奥·罗阿塔将军（前任驻西西里岛的轴心国军队指挥官）最后还是说服墨索里尼。墨索里尼要求以"德军必须在战术上服从意大利指挥官调度"为条件允许更多的德国师进入意大利。

意大利部署在西西里岛的防御部队仅有四个野战师和六个常驻海防师，并且装备较差，士气低落。在非洲战线崩溃时，被派

第2章 反攻欧洲

往非洲的德国特遣队被整编成"第十五装甲掷弹兵师",但只有一支坦克部队。1943年6月底,以同样情况组建的"戈林"装甲师被调到了西西里岛。然而,墨索里尼不同意把这两个师合成一个军并让一名德国军官来管理。于是,这些部队被分为五个沿着一百五十英里长的西西里岛展开驻防的快速预备队集群,都交给意大利指挥官阿尔弗雷多·古佐尼指挥。德军中将高级联络官弗里多林·冯·埃特林带着一些作战参谋和一个通信连随行,以便在紧急状况下接过部队的指挥权。

后来,等墨索里尼愿意接受德国更多援助时,希特勒反倒对这些援助产生的价值感到越来越怀疑。在对盟军可能进攻的"危险点"的看法上,希特勒和墨索里尼也存在分歧。一方面,希特勒怀疑意大利人会推翻墨索里尼的统治,与盟军讲和。很快,事实证明确实如此[1]。因此,对往意大利派遣更多德国师,希特勒有很多顾虑,因为一旦意大利人溃败或临阵倒戈,这些德国师就会被切断退路。另一方面,希特勒开始认为,无论是墨索里尼、意大利最高统帅部还是阿尔贝特·凯塞林,他们的想法都是错误的,盟军下一步行动是不会如他们想的那样从非洲出发登上西西里岛的。然而,在这方面上犯错误的人恰恰是希特勒。

在抵挡重返欧洲战场的盟军时,希特勒面临的最主要战略弱点是德国当时控制的领土面积过大——从大西洋一侧的法国西海

---

[1] 1943年7月25日,意大利国王维托里奥·埃马努埃莱三世召见墨索里尼,令他辞职,并且将他"保护"(实际上是软禁)起来,并命令陆军元帅彼得罗·巴多格里奥担任总理。为了救墨索里尼,希特勒不得不派遣精锐伞兵发动空降突袭,史称"橡树行动"。——译者注

岸一直延伸到位于爱琴海一侧的希腊东海岸。因此，他很难准确估计盟军将向哪里发起攻击。盟军方面的最大优势是可以凭借制海权任意选择进攻目标或佯攻以分散德国注意力。希特勒不得不总是提防盟军从英格兰渡过英吉利海峡发起攻击，还得留神英美联军可能从南欧海岸的西班牙到希腊一线的任何地方登陆。

希特勒认为，盟军更可能选择撒丁岛而不是西西里岛作为登陆地点。撒丁岛是进入科西嘉岛，甚至是攻入法国乃至意大利王国本土的良好"跳板"。同时，德军已经做好应对盟军在希腊登陆的准备：希特勒希望保留一支预备部队。一旦盟军登陆，希特勒就能迅速调动德军赶赴希腊发动反击。

因为纳粹在西班牙的特务于西班牙海岸上发现了一具被海浪卷上沙滩的"英国军官"的尸体，所以德军更加坚定地认为盟军选择的登陆地点是撒丁岛：特务除了在这具尸体上找到大量文件副本、身份证件和书信之外，还找到一封私人书信。这封书信是当时英国陆军参谋部副参谋长、中将阿奇博尔德·奈爵士写给哈罗德·亚历山大将军，并托此人代为转交的。信里提到了最近一些盟军官方电报中即将发起的战役，还在附件中指出盟军希望在撒丁岛和希腊登陆，但要在"掩护计划"中尽力让敌人——德国人——相信盟军的进攻目标是西西里岛。

英国情报部门一手策划了这个巧妙的骗局，而德国情报部门的首脑竟然信以为真。虽然意大利王国的军事主官和阿尔贝特·凯塞林都没有因此改变盟军下一步将在西西里岛登陆的看法，但这个骗局明显给希特勒留下了深刻的印象。

奉希特勒的命令，德国第一装甲师被从法国调往希腊，支援已

经部署在那里的三个德国步兵师和意大利第十一集团军，新组建的德国第九十装甲掷弹兵师则负责增援镇守撒丁岛的四个意大利师。随着为数不多的港口、码头都已被盟军炸毁，德国对撒丁岛的进一步增援遭遇了补给困难。为了保险起见，希特勒把库尔特·斯图登特的第十一航空军（配备两个伞兵师）从法国北部调到法国南部。一旦盟军在撒丁岛登陆，德国伞兵就会对盟军发动空降反击。

与此同时，盟军为登陆进行的计划工作却比德军慢。盟军计划在西西里岛登陆的决定自诞生之初就是一个妥协性方案，盟军也没有决定登陆后要开展后续行动。1943年1月，在卡萨布兰卡会议①上，英国参谋部首长与美国参谋部首长会面。然而，从会议召开伊始，两国就出现了分歧，这和两国"联合参谋部"的名头形成了鲜明对比。以海军上将恩斯特·金、陆军上将马歇尔和陆军上将亨利·阿诺德为代表的美军希望一旦肃清北非纳粹势力后就终止他们眼中所谓的"地中海牵制攻击"，撤回部队，并把这些部队投入与德军直接对抗的战场上。以艾伦·布鲁克将军、达德利·庞德将军和查尔斯·波特尔将军为代表的英军则认为直接渡过海峡进攻欧洲的时机尚未成熟，若在1943年就尝试登陆欧洲，则收效不会太好，甚至会导致灾难性的后果。回顾历史，我们会发现这个想法无可置疑。不过，两国将领一致认为，为了保持对德军的压力，并且将德军在东线苏联战场集结的部队吸引过来，应该采取进一步行动。联合参谋部的英军方面主张在撒丁岛登陆，但英国参谋部首长和美国参谋部首长都倾向于在西西里岛登

---

① 本次会议确定了使轴心国"无条件投降"的原则。——译者注

陆——丘吉尔也主张在西西里岛登陆。因此，英国与美国很快就登陆西西里岛一事达成了协议。自1940年以来，大部分运往埃及和印度的部队和粮食都不得不绕道南非。若占领西西里岛，就能有效肃清地中海运输线，这样将节省大量船舶运力。这成为盟军主张在西西里岛登陆的最有力的论据。

1943年1月19日，盟军联合参谋部在做出进攻西西里岛的决定时，盟军长官将进攻目的定为：第一，让地中海运输线更安全；第二，减轻德国对苏联前线施加的压力；第三，增加盟军对意大利军队的压力。但关于如何进一步扩大战局，这一点仍悬而未决。如果要决定下一步进攻的目标，就将再次引起内部分歧。然而，在这个问题上，如果一味为了讨好各方而犹豫不决，就很容易贻误战机。制订进攻西西里岛计划时，盟军也不紧不慢。虽然1943年4月底盟军可以完成"征服突尼斯"的计划，但联合参谋部的指挥官还是把登陆日期定在了7月满月之时。1943年1月20日，英国人拿出了一个叫"哈斯基"的行动纲要——从地中海东西两岸分别调兵发动集中进攻。英军与美军一致同意由艾森豪威尔担任最高司令，哈罗德·亚历山大为副司令。这一人事任命是美国正式成为盟军中重要一分子的标志——因为英军总司令级别更高、资历更老，并且英国仍要为这次战役提供大部分所需部队。2月初，盟军成立了一个特别计划参谋部，其总部就设在阿尔及尔。但这个参谋部的分支散布在各地，彼此距离很远。联合参谋部的空军各部门之间相隔很远，作战思想差别也很大——这导致西西里岛战役期间盟军空军并没有依据盟军陆海军的需要很好地配合，大量时间都浪费在把计划草案送来送去上了。无论是艾森

第 2 章 反攻欧洲

豪威尔还是哈罗德·亚历山大,还是两位精选出的陆军指挥官蒙哥马利和小乔治·S.巴顿,都因忙于北非战役的最后阶段而对下一步进攻西西里岛的军事行动缺乏足够的关切。蒙哥马利直到4月底才腾出时间研究计划草案,并提出了大量修改要求。5月3日,作战计划被重新修改。5月13日,联合参谋部的首长们最后同意并批准了计划。此时正是德军与意大利军队突尼斯前线崩溃后一个星期,也是其最后的残部投降的日子。

在入侵西西里岛先头部队的十个盟军师中,只有一个参加了北非战役的最后阶段,其余七个都是新加入战场的部队——这让人更加遗憾。轴心国军队在非洲崩溃后,如果盟军能立刻转向在西西里岛登陆,就会发现岛上几乎没有轴心国的防御力量。要不是丘吉尔自卡萨布兰卡会议期间及之后一直催促应该在1943年6月发起登陆,轴心国就会得到更多加强西西里岛防御的时间。丘吉尔的建议得到了联合参谋部的支持,但地中海战区的盟军指挥官没有做好在7月10日以前发动进攻的准备。

对于登陆计划,盟军做出了以下主要改动:小乔治·S.巴顿的西线特遣部队不再于靠近巴勒莫的西西里岛西端登陆,而要在靠近登陆地点更加集中、蒙哥马利部队所在的西西里岛东南端登陆。虽然从登陆的结果来看这似乎多此一举,但鉴于敌人有时间增援西西里岛,盟军登陆部队这一紧凑的集结行动倒也不失为一个应对敌人猛烈反击的正确预防措施。然而,盟军因此失去了从一开始就占领巴勒莫港的机会——如果不是美国新式两栖运输车和坦克登陆舰能解决在海滩上维持补给的问题,这一失误势必导致严重后果。盟军重新修改过的计划还失去了原来计划中分散敌人注意力的效果。因此，敌人在盟军登陆成功后竟然顺利地集结起自己的预备队，并凭借这支预备队堵住了盟军试图穿过山地进入西西里岛中央地带的行动。小乔治·S.巴顿如果按照原计划在靠近巴勒莫的西北海岸登陆，那么很可能早就踏上作为敌人补给线或者退路的通往墨西拿海峡的道路了——如此一来，西西里岛的敌军可能将被盟军全歼。后来，德军几个师侥幸逃出了西西里岛，这对盟军开展下一步行动影响极大。

然而，登陆西西里岛作战既是盟军重返欧洲的第一次尝试，又是盟军首次试图通过海运对纳粹占领的海岸地区发动大规模袭击。鉴于如此重大的意义，因担心安全问题而犯错也无可厚非。值得注意的是，盟军将动用八个师的兵力同时登陆，规模甚至比晚至1944年6月才发生的诺曼底登陆还要大。在登陆西西里岛的第一天和随后两天，有大约十五万名盟军士兵登陆，最后上岸的盟军官兵总数约为四十七万八千人——其中英军二十五万人，美军二十二万八千人。英军在西西里岛东南角长达四十英里的海岸地带登陆，美军则沿着西西里岛南部长达四十英里的海岸地带登陆，英军左翼和美军右翼之间有一道长达二十英里的中间地带。

英国海军上将安德鲁·坎宁安爵士领导制订并执行了西西里岛登陆作战计划中的海军部分，包括一系列最后导致盟军要在夜间登陆的复杂活动。但登陆行动自始至终都十分顺利，这要感谢登陆计划的制订者与执行者。盟军从1942年11月在法属北非进行的"火炬行动"两栖登陆作战中积累了不少经验，因而收到的成效比"火炬行动"更大。

英国海军上将伯特伦·霍姆·拉姆齐负责指挥拥有各种舰船

第 2 章 反攻欧洲

七百九十五艘，另有七百一十五艘登陆艇的东线海军特混舰队。英国第五十师、第五师、第二三一步兵旅将从地中海东端的苏伊士、亚历山大港和海法乘船前来，并在西西里岛南部东海岸的锡拉库萨和帕塞罗角之间的地区登陆。第五十一师从突尼斯乘船赶来，部分人马因要在西西里岛东南角登陆而在马耳他停留。加拿大第一师被两支护航舰队从英国运来，在西西里岛东南角以西地区登陆，其大部分人马是搭乘航速较快的第二批护航舰队在1943年6月28日——也就是正式登陆的十二天前——从克莱德赶来的。这批护航舰队赶在美国护航舰队前头穿过了比塞大附近布满水雷的海峡。

美国海军中将亨利·肯特·休伊特负责指挥拥有各种舰船五百八十艘，另有一千一百二十四艘登陆艇的西线海军特混舰队。美国第四十五步兵师被两支护航舰队载着从大西洋一侧赶来，在奥兰稍做停留后就登上LST登陆舰和小型舰离开了比塞大，作为登陆部队右翼在斯科利蒂登陆。美国第一步兵师和第二装甲师则从阿尔及尔和奥兰上船，准备在杰拉登陆。美国第三步兵师全部在比塞大上船，作为登陆部队左翼在利卡塔登陆。

在强大的海军力量和空军力量掩护下，盟军声势浩大的护航舰队在集结和航行过程中没有遇到严重袭扰，只是因为遭到潜艇袭击，损失了四艘船和两艘LST登陆舰。盟军舰队靠近登陆地点时，德军飞机一直被盟军飞机牢牢压制。因此，德军飞机没发动空袭——实际上大部分盟军舰队甚至没被德军发现。盟军在西西里岛战场上空拥有四千多架作战飞机，德军和意大利军队只有约一千五百架。盟军无疑拥有巨大的空中优势。1943年6月，意大利

轰炸机因为畏惧盟军战斗机，不得不撤退到位于意大利北部和中部的基地。自7月2日开始，西西里岛上的机场遭到了盟军猛烈、持续的炮击，直到盟军登陆那天，只有少数次要的着陆跑道可供使用，而大部分未被损毁的战斗机都已经撤退至意大利王国本土或者撒丁岛。盟军宣称，在整个西西里岛战役中摧毁轴心国飞机一千一百架，但实际上真实数字并未超过两百架。

1943年7月9日下午，盟军护航舰队纷纷抵达位于马耳他岛东面与西面的集结地区，但此时海上狂风骤至、巨浪涌起——小型舰艇面临没顶之灾，登陆也很困难。幸亏午夜时分风浪缓和下来，虽然会对登陆作战造成麻烦的涌浪尚未停止，但只有少部分担负突击任务的登陆船没有准时到达滩头。

在海运部队登陆前，美国第八十二空降师进行了空降，但效果很差。盟军不但首次尝试进行如此大规模的进攻任务，还要在缺乏经验的状况下、在能见度很低的夜间完成，当然有难度。大风增加了导航的难度，推迟了盟军运输机和拖曳的滑翔机到达目标地带上空的时间，降落时还遭到敌人高射炮火力的干扰。在方圆五十英里的地带，美军空降兵分散为多个小集群，搭乘滑翔机的盟军空降部队同样散得很开，其一百三十四架滑翔机中更是有四十七架落进了海里。不过，盟军空降部队的无意分散反倒在轴心国军队后方引起了普遍的恐慌与混乱。盟军的小股伞兵部队甚至占领了一些关键桥梁和公路会合点，取得了较好的战果。

虽然突如其来的风暴导致盟军遇到一些麻烦，但解除了防御方的武装，局势对进攻方还是有利的。1943年7月9日下午，轴心国就发现五支护航舰队正从马耳他岛往北驶去，天黑前又取得

第2章 反攻欧洲

了一系列情报,并由高级指挥部据此发出了警告。但这些警告要么没有传达到下级司令部,要么没有引起足够重视。收到报告一小时后,德军预备队已经进入戒备状态,守卫海滩的意大利部队却想当然地认为大风暴至少还能保自己一晚平安无事——这在安德鲁·布朗·坎宁安的电报里得到了充分的体现。安德鲁·布朗·坎宁安说这些不利的状况"让因连续戒备几晚而疲惫不堪的意大利官兵躺在床上辗转反侧,不时说着'谢天谢地,盟军今晚不会来了'。但盟军还是来了"。

意大利官兵不仅身体疲惫,而且大部分已厌倦了战争,像墨索里尼那样的好战分子毕竟只是少数。防守海岸的意大利官兵大多是西西里岛的本地人,意大利军方在做出如此安排时,其用意就是为了让他们"为了保护自己的家园"战斗到底。但意大利军方做出的这种假设并没有考虑意大利官兵长期以来对德国人的厌恶,或者说无视了意大利官兵从现实角度考虑的想法——作战越卖力,家园被毁灭得越彻底,留给他们的东西越少。

1943年7月10日黎明,盟军庞大的舰队铺天盖地而来,满载增援部队的登陆舰艇也源源不断抵达,为早前已经进行的数次登陆进攻提供支援。见到这番情形,意大利守军更不想抵抗了。

盟军很快就摧毁了设在滩头的防御阵地。登陆时,很多盟军因晕船痛苦不堪,但在盟军登陆时,意大利军队的炮火只给盟军带来轻微伤亡。哈罗德·亚历山大曾用两句话表述盟军第一阶段的登陆:"我们从未把意大利军队用于守卫海岸的师放在眼里,其防御也几乎是一枪未放就瓦解了,而意大利野战师更是一遇到盟军就四处逃窜,仿佛迎风扬起的谷糠一样。常有意大利部队大

规模投降的事件发生。"防守整个西西里岛的重担几乎从盟军进攻第一天起就全部落到了两个拼凑起来的德国师和随后赶来增援的两个德国师身上了。

盟军在岸上立足未稳的紧急时刻,德军"戈林"师和另一个配备重达五十六吨的新型"虎"式坦克的特遣队发动过一次有威胁的反攻。当时,"戈林"师正奉命驻守位于俯瞰杰拉平原、距离海岸二十英里的卡尔塔吉罗内周围的山区地带,而美国第一步兵师的登陆地点正是杰拉平原。幸亏这次反击是在登陆第二天,即1943年7月11日才发起的——一小股意大利旧式轻型坦克部队曾在一天前对美军发起了英勇的小规模反击,并一度突入杰拉城中,但后来被赶出去了。德军主力被堵在路上,直到7月11日清晨才出现。即便如此,由于风大浪急,海滩上拥挤不堪,装卸作业遇到麻烦,只有少数美国坦克成功上岸,反坦克炮和火炮也很缺乏。德国坦克结成小集群,从平原冲杀而来,摧毁美军前哨后一直杀到连接海滩的沙嘴地带。看似美军有可能会因此被赶下海去,但好在海军舰炮弹无虚发,在危急关头打退了德军的攻势。在战场另一边,一个拥有一个连"虎"式坦克的德军纵队朝美军第四十五师左翼发起突击,但攻势同样被盟军舰炮挡住。

1943年7月12日,德军第十五装甲掷弹兵师的两个战斗集群从西西里岛西部急速赶到美军战线,但当时"戈林"师已经被调往英军登陆地段,执行"阻止英军为扩大占领区而发动攻势"的任务。当时,英军的这次进攻看起来确实威胁最大,因为英军已经逼近位于西西里岛东侧海岸线中点的港口城市卡塔尼亚,而当地的三个美军滩头堡垒不仅立足未稳,彼此之间也尚未建立联系。

英军的攻势畅通无阻。在登陆时,英军遇到的抵抗很少,也没有遇到任何反击。英军虽然在滩头装卸时碰到一些麻烦,但与在西西里岛西海岸易受攻击的美军阵地相比,英军遇到的状况总体要好得多。英军登陆一天后,德军空袭开始变得频繁,但盟军的空中掩护做得较好,所以英军损失的船舶很少,状况和美军阵地差不多。正如安德鲁·布朗·坎宁安所说,在那些几年前目睹过地中海战事的人眼中,"这么庞大的舰队能在轴心国军队控制的海岸附近下锚停泊,简直是奇迹……因敌人空袭造成的损失简直微不足道"。可以说,盟军在西西里岛登陆成功,主要因素之一就是没有受到德军空袭阻挠。但在作战的下一阶段,盟军就因遇到德军另一种形式的空中作战而受阻。

英军登陆后用三天时间肃清了西西里岛东南部区域。接着,蒙哥马利"决定下大力气从伦蒂尼往卡塔尼亚平原突破",并命令"在1943年7月13日晚上发动一次主攻"。英军取胜的关键是要夺取位于卡塔尼亚南部几英里远的锡梅托河上的普列麦索桥。英军为此投入了一个空降旅的兵力。虽然只有一半的士兵降落到了指定地点,但他们成功完成了确保普列麦索桥完好无损的任务。

在记录中,德国第十一航空军司令库尔特·斯图登特曾概括过盟军登陆作战的下一阶段的任务。希特勒指定库尔特·斯图登特麾下的两个伞兵师驻扎在法国南部。一旦盟军在撒丁岛登陆,第十一空降军就准备乘飞机飞往撒丁岛救援。但空降部队是一种灵活性很高的战略预备队,经常被调去应付各种不同的局面。

1943年7月10日,盟军在西西里岛登陆时,我立刻建

 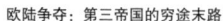

欧陆争夺：第三帝国的穷途末路

议动用我麾下的两个师在西西里岛发动一次空降反攻。但希特勒拒绝了，阿尔弗雷德·约德尔尤其反对。因此，我手下的第一伞兵师起初仅仅是从法国南部乘飞机飞到意大利——一部分去了罗马，另一部分去了那不勒斯，而第二伞兵师和我自己都还留在法国的尼姆市。因西西里岛上的意大利守军开始大规模崩溃，第一伞兵师很快就被派往西西里岛增援当地人数不多的德军。部分伞兵乘飞机被空降在位于我军战线东段后方的卡塔尼亚南部。我曾希望把这些伞兵空投在盟军战线的后方。巧的是，我军的一个伞兵特遣队和英国空投在锡梅托河上的普列麦索桥并被用于打通那里通道的英国伞兵部队几乎是同时着陆的。我军伞兵战胜了英国伞兵，夺回了普列麦索桥，这是1943年7月14日的事了。①

英军主力部队赶到后与德军进行了三天激战，终于夺回了普列麦索桥，并重新打通了通往卡塔尼亚平原的道路。但由于德军预备队的抵抗不断加强，英军未能如愿以偿继续向北推进。德军预备队此时正集中起来，塞满了通往六十英里外的墨西拿东海岸的道路。墨西拿位于西西里岛东北角，靠近意大利王国本土的"脚趾"。

盟军迅速肃清西西里岛轴心国军队的希望落空了。蒙哥马利被迫将第八集团军西调，一边穿过西西里岛内部山区与埃特纳山

---

① 巴兹尔·利德尔·哈特：《山那边》，第355页。——原注

第2章 反攻欧洲

周围地区，进行迂回，并与往东进发的第七集团军配合。第七集团军虽然因迟到而没能切断轴心国机动部队东退的道路，但还是在1943年7月22日到达北部海岸并占领了巴勒莫，并由于为原来计划向墨西拿发动总攻的第八集团军提供侧翼掩护，从分散敌人注意力的"配角"地位上升为一支主要进攻力量，最后竟成为先头部队的"主角"。

为了按计划在1943年8月1日发动新的攻势，盟军从非洲调来了美国第九步兵师和英国第七十八步兵师。至此，盟军在西西里岛的总兵力已达到十二个师。德军也得到了增援：胡贝——此时由他负责指挥战役——率领第二十九装甲掷弹兵师和第十四装甲军司令部赶来增援。胡贝的任务不是要维持德军在西西里岛的现有防线，而是拖延盟军攻势进程，掩护轴心国部队撤退。在1943年7月25日盟军攻势重启、墨索里尼被推翻后不久，阿尔弗雷多·古佐尼和阿尔贝特·凯塞林做出了撤退的决定。

西西里岛东北部崎岖不平的三角形山地利于防守方进行迟滞作战，轴心国守军每退一步，战线就缩短一些，因而只需要较少的守军就足以完成任务。盟军虽然兵力上占据绝对优势，但在狭窄崎岖的地段不容易展开，难有用武之地。小乔治·S.巴顿曾试图靠三次小规模的两栖跃进加速作战进程——第一次是1943年8月7日深夜在圣阿加塔登陆，第二次是8月10日深夜在布罗洛登陆，第三次是8月15日深夜在斯帕达福拉登陆。然而，美军的三次登陆都因动手太迟而一无所获。蒙哥马利也曾在8月15日到8月16日尝试发起过一次小规模登陆，但轴心国后卫部队已经北撤。当时，大部分轴心国部队都已经顺利过海，撤回意大利王国本土去了。

轴心国卓有成效的渡海撤退行动大多是在六天七夜内完成的。其间,既没有遭受盟军海军与空军的拦阻,也没有什么严重损失。近四万名德军官兵和六万名意大利军队的官兵安全撤退。撤退时,意大利军队除带走二百辆汽车外,抛弃了几乎所有辎重。德军除带走四十七辆坦克、九十四门火炮和一万七千吨物资、装备外,还带走了近一万辆车。1943年8月17日6时30分,美军先头巡逻队进入墨西拿。不久,蒙哥马利的英军也到了。英军受到美军的"热烈欢迎":"你们这些游客是从哪里来到这里的?"

德军计划周密的"逃跑行动"取得了成功。1943年8月17日,在发给丘吉尔并告知其战役已经结束的电报中,哈罗德·亚历山大只能用空话搪塞丘吉尔:"1943年8月17日10时,最后一名德军士兵被我军赶出了西西里岛……可以认为,西西里岛上的所有意大利部队早在1943年7月10日就被歼灭,少数残部可能已经逃回意大利王国本土了。"

目前,我们能从文件记录中推算出德军在西西里岛有六万多人,意大利军队有十九万五千人。哈罗德·亚历山大估计当时德军有九万人,意大利军队有三十一万五千人。盟军俘获德军五千五百人,另有一万三千五百名伤兵在撤退前就已经被送到了意大利王国本土。因此,盟军实际上不过打死几千名轴心国士兵,而英国给出的是打死两万四千人。英军的伤亡数字如下:阵亡两千七百二十一人,失踪两千一百八十三人,受伤七千九百三十人——共计一万两千八百四十三人。美军伤亡数字如下:阵亡两千八百一十一人,失踪六百八十六人,受伤六千四百七十一人,共计九千九百六十八人。在西西里岛登陆战中,盟军共计损失约两万两千八百人。考虑

第2章 反攻欧洲

到这场战役带来了促使墨索里尼政权垮台和意大利王国投降的巨大政治、战略成果，这样的代价并不算大。但如果盟军能充分利用两栖作战部队对轴心国军队发动侧翼包抄作战，兴许可以抓获更多俘虏，从而为后来的进攻扫清道路。安德鲁·布朗·坎宁安就持这样的看法。开战几天后，他就直截了当地在电报中指出：

> 第八集团军并没有利用调度两栖部队进行作战的机会。明明小型的LSI艇（机械化登陆艇）就在手边可供调度……登陆船又是招之即来……无疑，不动用这些在我看来是控制制海权和进行机动作战无价之宝的装备有充分的军事理由。但我们也应该考虑将来那些即便是小规模也必定会让敌人不安的侧翼行动是否可以节省许多时间，令我军可以免于代价高昂的战斗。

令阿尔贝特·凯塞林长吁一口气的是，盟军最高统帅部没有选择德军从西西里岛撤出部队的身后（即意大利王国本土"脚趾"部位的卡拉布里亚，如果盟军这么做，无疑堵住了德军渡过墨西拿海峡之后的退路）登陆。阿尔贝特·凯塞林在整个西西里岛战役期间一直提心吊胆，唯恐盟军趁自己调不出部队迎击时在卡拉布里亚来一次这样的登陆作战。他认为"盟军若对卡拉布里亚发起一次这样的辅助性进攻，就可以将登陆作战转变为一次盟军的压倒性大胜"。直到西西里岛战役结束，四个德国师顺利逃脱为止，阿尔贝特·凯塞林能用于保卫整个意大利王国南部地区的德军兵力只有两个师。

第 3 章 进攻意大利

The Invasion of Italy

第3章 进攻意大利

"一顺百顺,一通百通"——这是从一句古老的法国谚语中衍生出来的名言。不过,在更深层次的意味上,这句名言经常体现出"失败也有可能是另一种成功"的意思。纵观各国的历史,我们都能看到这样的情况,尽管这样的情况是以某种更微妙的方式显现出来的。人人都知道一句这样的谚语:"英国人只赢得一场胜利,那就是最后的胜利。"这句谚语体现了英国的战争经常以灾难开始,最后却以胜利结束——这样的特点危险重重、代价高昂。然而,具有讽刺意味的是,战争最后的结局往往能被追溯至最初发生的一些事情:战争初期,英国及其盟友遭遇的失败使敌人变得过于自信,并导致敌人陷入自己应付不了的战局之中。

此外,即使局势已经扭转,求胜者追求速胜时遭遇失败也是有利的。因为这样的"失败"有助于求胜者取得更圆满的成功,使他们更有把握取得最后的胜利。在第二次世界大战期间的地中海战役中,这样的情形就曾出现过两次。

首先,1942年11月,由于盟军从阿尔及尔往突尼斯的最初进军受挫,希特勒和墨索里尼受到鼓励,派出一支大军渡海前往增援。终于,六个月后,盟军得以围歼轴心国军队,并俘虏了轴心国的两个集团军,扫除了自己从非洲渡海进入欧洲南部面临的主要障碍。

其次,对盟军而言,进攻意大利失策这件坏事本身最后也变成了好事。在盟军迅速占领西西里岛和墨索里尼政权垮台后,盟军第二次较短距离地进入意大利王国看起来变得相对容易了。由于意大利王国的投降是瞒着德国秘密进行的,并且恰好在盟军主力部队登陆时宣布,所以盟军这种短距离跃进行动的前途变得更加光明。当时,德国只有六个相对较弱的师部署在意大利王国南部,另有两个师在罗马附近。这八个德国师竟要同时担负迎战盟军进攻和镇压前盟友意大利军队的双重任务。

然而,德国陆军元帅阿尔贝特·凯塞林成功做到了在阻挡盟军进攻的同时解除意大利王国的武装,并将盟军兵力阻挡在一条距离罗马一百英里的战线上。盟军先是花了八个月终于开进意大利王国首都罗马,接着又花了八个月总算冲出狭窄、多山的亚平宁半岛,进入意大利王国北部的平原地区。

不过,这种在1943年9月看来已经是胜利在望的长久拖延,为盟军总胜利带来了大大的好处。起初,希特勒想从意大利王国南部撤军,并且在意大利王国北部利用山地建立一条堵截线。不料,阿尔贝特·凯塞林意外成功的防御作战竟使希特勒不顾隆美尔的忠告,为了尽可能长时间保住意大利王国更多领土而把大量战争资源倾注于意大利王国南部。希特勒的决定是以付出原本用于应付更大的威胁的资源为代价去执行的——当时,德国两面受敌,东面是苏军,西面是在诺曼底登陆的盟军。

就自身力量而言,盟军在意大利吸引的德军数量比在其他地

第 3 章 进攻意大利

区前线吸引的要多。此外,放弃意大利,对德军而言,损失更小,而德国却想竭力守住亚平宁半岛漫长战线上的每一个地方。德军越是这样,就越是因战线拉得太长而不可避免地走向崩溃。这种看法对于当时在意大利由哈罗德·亚历山大率领的、获得速胜希望早已落空的盟军来说是一种安慰。

即便如此,我们也要承认,尽管受挫的最后战局可能变得对己方有利,但发动大规模远征毕竟不是奔着受挫去的——"求败"并不是人类的天性。那么,远征中发生了什么?盟军又为什么会受挫?这两个问题的答案很值得我们探讨一番。

盟军受挫的首个重要因素就是未能及时利用意大利王国的反战政变推翻墨索里尼统治提供的机会。1943年7月25日,政变发生,但盟军直到六个星期后才打进意大利王国。造成这一延误有政治、军事两个方面的原因。1943年5月底,英国军事主官与美国军事主官在华盛顿召开会议。美国军事主官反对从西西里岛继续往前推进,生怕这么做会影响诺曼底登陆和在太平洋上打败日本的计划。直到7月20日,西西里岛的意大利军队开始表现出强烈的投降欲望,美国参谋部这才同意继续在意大利的行动,但为时已晚。

1943年1月,在卡萨布兰卡会议上,美国总统罗斯福和英国首相丘吉尔提出的"无条件投降"这一政治需求同样阻碍了盟军。当时,在彼得罗·巴多格里奥领导下的意大利王国新政府急于知道和同盟国谈判能否取得有利条件,却发现同盟国很不好打交道。英国驻梵蒂冈的公使与美国驻梵蒂冈的公使显然是个容易打交道的途径,但正如彼得罗·巴多格里奥记录的那样,由于英国与美国缺乏远见,这条"通路"其实也是不通的。"英国公使遗憾地通知我们，由于他们的密电码过于陈旧，只要一发出就会被德国人破译，因此劝我们不要利用这一密码和英国政府建立秘密联系。美国的代办更是回答我们说他们连密码都没有。"因此，直到8月中旬，意大利人才找到一个似乎说得过去、派一名专使去葡萄牙王国访问的借口，并在葡萄牙王国和英国代表、美国代表会晤。到了这时，这种转弯抹角的谈判也只是让问题更加难以解决。

相反，在反制意大利王国新政府可能放弃与德国签订的同盟条约并与同盟国讲和一事上，希特勒及时采取了对策。就在1943年7月25日罗马发生政变的那一天，隆美尔刚到希腊，准备接管当地的指挥权，不料在午夜前接到了一个电话。隆美尔得知墨索里尼已经倒台，并被要求立刻飞回设在东普鲁士森林里的希特勒司令部。7月26日中午，隆美尔飞到东普鲁士，之后就接到了"奉命在阿尔卑斯山脉集结部队，做好可能进入意大利的准备"的命令。

不久，德军的进攻就开始了。部分德军采取了伪装的办法。担心意大利军队可能在盟军伞兵的帮助下突然采取措施封锁阿尔卑斯山脉的隘口，于是1943年7月30日，隆美尔会合德军先头部队越过边境，占领各个山口。德军以"包围通往意大利的补给线免遭破坏或伞兵进攻"的借口执行隆美尔命令。意大利军队提出抗议，并一度以拒绝让路相威胁，但意大利军人又想避免和德国盟友冲突，因此十分犹豫，不敢开火。当时，德军的渗透规模扩大了，借口则是"减轻意大利军队保护北部国土的压力，方便其支援意大利南部，因为很明显，盟军几乎随时可能在这一区域登陆"。从战略上来说，这个论点十分有道理，甚至让意大利王国

第3章 进攻意大利

的军事主官在不明确表示倒戈的情况下几乎很难拒绝。

于是，1943年9月初，隆美尔指挥的八个德国师便在意大利王国阿尔卑斯山脉边境地带站稳了脚跟，这对于尚在意大利王国南部的阿尔贝特·凯塞林的部队来说是一个潜在的支持。

不仅如此，德军作战十分顽强的第二伞兵师正从法国飞往靠近罗马的奥斯蒂亚。德国空降部队总司令库尔特·斯图登特随第二伞兵师一起飞来。在战后受审时，库尔特·斯图登特如是说：

> 意大利军队最高统帅部事先没有得到德国第二伞兵师即将到来的通知，只是被告知德国第二伞兵师要被用来增援西西里岛或卡拉布里亚。
>
> 然而，希特勒给我的指示是，要我把第二伞兵师留在罗马附近，并把已经开到这里的第三装甲掷弹兵师也划归我指挥。我准备用这两个师一举解除罗马附近的意大利军队的武装。①

这几个德国师的出现让盟军原定的由李奇微指挥美国第八十二空降师空降罗马并支援意大利军队守住罗马的计划就此作废。如果增援成功，阿尔贝特·凯塞林设在位于罗马东南仅十英里的弗拉斯卡蒂的司令部将危在旦夕。即便如此，当时看来，给库尔特·斯图登特指派的任务十分危险。彼得罗·巴多格里奥顶着德军"拿出几

---

① 这是来自巴兹尔·利德尔·哈特的审讯文件。参见巴兹尔·利德尔·哈特：《山那边》，第356页到第357页。——原注

个师协防意大利王国南部海岸"的劝说,在罗马集中了五个师的兵力。阿尔贝特·凯塞林既要对付英军与美军两支进攻的部队,又要对付盘踞在自己位于意大利王国南部六个师的补给线上及退路上的"第三支敌军"——唯有解除这些意大利师的武装才能得救。阿尔贝特·凯塞林的师和在西西里岛战役中以付出惨重代价逃出的四个师共同组成了德国第十集团军,由菲廷霍夫指挥。

1943年9月3日,蒙哥马利的第八集团军开始进攻。第八集团军从西西里岛渡过窄窄的墨西拿海峡,在意大利王国的"脚趾"地区登陆。同样是9月3日,意大利代表和盟军代表秘密签订了停战条约。但双方约定这个条约必须在盟军于意大利王国的"胫骨",也就是那不勒斯南部的萨莱诺发动第二次、更加主要的登陆作战前不得公开。

1943年9月8日午夜,美国第五集团军在马克·韦恩·克拉克的率领下开始在萨莱诺湾登陆,而英国广播公司在几小时前广播了关于意大利王国投降的正式通知。意大利王国领导人事先都不知道盟军登陆来得这么快,直到傍晚才知道发了广播。彼得罗·巴多格里奥抱怨说自己的准备工作尚未完成,难以同盟军配合——这么说是有几分道理的。但被艾森豪威尔秘密派往罗马的马克斯韦尔·达文波特·泰勒对意大利王国缺乏准备、惊慌失措的状况早就一清二楚。艾森豪威尔在早上收到了马克斯韦尔·达文波特·泰勒发来的"前景不妙"的警告电报,因此取消了李奇微原先要在罗马执行的空降计划。然而,在这个节骨眼上,要想重新执行原定计划,即让李奇微的部队在那不勒斯以北沿着沃尔图诺河空降去堵截对手往南增援萨莱诺的计划也来不及了。

第3章 进攻意大利

意大利王国投降的广播同样让德国人吃了一惊。尽管此时盟军在萨莱诺登陆给德军制造了麻烦,但德军还是在罗马采取了迅速、果断的行动。

如果意大利军队的实际行动能与事先做的伪装配合默契,那么结果可能大不相同。在过去的几天,意大利军方一直隐瞒自己的真实意图,并且努力消除阿尔贝特·凯塞林的怀疑。在一段叙述中,阿尔贝特·凯塞林的参谋长西格弗里德·韦斯特法尔这样讽刺地写道:

> 1943年9月7日,意大利王国海军大臣、海军上将拉法埃莱·德·库尔唐伯爵会见了阿尔贝特·凯塞林元帅,并向阿尔贝特·凯塞林元帅保证意大利海军将在9月8日或9日从拉斯佩齐亚出发,向英国地中海舰队发起挑战。拉法埃莱·德·库尔唐伯爵两眼含泪地说,意大利舰队要么战胜,要么覆没。接着,他便将作战计划的细节详细描述了一遍。①

这些保证看似让人深信不疑。1943年9月8日下午,西格弗里德·韦斯特法尔和另一个叫鲁道夫·图桑的将军驱车赶往位于罗马东北十六英里蒙特罗通多的意大利军队司令部。

> 马里奥·罗阿塔将军热情地接待了我们,并与我详谈

---

① 巴兹尔·利德尔·哈特:《山那边》,第359页。——原注

欧陆争夺：第三帝国的穷途末路

了意大利第七集团军和德国第十集团军将在意大利南部采取进一步联合作战行动。我们正在交谈的时候，西格弗里德·冯·瓦尔登堡上校打电话报告说有广播消息称意大利王国向同盟国投降了……马里奥·罗阿塔将军向我们保证，说这是一种拙劣的宣传伎俩而已。马里奥·罗阿塔将军还说，要按照我们已经制订的计划，继续把联合作战搞下去。①

西格弗里德·韦斯特法尔并不完全相信这些保证。深夜回到位于弗拉斯卡蒂的德军司令部时，他发现阿尔贝特·凯塞林已经给所有的下级指挥部发出了名为"轴心"的密码暗号——这是事先安排好的信号，意味着意大利王国退出轴心国，应该立刻采取措施解除意大利军队的武装。

根据实际情况和自己的部署，德军驻意大利的各下级指挥部采用了软硬兼施的方式。在罗马，由于局势对库尔特·斯图登特很不利，所以他就采取了突击战术。

> 我尝试利用空降的方式占领意大利军队总司令部，但只取得了部分成功。我的部队在总司令部里俘虏了三十名将军和一百五十名其他各级军官。此外，有人继续抵抗。意大利军队总参谋长在前一天晚上跟彼得罗·巴多格里奥

---

① 巴兹尔·利德尔·哈特：《山那边》，第359页。——原注

第3章 进攻意大利

和国王一起逃走了。①

意大利军队指挥官非但没有压制库尔特·斯图登特的两个师，反倒命令自己的部队赶紧摆脱库尔特·斯图登特的控制，把罗马留给德军的同时将部队撤退到罗马以东的蒂沃利，这为意大利军队同德军的谈判扫清了道路。在谈判中，阿尔贝特·凯塞林采取了比较温和的劝说态度，提出只要意大利军人肯放下武器就可以立刻回家。这个建议违背希特勒"俘虏所有意大利军队"的命令。不过，事后证明这是更有效减少伤亡并节约时间的策略。阿尔贝特·凯塞林的策略的结果可以借西格弗里德·韦斯特法尔的一番话说明：

> 当意大利军队完全接受德军提出的要求自己投降的各项建议后，罗马周围的局势完全平静了下来，这也消除了德国第十集团军在补给方面面临的威胁……
>
> 我们也对罗马不必再次成为战场这一点备感欣慰。在意大利军队投降协定中，陆军元帅阿尔贝特·凯塞林答应让罗马变成一座不设防城市，并接受了"只由两个连的警察保护电话等设施"的请求——直到德国占领结束为止，这些都被很好地遵守。意大利王国投降后，我们又可以和国防军最高统帅部保持从1943年9月8日以来就被中断的无线电联系了。意大利军队未经流血就被我们解决了，这使我们获得了立刻从罗马调动部队沿着公路增援位于意大利

---

① 巴兹尔·利德尔·哈特：《山那边》，第360页。——原注

 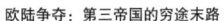

王国南部第十集团军的可能性……我们克服了许多原本担心的事情之后,罗马周围的局势变得非常好了。[①]

直到恢复无线电联系之前,希特勒及国防军最高司令部的军事顾问都以为阿尔贝特·凯塞林的部队被消灭了。在这方面,西格弗里德·韦斯特法尔提供了重要的证词:

> ……自1943年8月以来,我们在兵力、武器和装备等各方面的供应和补充几乎被完全切断了。当时,我们所有的要求都被最高统帅部用"我们稍后考虑"的托词搁置一边。在对意大利北部的B集团军(隆美尔)运用上,体现了这种异乎寻常的悲观情绪:B集团军接到了要设法将逃脱盟军和意大利军队夹攻的我军残部接应到亚平宁山脉阵地的命令。

陆军元帅阿尔贝特·凯塞林同样认为当前局势严峻,但他也认为,在某种情况下,局势还是可控的——预想中的盟军在意大利王国大规模登陆地点越是往南偏,我们的胜算就越大。但盟军如果以海上登陆和伞兵空降两种方式双管齐下进入罗马,就很难保证第十集团军的后方交通线不被切断。我军在罗马附近的两个师远不足以承担消灭强大的意大利军队并驱逐盟军登陆部队这一双重任务,更不要说还要保持第十集团军后方交通线畅通无阻了。早在

---

① 巴兹尔·利德尔·哈特:《山那边》,第360页到第361页。——原注

第3章 进攻意大利

1943年9月9日就发生了一件不愉快的事——意大利军队堵着通往那不勒斯的公路不让德军通过。这意味着第十集团军的补给线被堵住,而在这种情况下第十集团军很难长期坚持下去。当总司令发现盟军没有在9月9日和10日两天在罗马附近的机场空降时,他不由得松了一口气。这两天,我们时刻提心吊胆,唯恐盟军会在意大利军队配合下空降——对意大利军队和那些对我们不抱好感的意大利平民来说,这样的空降无疑是一针强力兴奋剂。①

阿尔贝特·凯塞林一语中的地指出:"如果盟军在罗马空降的同时,还在附近海岸而不是在萨莱诺登陆,就会迫使我军从意大利王国南部全部撤出。"②

即便如此,盟军在萨莱诺登陆后的那些日子,仍然令德军神经紧张。因为缺少对萨莱诺发生的事情的掌握,德军更加焦虑不安。因在一个突然背弃了自己的盟友境内作战,德国面临的"战争迷雾"变得无比浓厚起来。西格弗里德·韦斯特法尔的叙述是对这种情况的最好说明:

> 起初,对萨莱诺的形势,总司令知之甚少。依靠意大利王国邮政网的电话通信中断了。要修好它并不容易,因为意大利人一直不允许我们学习意大利的电话技术。起

---

① 巴兹尔·利德尔·哈特:《山那边》,第361页到第362页。——原注
② 巴兹尔·利德尔·哈特:《山那边》,第362页到第363页。——原注

初,由于新成立的第十集团军司令部的信号人员不熟悉意大利王国南部特殊的气象条件,无线电通信也不能用。

德军很幸运,因为盟军把登陆场选在了德军希望的地方,这方便阿尔贝特·凯塞林调动自己较少的部队迎战盟军。英国第八集团军沿着意大利半岛的"脚趾"往北行军也遂了德军的意——英国第八集团军距离德军太远,无法直接威胁德军。德军还获得了其他好处:由于盟军指挥官不愿意在空军掩护范围外的区域冒险,在制订军事计划时,德军大可大胆估计盟军不会有什么创新,在战术上将墨守成规。盟军在萨莱诺的登陆代号看起来很乐观,叫"雪崩行动"。实际上,盟军不仅付出了惨重的代价,还被德军挡住了。马克·韦恩·克拉克自称"雪崩行动""近乎灾难"[1]。最终,登陆部队总算是勉强挡住了德军反扑,没有被赶下海去。

照原定计划,马克·韦恩·克拉克曾建议在那不勒斯北面的加埃塔湾登陆。加埃塔湾地形更开阔,没有像萨莱诺那样阻碍登陆部队从海滩往内陆推进的山地。但盟军地中海空军总司令阿瑟·特德告诉马克·韦恩·克拉克,如果把登陆地点延伸到加埃塔湾,空中掩护就不会那么及时了。马克·韦恩·克拉克让步了,同意把萨莱诺定为登陆地点。

盟军中还有这样一些看法:认为只有跳出"加埃塔"和"萨莱诺"等地点的限制才能在登陆作战中令德军措手不及,并将其

---

[1] 马克·韦恩·克拉克:《蓄意的冒险》,第179页。——原注

第3章 进攻意大利

打乱。这部分军人主张在意大利王国的"脚后跟",也就是塔兰托和布林迪西这类"敌人最意想不到"、不会担多大风险的地区登陆。此外,这样一来,盟军还有早早占领良港的希望。

一直到最后,主张"攻敌不备"的盟军将领的看法才被当作一种辅助性手段加进计划中。但在塔兰托登陆的只有匆匆忙忙从突尼斯各休整营调集,并乘坐临时拼凑的舰船急忙渡海而来的英国第一空降师而已。登陆时,英国第一空降师没有遭遇任何抵抗,但没有携带坦克、火炮或者其他运输车辆。由于英国第一空降师缺乏各类装备,因此就无法好好利用这个已经赢得的宝贵机会。

以上就是对盟军进攻行动做的概述。现在,我们要详细探讨作战进程,从1943年9月3日蒙哥马利第八集团军渡过狭窄的墨西拿海峡开始。

直到1943年8月16日最后一批德军后卫部队撤出西西里岛,代号为"海湾城"、在卡拉布里亚登陆的命令才发布。即使当时已经发布了命令,正如8月19日,蒙哥马利发给哈罗德·亚历山大的电报中诉苦的那样,命令并没有给出具体的"目标"。在回复电报时,哈罗德·亚历山大给蒙哥马利设定了这样的目标:

> 你的任务是在意大利王国的"脚趾"部分占领一个桥头堡,让我的海军部队能够通过墨西拿海峡。
>
> 如果敌人从"脚趾"撤退,就用可用的部队发起追击。你要记住,你在意大利南端和敌人交战的规模越大,对"雪崩行动"(萨莱诺登陆)的帮助越大。

对战斗经验丰富的英国第八集团军来说，以上目标虽然微不足道，但有点模糊不清。在回忆录中，蒙哥马利说："上级没有试图让我的军事行动配合萨莱诺登陆的美国第五集团军的行动……"英国第八集团军的登陆地点并不适合完成帮助美国第五集团军登陆这一辅助性任务，因为这里距离萨莱诺三百多英里，并且要经过一条狭窄、多山的道路，是德军阻挠英国第八集团军完成任务的理想地点。"脚趾"地带只有两条好路——一条沿着西海岸，另一条沿着东海岸。这意味着只能投入两个师，每个师都只能以一个旅打头。在其中任何一条道路上，有时连部署一个营的兵力都困难。因此，德军并不需要在这一地区布置大量兵力。何况德军曾预计盟军会在别的地方大举登陆，就更不会在这一地区保留大量兵力了。一旦第八集团军被派往卡拉布里亚，因为敌人不用再考虑其他可能性，美国第五集团军就会丧失登陆进攻的突然性。"脚趾"是最不可能对敌人起到钳制作用的地方——德军可以从这里从容撤回部队，盟军进攻部队却没有回旋之地。

虽然在"脚趾"地区的登陆进攻貌似不会遭到猛烈抵抗，但蒙哥马利还是以一贯的谨慎作风指挥作战。蒙哥马利调来了第三十军的六百门火炮，从西西里海岸展开优势火力，发动弹幕射击，掩护迈尔斯·登普西的第十三军渡过墨西拿海峡，并在雷焦附近的海滩登陆。集结如此庞大的一支炮兵花费的时间使进攻比原定日期推迟了好几天。英军的炮击还得到了一百二十门海军舰炮的加强。

在进攻发起的几天前，情报部门的报告显示，德军在"脚

第3章 进攻意大利

趾"附近"留下的部队最多不超过两个营",还把这些兵力都布置在距离海滩十多英里的地方,为通往"脚趾"的道路提供掩护。德军后撤的消息引来了一些观察家的批评性评论,称英军的弹幕是"铁锤砸核桃"——这句话用对了地方,但不够准确,因为根本就没有核桃——纯粹就是对弹药的巨大浪费。

1943年9月3日4时30分,担负突击任务的英国第五师和加拿大第一师在空旷的海滩上登陆,却发现海滩上空空如也,连地雷和铁丝网都没有。一个加拿大人幽默地写道:"最顽强的抵抗莫过于对付一只从雷焦动物园逃出来的美洲豹。旅长看起来很喜欢它。"在突击行动中,盟军步兵没有伤亡,9月3日傍晚占领了"脚趾"地区,深入五英里,没有遭遇任何抵抗。三名掉队的德国士兵和三千名意大利官兵沦为盟军的战俘。意大利军队自愿为盟军登陆艇帮忙卸货。在随后几天沿着"脚趾"向前进军的途中,盟军也没有遭遇任何激烈抵抗,只是和德军后卫部队短暂交火罢了。然而,撤退时,德军老练地大搞爆破,不断阻挡第八集团军的推进。9月6日,也就是登陆后第四天,第八集团军才推进到距离登陆海滩三十英里的位置。9月10日,盟军终于抵达意大利半岛最狭窄的"脚趾"关节处——这个地方距离萨莱诺还有不到三分之一的路程。

然而,根据蒙哥马利所说,在1943年9月5日视察第八集团军时,"哈罗德·亚历山大是最乐观的一个。他还带来了意大利人两天前私下跟盟军签署停战协议的消息"。蒙哥马利指出,哈罗德·亚历山大"显然是基于意大利人对自己言听计从这一前提来制订计划的"。蒙哥马利对哈罗德·亚历山大在这方面的自信

表示怀疑:"我告诉哈罗德·亚历山大,德国人一旦发觉事情不对,就一定会着手镇压意大利人的。"后来发生的事果然证明了蒙哥马利写在日记里的判断。

哈罗德·亚历山大对于"雪崩行动"的信心着实让人吃惊。这是因为两个星期前,在一次时事预测的广播中,德国军事评论家"泽托里乌斯"曾准确地指出,盟军登陆地点将以那不勒斯到萨莱诺为主、卡拉布里亚为辅。

时间倒回一个星期前,也就是1943年8月25日。这一天,希特勒发布应对这一威胁的命令时意味深长地说:

第一,我们必须做好意大利人迟早在敌人压力下投降的打算。

第二,为了应对意大利人可能的投降,第十集团军应保持撤退路线畅通,必须死守意大利中部,特别是罗马一带。

第三,在受威胁最大的那不勒斯到萨莱诺沿海地区,至少要从第十集团军中集结三支机动部队组成一个强有力的战斗群。所有非机动部队的人员都要调到那不勒斯到萨勒莫沿海地区。在战事开始阶段,机动部队可以留在卡坦扎罗和卡斯特罗维拉里参加机动作战。可以调第一伞兵师保卫福贾。如果敌人登陆,我军就必须坚守那不勒斯到萨勒莫沿海地区。卡斯特罗维拉里隘口以南只需进行一些阻滞行动就够了……

第3章 进攻意大利

阿尔贝特·凯塞林把德军在意大利南部八个师中的六个交给新成立的、由菲廷霍夫指挥的第十集团军管辖。第十集团军司令部设在位于萨莱诺东南的内陆城市波拉，因为希特勒曾在1943年8月22日亲口告诉菲廷霍夫，把萨莱诺当作"重心所在"。阿尔贝特·凯塞林剩下的两个师被当作预备队驻扎在罗马附近，准备在"意大利人背叛时"占领罗马，同时确保第十集团军撤退道路的畅通。组成第十集团军的六个师由最近抵达意大利王国的第十六装甲师、第二十六装甲师和从西西里岛逃出来的四个师组成——其中"戈林"师和第十五装甲掷弹兵师之前在西西里岛损失惨重，实力空虚，因此被调到那不勒斯接受整编；第一伞兵师被派往阿普利亚；第二十九装甲掷弹兵师被留在意大利王国的"脚趾"一带对付蒙哥马利。为了给第二十九装甲掷弹兵师提供增援，没有坦克的第二十六装甲师①被暂时派往卡拉布里亚。德军中装备最好的第十六装甲师被派去掩护萨莱诺湾。这里看起来像是盟军最有可能搞大规模登陆的地区，因此一有敌情，另外几个师就可以很快赶来增援。虽然第十六装甲师号称"装备最好"，还拥有强大炮火掩护，但其只有一个坦克营②和四个步兵营。

正往萨莱诺湾开去的盟军大舰队拥有作战舰艇和登陆艇近

---

① 第二十六装甲师跟当时大部分德国装甲师一样只有两个坦克营，其中一个营配备"豹"式坦克，另一个营配备较轻的IV号坦克。"豹"式坦克营没被派到意大利，IV号坦克营则被派到罗马一带协助镇压意大利人。——原注
② 这个营有八十辆IV号坦克，原来应该配备的"豹"式坦克营不知去向，被一个拥有四十门自行火炮的装甲突击炮营替代。远远望去，德国的自行突击炮可能会被误认为坦克。即便如此，也很难理解马克·韦恩·克拉克在其回忆录《蓄意的冒险》第199页中怎会得出"德军最开始可能在萨莱诺动用了约六百辆坦克"这么一个几乎是实际坦克数字八倍的数据。——原注

七百艘,搭载首批五万五千名官兵,随后又有一万五千名官兵跟进。与盟军登陆部队相比,德军守军可以说是一支数量很少的部队了。

盟军准备让美国第三十六步兵师在右侧登陆,英国第四十六师、第五十六师在左侧登陆,美国第四十五师的部分兵力将被用作侧翼预备队。上述几个师分别归美国第六军(恩斯特·道利)和英国第十军(理查德·麦克里里)管辖。其中,理查德·麦克里里打算在萨莱诺南部靠近通往那不勒斯的主要公路附近长达七英里的海滩上登陆。这条主要公路经过多山的索伦托一带的地峡,沿一条低洼、难走的隘道穿过卡瓦山口。因此,英国第十军在作战初期取胜这一点,无论是在打开那不勒斯这一大港北部通路方面,还是在阻止德军从北面调来增援方面都十分重要。为了更方便地完成任务,两支"哥曼德"突击队和美军"游骑兵"部队的三个营被调来迅速占领隘道和附近道路上的基翁齐山口。

1943年9月5日傍晚,一支美国护航队从奥兰出发。9月6日,搭载英国主要突击部队的护航队从的黎波里启航。其他部队则从阿尔及尔、比塞大、西西里岛北部港口巴勒莫及泰尔米尼启程。虽然盟军的目的地被严格保密,但鉴于空中掩护能力的实际范围和"及早占领一个大港口"的需要,二者相加,意图十分明显,也就不难推出这些舰队的行驶方向了。在的黎波里,供水船上的一个厨师在告别时大喊了一句"那不勒斯见!"①——这造成了一些恐慌。其实,厨师不过是在重复水手和士兵们的话罢了。对于

---

① 林克莱特:《意大利战役》,第63页。——原注

第3章 进攻意大利

分别往北和往南进攻的部队,竟然用了"N部队"和"S部队"的代号,实在是太好猜了。不过,这也不完全是猜测了,因为当时还有一份广为流传的行政命令,上面提到了一些包括萨莱诺及其周围城市的地名。

明明目标已经如此明显了,但美国第五集团军司令马克·韦恩·克拉克还是坚持搞奇袭,这就造成了麻烦。他甚至不允许海军事先轰炸敌人的防线。尽管负责护送并支援登陆部队的海军特混舰队指挥官、海军中将亨利·肯特·休伊特强烈反对,他说:"我们要在战术上攻其不备简直就是幻想。"[①]其实,也可以这么反驳,即如果进攻前猛轰德军海防工事,就会暴露登陆地点,因此猛烈轰炸的好处也就会被德军预备队的快速集结抵消。

绕行西西里西部和北部海岸的护航队逐步逼近,1943年9月3日下午早些时候就被德军发现并上报了司令部。9月3日15时30分,轴心国部队进入戒备状态,准备应对预料之中的攻击。18时30分,在阿尔及尔广播电台,艾森豪威尔播送了与意大利王国签署停战协定的公告,英国广播公司又于19时20分在新闻广播中重播了一次。登上护航舰队的盟军士兵至少都听到了其中一条广播。虽然一些军官警告说还是要和德国人作战,但广播的内容仍然让登陆士兵以为战斗将会很简单。这种印象很快就消散了,那些曾经乐观预言"不出三天就能占领那不勒斯"的盟军作战计划制订者的幻想也破灭了——那不勒斯实际上是奋战三个星期并

---

① 塞缪尔·莫里森:《第二次世界大战中的美国海军作战行动史》,第9卷,第249页。——原注

险些遭遇失败后才占领的。

1943年9月8日下午，靠近目标的护航舰队遭遇了好几次空袭。天黑后，德国轰炸机又飞到盟军军舰头顶，投下用降落伞投射的照明弹后再次发动了空袭。所幸盟军舰队只是轻微受损。午夜，领头的运输船开到距离海岸八英里至十英里的卸载点，放下登陆艇。9月9日3时30分左右，登陆艇到达海滩。一座在9月8日1时30分被德军夺取的海岸炮台对准了接近北侧的登陆艇并开火，随后很快被护航的驱逐舰火力压制。在作战的最后阶段，由海军的舰炮和首次投入战争的火箭弹发射艇配合，对德军海滩工事发动了一次短暂、密集的轰炸。然而，在战场南部，因为美军师长坚持执行集团军司令"不开火"的命令，力求悄悄登陆，搞局部奇袭，因此支援火力也没有北部那样猛烈。这导致了美军登陆艇在距离海滩的最后一段路上遭遇了德军从海岸射来的弹雨，伤亡惨重。

快速向那不勒斯进军的前景好坏主要取决于能否占领那条从萨莱诺以北穿过群山的公路，因此我们就按照从左到右的顺序，从北侧开始先说明一下盟军的登陆情况。美国"游骑兵"部队在马约里的一片小海滩上没有遭到抵抗就登陆了，并在三小时内抢占了基翁齐山口，在俯瞰萨莱诺到那不勒斯主要公路的山脊上站稳了脚跟。在从海岸转向山里的公路转弯处的维耶特里，英国"哥曼德"突击队顺利登陆。但德军很快就发起了反击，这耽误了盟军肃清维耶特里的工作，"哥曼德"突击队此后就一直被挡在维耶特里城北卡瓦山口入口地势很低的拉莫利纳隧道上。

英军主要登陆场位于萨莱诺以南数英里的海滩上，从登陆伊

第3章 进攻意大利

始就遭到了顽强抵抗，更因为英国第四十六师部分兵力被送错了登陆地点——在右侧相邻的第五十六师登陆的海滩上岸——而引起了混乱和拥挤，影响了英军的推进速度。虽然有些先头部队往内陆推进了两英里，但付出了惨重的伤亡也没能攻占原定在第一天攻占的主要目标——萨莱诺港、蒙特科维诺机场、巴蒂帕利亚和埃博利等地的公路连接点等。此外，直到1943年9月9日晚上，位于塞莱河以北的右翼英军和塞莱河以南的左翼美军之间仍然存在一段长达七英里的缺口。

美军将登陆地点选在靠近著名的希腊神殿所在的帕埃斯图姆附近的四个海滩上。该部美军没有得到海军战舰的支援，冒着守军猛烈的炮火尽力靠近海岸。登陆后，美军深陷守军的火力网，并且在滩头连遭德军空袭。这是对之前没有作战经验的美国第三十六师的一个严峻考验。幸运的是，该部及时得到了大胆穿过海上雷区的驱逐舰的炮火支援。实战证明，这样的支援不仅帮了美军，同时对英军的战区也特别有利。因为舰炮火力阻挡了许多给盟军进攻兵力带来极大威胁的德军小股坦克部队发动的反击。1943年9月9日傍晚，美军左翼往内陆推进了大约五英里，到达了山地城市卡帕乔，而右翼还是被挡在靠近海滩的位置。对美军战区来说，9月10日是平静的一天，因为德国第十六装甲师已经把自己本就很少的主力部队北调到英军战区了——从德军防守萨莱诺的角度来说，在战略上来看，英军构成的威胁更大。美军借助这个机会，扩大了桥头堡，并让漂在海上的预备队——美国第四十五师主力登陆。同时，英国第五十六师已经占领了蒙特科维诺机场和巴蒂帕利亚，但后来遭到德军两个摩托化步兵营和一些

坦克的反击，不得不撤了回来。德军的反击曾一度引起英军的局部恐慌——在"皇家苏格兰龙骑兵"的坦克赶到提供支援前，连禁卫军旅的士兵也惊慌失措。

1943年9月10日夜，英国第五十六师发动了一次规模达三个旅的进攻，意在占领埃博利制高点，但最终只取得了重新进入巴蒂帕利亚这个小小的战果。英国第四十六师占领了萨莱诺，并派出了一个旅来替换"哥曼德"突击队，但此举并未转变成向北部的挺进。在美军战区，初入战场的美国第四十五师沿着塞莱河东岸前进，穿过佩萨诺后又前进了十英里，到了盟军意图攻占的滩头阵地的前沿、公路枢纽蓬特赛莱。然而，美军在这里被阻挡，随后又被从英国战区调转枪头渡河的一个德国摩步营和八辆坦克发起的反攻击退。截至盟军登陆第三天，即9月11日，已经登陆的四个盟军师，加上一些其他部队，可算作五个师，仍被遏制在两个纵深不够、彼此分开的滩头阵地上。德军则驻守在四周的高地和通往海边平坦地带的道路上。盟军"三天到达那不勒斯"的希望就此落空。德国第十六装甲师的编制虽然只有盟军同类部队的一半，但还是挡住了盟军的进攻，并为德军增援部队的到来争取了时间。

首先赶到战场的德国增援部队就是刚从卡拉布里亚的归途中调来的第二十九装甲掷弹兵师，另有一个经过对"戈林"师整编后凑出来的拥有一个步兵营及大约二十辆坦克的战斗集群。德军这个战斗集群来自那不勒斯，就位后立即发起反击，并突破了拉莫利纳隘口上的英军战线，一直打到维耶特里附近，直到1943年9月13日才被重返战场的英国"哥曼德"突击队挡住。即便如此，

第3章 进攻意大利

当时德军仍牢牢封锁着拉莫利纳隘口。当时情况明显：德军安坐在四周的高地之上，而英国第十军被困在靠近萨莱诺的一条非常狭窄的海滩上。因为战场南部的事态发展，马克·韦恩·克拉克之前的信心慢慢消失——德国第二十九装甲掷弹兵师和第十六装甲师的部分兵力一路冲进了盟军两个战区之间的缺口。9月12日傍晚，英军右翼再次被赶出了巴蒂帕利亚，损失惨重，许多官兵沦为战俘。9月13日，德军利用盟军两个战区之间已被扩大的缺口攻击美军左翼，先把美军赶出了佩萨诺，又迫使美军大撤退。德军趁乱渗入盟军战线，其中一支部队距离海滩只有大约半英里。

1943年9月13日傍晚，盟军面临的战局十分严峻。战场南部地区所有商船都停止了卸货。此外，马克·韦恩·克拉克向亨利·肯特·休伊特提出了一个紧急建议：准备将美国第五集团军司令部迁走，并准备好所有可用舰船，以便从滩头撤走第六军，将第六军移到英军战区重新登陆，或让第十军到南部去。然而，几乎不可能做到如此大规模的紧急变动，这一建议引起了理查德·麦克里里及其同事的强烈反对。当马克·韦恩·克拉克的建议上报上级指挥部的哈罗德·亚历山大和艾森豪威尔时，上级指挥部也感到很吃惊。然而，马克·韦恩·克拉克的建议还是加速了盟军对滩头部队的增援。为了增援滩头部队，盟军把开往印度途中的十八艘LST登陆舰调回，以提供更多的登陆舰艇。美军把第八十二空降师也交给马克·韦恩·克拉克指挥，李奇微还设法在9月13日晚上把首批空降部队空投到南部滩头阵地，作为对马克·韦恩·克拉克下午发出的紧急建议的迅速响应。9月15日，英国第七装甲师开始在北部的滩头阵地登陆。多亏盟军强大海空力

量迅速给予的紧急援助,之前面临的危机在这时已经消失了。

1943年9月14日,盟军在地中海战场所有可用的战略空军和战术空军的飞机都被调去轰炸德军及其交通线了。这一天,盟军飞机出动一千九百多架。不过,在阻止德军往海滩推进这方面,海军的舰炮取得的战果更佳。事后,菲廷霍夫这样说道:

> 今天早上(1943年9月14日)的进攻遇到了顽强抵抗,但有一点尤其重要,那就是我军前进的部队不得不忍受着前所未有的、来自海上抛锚停泊的十六艘至十八艘战列舰、巡洋舰及大型驱逐舰的炮火。盟军战舰以惊人的精度和灵活性炮轰每一个发现的目标,取得了惊人的战果。

在如此强大的支援下,美军终于守住了在1943年9月13日晚撤退到的后方防线。

1943年9月15日,平安无事,德军正借助一些支援部队着手整编自己被炮弹和炸弹轰得七零八落的部队,准备发动新一轮攻势。至今没装备一辆坦克的德国第二十六装甲师当时已经从卡拉布里亚被调来,又在盟军登陆萨莱诺时奉菲廷霍夫命令,从抗击蒙哥马利的前线上撤退。第三装甲掷弹兵师和第十五装甲掷弹兵师的特遣队分别从罗马和加埃塔赶来。不过,即使算上这些增援部队,德军的兵力也只相当于四个师外加区区一百辆出头的坦克,而9月15日,已经登陆的美国第五集团军已经拥有相当于七个大型师加上大约两百辆坦克的兵力。因此,盟军除担心在各方面优势尚未显出成效前可能受挫之外,并没有什么其他值得担忧

的。何况现在第八集团军即将赶到增援,盟军甚至可以增强优势并威胁德军侧翼了。

1943年9月15日,哈罗德·亚历山大从比塞大搭乘一艘驱逐舰到马克·韦恩·克拉克的指挥部来,并巡视了滩头阵地。哈罗德·亚历山大以其特有的机智打消了马克·韦恩·克拉克想撤出司令部或者滩头阵地的念头。9月14日,从马耳他开出的"厌战"号战列舰、"勇士"号战列舰及六艘驱逐舰在9月15日10时抵达,提供了新的增援力量。由于前沿观察员的回报出现延迟,这些军舰在到达七小时后才投入战斗。不过,英军战列舰往内陆深处十二英里发射的十五英寸炮弹还是给德军造成了巨大伤害。

1943年9月15日,随第八集团军一同赶来的一批战地记者也来到了滩头。这些战地记者觉得第八集团军对美国第五集团军的增援太慢,有些过分谨慎了。9月14日,为了避开桥梁被破坏的主要公路,这些战地记者坐着几辆吉普车沿支线公路和小径向内陆前进,并穿越了长达五十英里的"敌区",竟然没有遭遇任何德军。第八集团军的先头侦察部队在二十七小时后与美国第五集团军建立了联系。

1943年9月16日早上,德军重新发起攻势,首先进攻了英军战区。一支德军部队从北面突击萨莱诺,另一支德军部队则进攻巴蒂帕利亚。德军的攻势在盟军陆军重炮、海军舰炮及坦克的组合防御下被挫败了。阿尔贝特·凯塞林从德军的进攻失败和英国第八集团军的不断逼近中认识到,此时德军已经不可能再把入侵者赶下海去了,因此便于当晚批准了"在海岸前线停止作战"并逐步往北撤退的计划。德国第一阶段要撤退到位于那不勒斯以北二十英里的沃尔图诺河一线。阿尔贝特·凯塞林规定,部队要在此防守到10月中旬。

海军炮火曾多次帮助盟军击退德军的反击——但多半都是在大型军舰赶到战场前发生的。令德军感到安慰的是,1943年9月15日下午,德军使用新式FX.1400无线电导航滑翔炸弹直接命中"厌战"号战列舰,"厌战"号战列舰瘫痪了。早在9月9日,德国前盟友意大利军队的主力舰队从斯佩齐亚出发加入盟军的队伍时,德军同样使用了无线电导航滑翔炸弹将意大利海军旗舰"罗马"号击沉了。

分析战局后,我们不难发现,一旦德军试图将入侵者赶下海的努力受到遏制,最终就必须撤出萨莱诺。尽管阿尔贝特·凯塞林努力利用了自己口中的"蒙哥马利十分谨慎的进攻"提供的机会,但在英国第八集团军已经赶到战场,并能从狭窄的卡拉布里亚向内陆行军,迂回包抄自己阵地的情况下,阿尔贝特·凯塞林自然不可能在西海岸一带继续坚守下去。他的兵力太少了,守不住一条越拉越长的战线。不过,威胁也尚未迅速发展到足以让德军撤退或者逼迫德军撤退的地步,因为直到1943年9月20日下午,第八集团军的加拿大军先头部队才打进波坦察,这个位于从萨莱诺海湾深入内陆五十英里、意大利王国"脚踝"部分重要的公路交通枢纽。

1943年9月19日下午,一百名德国伞兵已经赶到波坦察。德国伞兵迫使盟军在波坦察停止前进一夜,并导致盟军发动了规模达一个旅(力量大约是德军伞兵的三十倍)的进攻以突破德军的防御。这是一个利用模糊的局势建立巧妙防御并起到很好阻滞效

第3章 进攻意大利

果的范例。在逼退这支小小的德国伞兵特遣队的进攻中，盟军仅抓到十六名俘虏，但在对进攻城市前预先发起的空袭中，炸死了近两千名意大利平民。在接下来的一个星期，加拿大巡逻队小心谨慎地往梅尔菲开进，只与德军后卫部队有过一些短暂交火。同时，因补给逐渐短缺，英国第八集团军的主力部队停了下来，补给线则转移到意大利王国东南角的塔兰托和布林迪西。

盟军在意大利半岛"脚后跟"的登陆没有遇到任何抵抗就成功了。盟军联合参谋部曾要求艾森豪威尔在占领西西里岛后紧接着制订下一份计划。1943年6月，当时塔兰托曾被列入可能进攻的目标之一，后来被取消了。这主要是因为进攻塔兰托不符合艾森豪威尔的参谋们当时立下的一项基本原则，即不应该在战斗机掩护范围外搞会遭到抵抗的登陆行动。塔兰托和那不勒斯一样，都恰好位于从西西里岛西北部机场起飞的"喷火"式战斗机一百八十英里半径的作战航程之外，萨莱诺则恰好在一百八十英里半径之内。9月3日与意大利王国签订停战协定后，盟军才重启袭击塔兰托的计划。当时，这个代号"响板"的辅助行动之所以被临时加入计划，是因为盟军得到消息，称德军只有小股部队在意大利王国的"脚后跟"地区驻扎。后来，盟军才意识到，即使占领并使用那不勒斯港，也不足以支撑同时进军亚平宁山脉东西两侧所需的补给。

首倡这一行动的安德鲁·布朗·坎宁安告诉艾森豪威尔，如有部队要完成这一计划，则可以提供运兵的舰船。当时，身处突尼斯的第一空降师就是一支可用的部队。因为运输机不足，第一空降师无法乘飞机，只好匆匆登上停泊在比塞大的五艘巡洋舰和

一艘布雷舰,1943年9月8日傍晚向塔兰托进发。

1943年9月9日下午,在靠近塔兰托时,盟军护航队遇到了以塔兰托为母港、正前往马耳他向盟军投诚的意大利舰队。9月9日黄昏,护航队靠近了塔兰托港,发现这塔兰托港的设施几乎完好无损。9月11日,盟军占领了布林迪西,并占领了位于意大利王国"脚踝"背面、距离布林迪西以北六十英里沿海的巴里。此时,意大利国王维托里奥·埃马努埃莱三世和彼得罗·巴多格里奥已经从罗马飞到布林迪西。于是,盟军一举占领了这一区域的三个大港口,得以在东海岸继续进军。然而,当时在西海岸,盟军还是一事无成。显然,从萨莱诺开赴那不勒斯时造成的延误给了德军足够时间在放弃港口前将港口摧毁。

然而,因缺乏远见,盟军未能利用这一出现在东海岸港口的极好机会。后来,盟军也没有设法补救。于是,这场军事行动就像它的代号一般,成了一块令人痛苦的"响板"①。由于盟军只把这次任务视为纯粹的"攻占港口",导致第一空降师行动时除六辆吉普车之外再无其他车辆。该师缺乏装备的状态一直持续到1943年9月14日。只有少量巡逻兵乘吉普车和征用车辆在缺乏装备的五天内往北一直推进到巴里,并且没有在广阔的海岸地带发现任何敌人的踪迹。因为这里唯一的轴心国军队是德国第一伞兵师,而德国第一伞兵师的部分兵力又被调到了萨莱诺,其余则撤退到位于塔兰托以北一百二十英里的福贾,掩护阿尔贝特·凯

---

① "响板"是英语"slapstick"的翻译,是一种打人声音很大却不痛的道具。这里指盟军作战徒有声势,却没有痛击德军。——译者注

第3章 进攻意大利

塞林麾下深入东面的侧翼部队去了。即便当时为英军部队恢复机动能力的载具已经送到，英国第一空降师还是处于束手束脚的状态。盟军沿东海岸大举进攻的计划和准备工作还在有序进行中。盟军获得了大好机会，却还小心翼翼。德国第一伞兵师离得太远，无法发动反击。即使反击，德国第一伞兵师也只有一千三百人的兵力。而英军兵力是德军四倍多，更多英军还在赶来支援的路上。然而，英军内部谨慎的势力终究还是占了上风。

作战的领导权被交给第五军军长查尔斯·奥尔弗里——1942年12月对突尼斯城因过分谨慎而失败的进攻就是这个人指挥的。哈罗德·亚历山大给查尔斯·奥尔弗里的任务是"在意大利王国的'脚后跟'地带占领一个包括塔兰托、布林迪西两个港口在内的基地，如有可能，巴里也要在随后的行动中占领"。当1943年9月13日查尔斯·奥尔弗里指挥的第五军被划归第八集团军时，要超出行动限定地域并提早发起冲击就更不可能了，因为第八集团军司令蒙哥马利只有在部队集结完毕、补给充足的情况下才会进军。

1943年9月22日，第七十八师在巴里登陆，接着印度第八师在布林迪西登陆。迈尔斯·登普西的第十三军则被调到了东部海岸。然而，直到9月27日，盟军才从巴里派出一支小规模机动部队去侦察敌情。德军眼见英军逼近，立刻弃城逃跑。英军占领了福贾，又兵不血刃地占领了迫切需要的几个机场。即便在这种时刻，蒙哥马利还是坚持早期"主力部队在10月1日前不准向前推进"的命令。进军刚开始时，蒙哥马利只动用了第十三军麾下的两个师。第五军麾下的三个师被留在了后方，用来确保"基地稳固"并保护侧翼。

德国伞兵第一师正沿着比费尔诺河防守一条掩护泰尔莫利这个小港的防线。对德军薄弱的兵力来说，这条防线太长了。蒙哥马利精心策划了对这条防线的进攻，打算利用海上攻击从其背后突破。1943年10月3日早些时候，一个英国特勤旅在泰尔莫利港附近登陆，利用夜袭的优势在滂沱大雨中迅速占领了泰尔莫利港及城区，并与发起正面进攻的友军部队在比费尔诺河上刚刚控制的桥头堡会合。

1943年10月4日和5日，第七十八师又有两个步兵旅走海路从巴列塔赶到泰尔莫利，增援桥头堡，并继续向前推进。

然而，德军指挥官菲廷霍夫利用了英军为向意大利半岛东海岸进军做准备耽搁的时间，已经于1943年10月2日将驻扎在西海岸沃尔图诺河防线的第十六装甲师调了过来，增援力量薄弱的伞兵部队防线。伞兵部队此前一直在掩护菲廷霍夫较远的左翼部队撤退。第十六装甲师连忙跨过意大利半岛的山脊，10月5日抵达了泰尔莫利，很快发动了一次反攻，将英军赶回城市边缘，同时几乎切断了英军南部的交通线。然而，德军发动的攻势被赶来增援的第七十八师和来自海上的增援部队——由英军和加拿大军队组成的一支强大的装甲部队——遏制并赶了回去。

随后，德军停止了进攻，往北撤退了十二英里，到了另一处足以掩护特里尼奥河防线的阵地。德军反击之猛烈给蒙哥马利留下了深刻的印象。蒙哥马利下令，在解决特里尼奥河防线的敌人前的两个星期内暂停进攻，以便补充兵力和装备。

与此同时，马克·韦恩·克拉克的美国第五集团军正从萨莱诺附近的西海岸往北部缓慢地推进，试着逼退菲廷霍夫的第十集

第3章 进攻意大利

团军。两军交战的第一阶段是最胶着的,因为德军右翼部队仍顽强地防守着萨莱诺以北的山地防线,掩护着从巴蒂帕利亚和帕埃斯图姆的南部海岸地带撤退的德军左翼部队。1943年9月23日,英国第十军在德军开始这次撤退后的一个星期,英国第十军才发动攻势,试图打通从萨莱诺到那不勒斯的道路。在这次进攻中,英国第十军不仅调用了第四十六师和第五十六师,还调用了第七装甲师外加一个装甲旅,向盘踞在各个山口上共计三四个营的小股德军部队发起了攻击。9月26日前,攻势一直进展缓慢。后来,盟军才发现,9月25日晚上,完成了为南部的德军争取撤退时间的任务后,面前的小股德军部队已经消失得无影无踪。之后,遭到破坏的桥梁就成了盟军进军的主要阻碍。英国第十军原本在9月28日就出现在诺切拉平原了,而先头部队直到10月1日才进入位于更前方二十英里的那不勒斯。

同时,美国第六军沿着已经被破坏并堵塞的内陆公路缓慢行军——当时一天只能推进三英里。后来,美国第六军终于和英国第十军齐头并进,并在1943年10月2日进入了贝内文托。美国第六军还来了一个叫约翰·卢卡斯的少将,他奉命接替恩斯特·道利担任美国第六军军长。

美国第五集团军从登陆到抵达那不勒斯一共花了三周时间,付出了约七千名英军官兵及五千名美军官兵,共计近一万两千人伤亡的代价。这是为之前以"萨莱诺正处于空中掩护的范围以内"为理由,选择过于显眼的进攻路线和登陆地点而丧失袭击的突然性所付出的代价。

又过了一个星期,美国第五集团军才打到德军退守的沃尔图

诺河防线。然而，原本应在一个月后才降临的雨季竟然在1943年10月的第一个星期就来了。泥泞的道路减缓了盟军进军的速度。10月12日夜，美国第五集团军对驻扎着三个德军师的沃尔图诺河防线发起的进攻比原定计划时间推迟了三天。美国第六军占领了卡普亚——位于那不勒斯到罗马的主要公路上——附近的上游河流的桥头堡，而英国第十军右翼在卡普亚强渡时受阻，没能成功扩大战果。另外两个英国师在靠近海岸位置占领的一些小型渡口的阵地也被德军的快速反攻压制。德军先头部队就这样完成了阿尔贝特·凯塞林"坚守眼前的河流防线，直到10月16日再撤退到此地以北十五英里的下一道防线"的命令——"下一道防线"是匆忙之中临时建立的，以加里利亚诺河河口附近为起点，穿过一些掩护通道的、崎岖的小山包，沿着六号公路穿过米尼亚诺小道，直到加里利亚诺河上游及其支流拉皮多河和利里河的河谷。阿尔贝特·凯塞林希望在自己构筑出一条精心设计的以卡西诺山为枢纽，沿着加里利亚诺河与拉皮多河分布的、能久守的防线（被称为"古斯塔夫防线"或"冬季防线"）后守住这一前哨阵地。

恶劣天气和德军的有意破坏导致美国第五集团军对第一道防线发起的进攻延迟到1943年11月5日——又被耽误了三个星期。当时，德军的抵抗如此顽强，结果盟军经过十天奋战后，除海岸的侧翼地区之外，皆进展甚微。马克·韦恩·克拉克不得不撤下疲惫的部队进行整编，以便日后发动更加强大的攻势——但这个更强大的攻势要等到1943年12月的第一个星期才正式发起。而截至1943年11月中旬，美国第五集团军损失兵力已达两万两千人，其中一万两千人为美军。

第 3 章 进攻意大利

在这段较长时间的休战中，希特勒的观念发生了转变，这对后来的战局有着深远的影响。受到盟军从萨莱诺和巴里出发后进军缓慢的鼓舞，希特勒认为德军不必退到意大利北部就可抵挡盟军。1943年10月4日，希特勒发布了一道命令，命令德军"应坚守加埃塔到奥托纳一线"，还答应从隆美尔驻扎在意大利北部的B集团军群中抽调三个师给阿尔贝特·凯塞林，以帮助阿尔贝特·凯塞林尽可能久地守在意大利南部。希特勒越发倾向于支持阿尔贝特·凯塞林久守，但直到11月21日才以将所有在意大利作战的德军交给阿尔贝特·凯塞林指挥的方式表明自己采用这个策略的决心。隆美尔的B集团军群就这样被解散了，剩下的部队从今以后也只听阿尔贝特·凯塞林号令。即便如此，阿尔贝特·凯塞林还是要把原属于B集团军群的部分部队留下，从而保卫和控制广阔的意大利北部地区。同时，这些部队中有四个最好的师——其中三个是装甲师——被调往苏联战场，换来了三个从苏联战场撤下、蒙受损失、需要休整的师。

赶赴意大利的第九十装甲掷弹兵师是一支规模稍小但有价值的援兵。意大利王国签署停战协定时，第九十装甲掷弹兵师还在撒丁岛。随后该师便渡过狭窄的博尼法乔海峡，退到了科西嘉岛，接着又成功在两个多星期的时间内接连躲过了盟军海空力量多次小规模、零散的拦截，通过海空分批撤到意大利王国的里窝那。直到六个星期后，第九十装甲掷弹兵师才被划归阿尔贝特·凯塞林指挥，但阿尔贝特·凯塞林一接手第九十装甲掷弹兵师，就立刻将该师派到了意大利南部，协助当地的德军阻挡盟军已经被拖延的、沿意大利东海岸发起的进攻。

在希特勒做出将所有在意大利的军队——统称为C集团军群——统归阿尔贝特·凯塞林指挥的决定的那天早晨，蒙哥马利正好开始对德军沿桑格罗河、用于掩护奥托纳的"古斯塔夫防线"及其在亚得里亚海附近的延伸地带发起一次试探性攻击。

1943年10月的第一个星期强渡比费尔诺河时遭遇顽强抵抗后，蒙哥马利调来英国第五军接管了海岸地带，又把英国第十三军派到德军曾多次击退加拿大军队进攻的内陆山区。经过调整，英国第五军开始向距离比费尔诺河十二英里的特里尼奥河推进，10月22日晚上占领了一个很小的桥头堡，并通过10月27日发动的较大规模的夜袭扩大了桥头堡。然而，由于泥泞的道路和德军火力的阻挠，直到11月3日晚上，英军才突破德军的主阵地。阵地被突破后，德军撤退到北边十七英里的桑格罗河一带。

英军又暂停前进了很长一段时间，因为蒙哥马利正在为其新一轮进攻做准备——他调来最近抵达的新西兰第二师，让进攻桑格罗河的兵力增加到五个师又两个装甲旅。同时，被德军用来对抗英国第八集团军的所谓"第七十六装甲军"又吸纳了第六十五步兵师。第六十五步兵师刚刚从被派往苏联战场第十六装甲师手中接管了海岸地带。但除第六十五步兵师之外，"第七十六装甲军"剩下的兵力只有第一伞兵师残部和第二十六装甲师的一个战斗集群而已。随着美国第五集团军的压力逐渐消失，这部分德军正一点点回到亚得里亚海沿岸。

蒙哥马利发动的桑格罗河攻势意在摧毁德军的"冬季防线"，然后前进二十英里，到达佩斯卡拉，跨过东西向的佩斯卡拉到罗马的公路，威胁正在阻挡美国第五集团军进攻的德军后

第3章 进攻意大利

方。这种安排是因为哈罗德·亚历山大仍然满怀希望地坚持自己曾在1943年9月21日——也就是两个月前下达的、将盟军部队要达成的目标分成四个连续阶段的命令：第一阶段，"巩固"萨莱诺到巴里一线；第二阶段，"占领那不勒斯港和福贾的各大机场"；第三阶段，占领"罗马及其机场和重要的铁路、公路枢纽特尔尼"；第四阶段，"占领里窝那港及位于罗马以北一百五十英里的佛罗伦萨和阿雷佐这两大交通枢纽"。11月8日，哈罗德·亚历山大对蒙哥马利下达过迅速占领罗马的指示。此前，蒙哥马利还从艾森豪威尔那里收到另一份内容相似的指示。蒙哥马利原计划在11月20日发动攻势，但由于天气越来越差，加之河水水位上涨，于是不得不把原先计划的大举进攻缩小为一次规模有限的战斗。在几天的作战之后，英军占领了一个宽约六英里、纵深一英里的桥头堡，并一直坚守到了发动大规模进攻的11月28日晚上——这已经比原定计划推迟了一个星期。不过，蒙哥马利对最终战果仍然十分自信，他在11月25日亲自对部下讲话时声称："把德国人赶到罗马以北的时机已经成熟……德国人事实上已经处于我们希望的处境。现在我们就要大败德军。"这番话是他冒雨走出大篷车并撑着一把特大雨伞时讲的，看起来有点不祥。

起初，由于强有力的空中支援、重炮掩护及兵力上占据五比一的优势，英军的攻势进展顺利。德国第六十五师——一个缺乏经验、装备很差、由多国人组成的杂牌部队——被盟军击溃。1943年11月30日，桑格罗河外的山脊也被英军肃清。然而，在退往更后方的战线时，德军重整旗鼓，并利用盟军追兵一直秉持的、蒙哥马利反复强调的"建立稳固基地"这一原则。12月2日和12月3日，在内陆地区侧翼的奥尔索尼亚出现了一个可以乘胜追击的大好机会，但被盟军错过了。这就导致阿尔贝特·凯塞林有时间从北部调来第二十六装甲师和第九十装甲掷弹兵师的余部增援。于是，盟军进展又变得十分缓慢，前方总是出现"才渡一河，又遇一川"的局面。直到12月10日，英国第八集团军才渡过离桑格罗河八英里的莫罗河，直到12月28日才肃清距离莫罗河两英里的奥托纳，接着就在离佩斯卡拉尚有一半路程的里乔、佩斯卡拉河和通往罗马的横向公路一带受阻。这就是1943年底蒙哥马利将第八集团军的指挥权移交给奥利弗·利斯时意大利战场上出现的僵局。此时，蒙哥马利即将回到英国接手第二十一集团军群准备执行跨英吉利海峡登陆诺曼底的任务。

同时，1943年12月2日在亚平宁山脉以西，马克·韦恩·克拉克重新发动了一次攻击。此时，美国第五集团军已经有相当于十个师的兵力，但其中的两个师——美国第八十二空降师和英国第七装甲师——为了准备即将到来的跨英吉利海峡进攻，正撤往英国。与此同时，阿尔贝特·凯塞林的兵力也得到了增强：四个师正把守亚平宁山脉以西的前线，另一个师则作为预备队待命。

马克·韦恩·克拉克新一轮攻势的第一阶段目标是六号公路以西的德军山地防线与米尼亚诺隧道。英国第十军和新赶赴战场的、由杰弗里·凯斯指挥的美国第二军共同承担本次进攻任务。这支盟军得到九百门火炮的增援，进攻头两天就往德军阵地上发射了四千吨炮弹。1943年12月3日，即将到达高三千英尺的卡米诺山山峰时，英军被德军的反攻赶了回来，直到12月6日才最终占领卡米诺山山峰。由此，英军抵达了加里利亚诺河一线。这时，

第3章 进攻意大利

位于英军右侧的美军已经占领高度低一些的马焦雷山和拉迪芬萨山。但马焦雷山和拉迪芬萨山更靠近穿过米尼亚诺隘道的公路。马克·韦恩·克拉克进攻的第二阶段始于12月7日。美国第二军和美国第六军在一条较长的战线上朝拉皮多河推进，并希望各自向两侧发起的猛烈冲击能肃清六号公路以东躲在山地屏障后的德军。但美军遭遇的抵抗越来越强，几周奋战后，最终只换来很小的战果。随着时间来到1944年1月的第二个星期，美军的进攻停了下来。当时，美军仍未抵达拉皮多河及"古斯塔夫防线"的前沿阵地。美国第五集团军损兵增加至近四万人——这比德军的数据要高得多。此外，在这场群山之间持续两个月的冬季苦战中，仅美军因人员患病造成的损失就高达五万人。

盟军进攻意大利的结果令人非常失望。盟军此时距离罗马仍有八十英里。在四个月中，盟军仅从萨莱诺前进七十英里，并且其中绝大部分战果是在作战初期获得的。哈罗德·亚历山大对这一作战的描述是"蹒跚通过意大利"，但对于盟军在1943年秋季的作战行动有一个更加普遍使用的称谓——"寸进"。既然意大利从地图上看像一条腿，那么"啃"这个字眼或许更贴切。

即便我们把地形上遭遇的困难和恶劣的天气等因素都充分考虑在内再检视战争进程，还是不难看出，盟军错失了多次可以加速作战进程的好机会。盟军指挥官十分强调"巩固"每次前进的战果，每次继续推进前都要建立"稳固基地"，进军前要保证大量兵力，对补给也过于重视。盟军指挥官一次次地担心准备"不足"，结果行动上又"太迟"。

阿尔贝特·凯塞林意味深长地评论道：

 欧陆争夺：第三帝国的穷途末路

盟军的计划充分体现了其最高统帅部的主导思想是要确保成功，这导致盟军采用了传统的战术，囤积了充足的物资。因此，尽管我军缺乏侦查手段、情报很少，但我常常可以预测到盟军的下一步战略或者战术动向，从而在我麾下部队人力、物力允许的范围内采取适当的对策。

然而，盟军遭遇麻烦的根源在于选择了萨莱诺和意大利王国的"脚趾"部分作为登陆地点——这些地点与德军根据盟军一贯小心谨慎的经验推测出的地点很接近。作为因盟军做出这一容易被德军猜到的决定的两个受益者，阿尔贝特·凯塞林及其参谋长西格弗里德·韦斯特法尔认为盟军为应对空袭的战术安全付出了巨大的战略代价。而鉴于德国在意大利南部弱小的空军实力，这是一种过分保险的措施。两人也认为，盟军最高统帅部将其他部队的出击范围限制在能频繁提供空中掩护的范围之内，这就把许多防御问题简单化了，防御方反倒因此得救。至于盟军究竟应该采取何种对策，以下是西格弗里德·韦斯特法尔的见解：

如果盟军把在萨莱诺使用的部队投入位于罗马以北三十英里的奇维塔韦基亚，结果就会变得更具决定性……德军在罗马只有两个师的兵力……其他部队又来不及被调去增援。（如果盟军按照这个策略攻击德军）加上驻扎在罗马的五个意大利师，只需一次海空联合登陆就可在七十二小时内占领意大利王国首都罗马。这一胜利在政治上造成的影响如何姑且不提，单从军事上就意味着一举切

第3章 进攻意大利

断了从卡拉布里亚退出的五个德军师的补给线……盟军将一举占领罗马到佩斯卡拉以南意大利王国的所有领土。①

西格弗里德·韦斯特法尔还认为,盟军将蒙哥马利的英国第八集团军安排在意大利王国的"脚趾"地带登陆就是个错误,因为这意味着英军必须沿着"整只脚"往上推进,白白放过了意大利王国暴露的"脚后跟"部分和在亚得里亚海沿岸地区登陆的大好机会。

当时应该把英国第八集团军全部兵力安排在守军仅一个伞兵师、师属炮兵只有三个火炮阵地的塔兰托登陆。当然,在佩斯卡拉到安科纳区间登陆甚至更佳……鉴于我军在罗马地区缺少可用兵力,不可能在塔兰托对盟军登陆部队进行反击,也不可能从意大利北部的波河平原派出大量部队南下增援。②

如果美国第五集团军的主要登陆场在塔兰托而不是在萨莱诺,阿尔贝特·凯塞林的部队就不可能被迅速从西海岸调到东海岸来了。

总而言之,盟军在作战开始之初和之后都没能利用占巨大优势的两栖部队的威力——这一忽视对盟军自身而言反倒成了最大

---

① 巴兹尔·利德尔·哈特:《山那边》,第364页到第365页。——原注
② 巴兹尔·利德尔·哈特:《山那边》,第365页。——原注

的阻碍。阿尔贝特·凯塞林和西格弗里德·韦斯特法尔提供的证词支持了丘吉尔于1943年12月19日在迦太基发给英国参谋长委员会的一封电报里做出的严肃结论：

> 意大利前线上的整个战局竟然陷入停滞，这惹人耻笑……在亚得里亚海进行两栖作战这一活动被完全忽视了，没能在西海岸展开同样的突击也是灾难性的。
>
> 三个月内，我军在地中海用于突击的登陆艇并未被使用过一次……即便在整场战争中，像这次在意大利一样置如此有价值的力量而完全不用的例子也是少有的。[①]

只是丘吉尔没能看到，这是因为盟军如同银行家一样小心，依照战争理论"没有安全措施就不前进"的原则行事而犯的错误。

---

① 丘吉尔：《第二次世界大战回忆录》，第5卷，第380页。——原注

第 4 章 德军在苏联战场败退

The German Ebb in Russia.

第4章　德军在苏联战场败退

1943年初，德军在高加索的部队的遭遇同德军在斯大林格勒部队的遭遇一样。比起斯大林格勒，高加索的德军陷入苏军口袋阵地的程度更深。在斯大林格勒被围后，高加索的德军已经被迫在高加索待了一个多月了，时值隆冬，天气越冷，德军的处境越危险。此时，保罗·冯·克莱斯特已经取代了陆军元帅威廉·利斯特担任A集团军群司令。对由第一装甲集团军和第十七集团军组成的A集团军群来说，前景很可怕。

1943年1月的第一个星期，A集团军群遭到苏军重重包围，形势危如累卵。对德军而言，最直接的威胁就是自己一头扎进了高加索群山之中。苏军仿佛在扇德军耳光，接连收复了失地——第一下打在了德军靠近莫兹多克的"左脸颊"；第二下打在了德军靠近纳尔奇克的"右脸颊"。更危险的是，苏军同时越过了德军左翼后方两百英里的卡尔梅克草原，进至德国A集团军群和顿河集团军群之间的地带。占领埃利斯塔后，苏军乘胜追击，经过马内奇湖的一端，朝阿尔马维尔进发——保罗·冯·克莱斯特的部队与罗斯托夫之间的交通线就经过此处。最危险的是，苏军突然从斯大林格勒迅速沿顿河顺流南下，直抵罗斯托夫——苏联的一支

先头部队已经抵达离瓶颈地带不到五十英里的位置了。

在接到上述惊人消息的同一天,保罗·冯·克莱斯特收到了希特勒"在任何状况下都严禁撤退"的命令。此时,第一装甲集团军在罗斯托夫以东约四百英里的地方。第二天,保罗·冯·克莱斯特又接到一个新命令,命令他从高加索带走所有装备撤退。德军撤退的距离本来就很长,要和时间赛跑,现在加上带上装备的要求,难度又增加了。

为了给德国第一装甲集团军清出通往罗斯托夫的道路,德国第十七集团军奉命沿着库班河往西,向塔曼半岛撤退,并被允许在必要时跨过刻赤海峡转入克里米亚。这样的撤退距离不算长,苏军在图阿普谢沿海地区被包围的部队力量有限,无法对撤退中的德国第十七集团军构成威胁。

然而,相比之下,德国第一装甲集团军的撤退之路遍布直接的或间接的危险。对于第一装甲集团军,最危险的一段时间莫过于1943年1月15日至2月1日。尽管第一装甲集团军的主力已经抵达罗斯托夫;尽管连绵的退路没有被完全堵塞,但德国第一装甲集团军还是在两百多英里的范围内处于苏军一系列攻击的威胁之下。

1943年1月10日,在劝降的最后通牒被拒绝后,顿河方面军司令罗科索夫斯基命令苏军向被围困在斯大林格勒的德军发动集中攻势。弗里德里希·保卢斯的部队饥寒交迫,疾病横生,士气消沉,加之缺乏弹药,已经无法长期固守,跳出包围圈的可能性更小了。这样一来,苏军就能从包围斯大林格勒的部队中抽出一些来增援己方其他部队向南追击,切断高加索德军的退路。随着对弗里德里希·保卢斯部队的包围圈逐渐缩小,苏军能抽调的兵力

第4章 德军在苏联战场败退

越来越多。

随着斯大林格勒决战的开始,保罗·冯·克莱斯特的部队已经从高加索突出部的"鼻尖"位置撤退,停留在位于皮亚季戈尔斯克和布琼诺夫斯克之间的库马河一带。十天后,苏军从埃利斯塔向南冲出,到达位于库马河一线后方一百多英里的一个据点。然而,当时,保罗·冯·克莱斯特麾下撤退的部队正靠近阿尔马维尔附近,就这样越过了最危险的地区。

然而,一个极大的危险已经在这部分德军的身后形成——一支更加强大的苏军正沿着顿河两岸往南朝罗斯托夫挺进。在战场东面,苏军已经逼近马内奇河和萨利斯克一带的铁路交会点,在战场西面则到达离顿涅茨河汇入顿河下游位置不远处。保罗·冯·克莱斯特的后卫部队距离罗斯托夫的路程是苏军距离罗斯托夫路程的三倍多。此外,曼施坦因疲惫不堪的部队仍在竭力掩护保罗·冯·克莱斯特的侧翼部队用来逃跑的走廊地带——当时,由于部队的压力十分巨大,曼施坦因的部队看上去已经到了崩溃的边缘了。

不过,撤退的保罗·冯·克莱斯特的部队赢得了胜利,设法逃脱了苏军设下的陷阱。十天后,保罗·冯·克莱斯特的后卫部队靠近罗斯托夫。这样一来,苏军的拦截就扑空了。德军是幸运的,因为对于苏军在遥远的铁路线以外地区快速挺进和合围的力量来说,苏联白雪掩盖的荒野同样有限制作用。但苏军差点儿合上了包围的口子——由于曼施坦因的部队在已经暴露的阵地上坚守太久,撤退的机会反倒变得很渺茫。保罗·冯·克莱斯特的几个师不得不折回来增援曼施坦因部队,帮助友军突围。

高加索的德军安全渡过顿河,抵达了罗斯托夫,斯大林格勒

的德军却崩溃了。1943年1月31日，弗里德里希·保卢斯和大部分德军投降，其余德军则在1943年2月2日投降。苏军的突击持续了三周，俘获德军九万两千人，消灭德军的人数是抓俘虏人数的三倍。在苏军抓获的俘虏中，有二十四名德国将军。尽管东线德军将领人手一瓶毒药，以备当俘虏时吞服自尽，但直到1944年7月20日策划刺杀希特勒失败的"将领阴谋"败露后，才有人因不愿冒着被押送盖世太保的风险而服用。不过，"斯大林格勒"这个字眼对各处的德军将领而言，仿佛起着一瓶神秘毒药的作用——将领们对自己被要求执行的战略的信心受到了伤害。德军在斯大林格勒遭受的灾难所产生的影响在精神方面甚于物质方面，始终没能恢复过来。

然而，希特勒发出的"德军在斯大林格勒做出的牺牲令最高统帅部赢得了采取事关东线全线命运的反制措施的时间和可能性"的安抚也有一定的道理。如果斯大林格勒的德军在被围的七个星期内投降，德军其他部队将会遭受更大的灾难。因为曼施坦因的部队实力太弱，不可能挡住苏军沿着顿河往罗斯托夫冲杀过来的洪流，并且高加索的德军更会被切断后路。即使在斯大林格勒的德军向西突围成功，这两支大军最后还是要被包围。另外，在1943年1月最后两周，尽管德军不能阻止苏军往罗斯托夫前进，但还是牵制住部分苏军兵力，足以让高加索的德军及时到达罗斯托夫这个咽喉要道并从这里溜走。

不过，即便得到在斯大林格勒拼死抵抗的德军的援助，高加索德军的撤退之路也十分危险。这次撤退无论是从时间、空间、兵力上，还是从天气条件上，都是一个奇迹——保罗·冯·克莱斯特因

第4章 德军在苏联战场败退

此被晋升为陆军元帅。这次撤退体现的非凡技巧和超强毅力可圈可点,其最大的意义就是证明了在指挥官和部队保持冷静的头脑和坚决防御的决心的情况下,现代防御战是具有超强抵抗力的。

在接下来几个星期的战局中,我们还能看到进一步证明这个观点的事件:当时撤退的德军在平安通过罗斯托夫的咽喉地带后,还要应对来自撤退战线后方远处日益严重的威胁。1943年1月中旬,尼古拉·瓦杜丁麾下部队的左翼重新向南,从顿河中游朝罗斯托夫后方的顿涅茨河推进。苏军先击溃了米列罗沃的德军,绕过这个障碍,在卡缅斯克及其东部渡过了顿涅茨河。

苏军在一个星期内发动了两次新攻势,其中一次远至列宁格勒,打破了德军对这个城市长达十七个月的包围,解除了被围困的压力。虽然这次进攻没能发展到肃清横跨列宁格勒城市后方、深入拉多加湖的德军突出部,但苏军还是沿着拉多加湖湖岸打开了一个通往施吕瑟尔堡的缺口。从战略上来说,这仿佛一次气管切开手术,让苏军守城部队和城市居民有了更自在的"呼吸通道"。

另一次攻势对德军南面战线上的"喘息地"构成了威胁。1943年1月12日,菲利普·戈利科夫的部队在沃罗涅日西南的顿河西段地区发起进攻,突破了德国第二集团军和匈牙利第二集团军的防线。苏军在一个星期内推进了一百英里,也就是顿河至哈尔科夫之间一半的路程。尼古拉·瓦杜丁部队的右翼朝东发动了一次对顿河和顿涅茨河之间走廊地带的集中突击。

1943年1月的最后一星期,苏军重启攻势,规模有所扩大。在德军把注意力集中在战场西南方朝哈尔科夫进军时,苏军从沃罗涅日广阔的战线上往西发起攻击,打乱了德军正在当地进行的局

部撤退,并将德军的局部撤退转变为波及范围更广的大撤退。在仅仅三天时间内,苏军就推进到了库尔斯克。德军曾经把这里作为发动夏季攻势的跳板。

1943年2月的第一个星期,苏军将"右肩膀"往前"甩出",穿过位于库尔斯克和奥廖尔之间的铁路、公路,深深地插入一个"楔子",接着在库尔斯克和别尔哥罗德之间的德军防线上插入了另一个"楔子"。包抄了库尔斯克的两侧后,2月7日,苏军通过一次突击就占领了库尔斯克。2月9日,苏军又如法炮制,以同样的方法使别尔哥罗德德国守军迅速崩溃。这次胜利又对哈尔科夫北部的德军侧翼构成了威胁。

同时,苏军对哈尔科夫的正面进攻逐渐向西南方向偏移,开始指向亚速海及以罗斯托夫为起点的德军后撤路线。1943年2月5日,尼古拉·瓦杜丁的苏军占领了伊久姆。1942年春,德军曾经在这里发动决定性的侧翼攻击。苏军还利用渡过顿涅茨河的机会,对德军形成新的威胁。在顿涅茨河南部越过铁路并插入"楔子"后,苏军继续往西扩展,1943年2月11日,苏军占领了重要的铁路枢纽洛佐瓦亚。

苏军的新收获让哈尔科夫的处境更加危急。1943年2月16日,哈尔科夫被菲利普·戈利科夫的部队占领。尽管占领哈尔科夫是一个胜利,但对德军的处境形成更大威胁的是,苏军继续从顿涅茨河往南朝亚速海方向的推进。2月12日,一支苏军机动部队抵达了位于罗斯托夫到第聂伯彼得罗夫斯克的主要道路上的红军城。这一进展使刚从高加索包围圈中逃出的德军再次面临被切断退路的危险。

第4章 德军在苏联战场败退

现在,苏军灵活多变的进攻及其进攻节奏比起卫国战争早期有了明显的不同。不难看出,苏军对德军的抵抗力量和拉得过长的战线施加了多么大的压力——德军不得不将日益锐减的有限预备队兵力分摊在一条十分长的战线上。苏军采用持续不断、变化多端的办法对付虚弱的德军。这正是苏军在战术上有所改观并了解如何利用其新优势的生动诠释。通过研究苏军接二连三占领如此之多的关键地区的原因可以看出,苏军每占领一个地区——即使是跟在另一支前进中的友军后方——都是之前一次间接行动的结果,因为前一次进攻已经让这一地区成为不可守的、没有战略价值的地区。我们可以清晰地从作战格局中看到苏军统帅部这一系列间接"杠杆"起到的效果,就像一位钢琴家在琴键轻轻一按一样。

苏军在进攻时采取的这种灵活多变的节奏,与1918年斐迪南·福煦采取的战略相似,并且苏军在战术上的应用更加迅速、细致。苏军每次选择的进攻点都带有迷惑性,进攻过程则是打打停停。苏军进攻的预备动作从不直接针对意在威胁的地点,但完成动作从地理概念上来说又往往是直接的——这令人难以捉摸,因为苏军往往从德军最意想不到的地方打过来。

然而,1943年2月的最后两个星期,战场上的情况出现了一种戏剧性的变化:在为切断南部德军退路而跨过顿涅茨河并往亚速海及第聂伯河河曲推进时,苏军已经开始失去优势了。现在,苏军的目标很明显,那就是要抢先进入德军准备进入的地区。作战的下一个阶段因此变成了一种赛跑,赛跑的结果事关苏军能否在德军到达并集中力量阻止苏军往南进攻前,摆定阵势,切断南部

109

德军逃跑的走廊。

对苏军而言,不幸的是,提前解冻阻碍了进军,并增加了长途行军的困难。在制订冬季攻势计划时,苏军发现,因运力不足以装载一半为如此大规模推进需要的汽油、弹药和粮食,计划的后勤部分和战略部分脱节了。但苏军凭借勇气就下定了决心,与其修改计划,不如把希望寄托在从德军手中夺取自己所需的大部分物资。苏军的策略成功了,因为苏军每次取得突破都能夺取大量补给场所。但如果德军的抵抗变得激烈,夺取的战利品就会变少。苏军的进军开始受到限制——越远离火车站,运输就越困难。战线拉得太长这条定律又起了作用,只是这一次对苏军不利。顿河和顿涅茨河之间的走廊地带铁路极少,并且都分布在苏军进攻战线的西南角上。相反,德军得益于顿涅茨河南部有很多东西向铁路,也就可以迅速集中到战局危险的地点。比起1942年秋,德军的战线缩短了六百英里,这也给德军带来了好处。

由于种种原因被迫停下后,苏军正处于一个十分糟糕的境地。苏军已经渡过顿涅茨河,沿第聂伯河方向楔入了八十英里,却被迫在距离第聂伯河三十英里的巴甫洛格勒停下。苏军已经在顿涅茨河以南向红军城的方向楔入了七十英里,跨过了顿涅茨河和亚速海之间的走廊地带。在曼施坦因指挥下,德军集中了所有可用兵力,迅速发起了一次三路反击。德军的反攻打算利用苏军突出部阵地的不规则形状,特别是两个凸出的部分,其中从第聂伯河往西南端发起左路突击;往第聂伯河东南端发起右路突击;至于中路,则在东南、西南两段之间的洛佐瓦亚的前线弯曲处发起突击。德军击破了东南、西南两个突击点,装甲部队又往突出

第 4 章 德军在苏联战场败退

部深深楔入。1943年2月最后一个星期,由于往罗斯托夫派出了更多援兵,德军发动的反击最终竟发展成了一次总反攻。1943年3月的第一个星期,德军再次杀奔顿涅茨河,在伊久姆周围占了一大块土地,苏军的突出部阵地几乎被完全摧毁,大批苏军被迫撤退到哈尔科夫以南。

如果德军能快速跨过顿涅茨河,将西进苏军的后路切断,就能让苏军遭受一次堪比斯大林格勒包围的大灾难。然而,德军根本做不到。德军兵力不足,并不能靠强攻夺下任何苏军坚固的防御工事。挫败苏军后,德军就将重心转移到了战场西北部,包围了哈尔科夫。1943年3月15日,德军再次把苏军挤出了哈尔科夫。3月19日,德军快速突进至哈尔科夫北面,从苏军手中夺回别尔哥罗德。但德军的成功到此为止——反攻在进入第二个星期时就随着春天解冻的泥泞而停了下来。

在战场南部发起反攻的同时,德军却在北部撤退。这也是一年多以来战场北部的德军首次影响深远的撤退。1941年到1942年的冬季作战结束后,莫斯科方向的德军前线好似一个握紧的"拳头",而苏军好像在斯摩棱斯克一带控制德军的"手腕"。1942年8月,苏军曾向德军阵地左面的"手指关节"——防御中心勒热夫发动猛攻,力求突破德军中央战线,牵制其兵力,为斯大林格勒守军提供一些帮助。不过,尽管苏军已经扎进德军侧翼,并让"手指关节"暴露出来,但由于勒热夫德军的顽强防御,苏军的进攻失败了。在1942年11月的一次行动中,苏军让"手指关节"越来越暴露,看上去像是一个有着狭窄地峡的半岛。1942年底,苏军从自己阵地大突出部的顶端出发,袭击了德军突出部的北

部,占领了位于大卢基的交通枢纽——距离勒热夫以西一百五十英里的莫斯科到里加的公路上。结果,不仅是勒热夫,整个德军"拳头"的处境都更加危险了。

一个月后,斯大林格勒德军的投降导致危险间接地增加了,随后德军在战场南部广大地区的崩溃也说明了守卫一条过长的战线是要付出代价的。库尔特·蔡茨勒苦劝希特勒,却只有一条建议被采纳了。希特勒厌恶任何形式的撤退,特别是不能从莫斯科撤退,哪怕一步。但希特勒这回竟然被说服了,同意必须整顿这一形似"拳头"的前线。这样一来,德军既可以免于防线崩溃,又能解放出一部分兵力充作预备队。1943年3月初,德军在苏军发动新一轮攻势时撤出勒热夫。3月12日,包括类似维亚济马这么一个重要的交通枢纽在内的整个"拳头"也被放弃。德军撤退到一条包括斯摩棱斯克的较平直的防线上,并在1943年3月初弃位于大卢基和伊尔门湖之间的杰米扬斯克突出部。①

然而,德军从这次缩短防线中获得的好处不仅很快被新的扩张和诱惑(这是因为德军在南部反攻取得胜利了)抵消殆尽,还向苏军倒贴了三分。德军将领原本希望可以促成希特勒批准德军搞一次长距离撤退,退到远在苏军攻击范围之外、可以重新巩固并整顿自己军队的地方,但这个希望完全落空了。这实际上提供了一块"新瓶旧酒"式的进攻跳板。而对于一个生性爱好进攻,不想放弃赌博,并认为进攻会让局势好起来的人来说,"进攻跳

---

① 由于英国报纸与美国报纸在地图上将这条直线标出已经一年有余,而杰米扬斯克完全被标注在苏军防线范围内,所以西方诸国忽视了德军这次放弃的阵地的重要性。——原注

第4章 德军在苏联战场败退

板"总是前途光明。

反攻的胜利让德军认为完全没有必要急于撤出顿涅茨盆地。希特勒只要能守住德国1942年在顿涅茨河南部塔甘罗格附近的防线,就能保住夺来的工业财富和重新夺取高加索的希望。由于德军最近重返哈尔科夫和伊久姆之间的顿涅茨河更往西的河岸,希特勒的脑海中就出现了一幅这样的图景:在这里可以发展一支新的德军侧翼并发起进攻。德军重占别尔哥罗德,又守住了奥廖尔,这就让希特勒有了一个可以在库尔斯克及其周围占领地盘,并对苏军发动一次钳形攻势的很好的侧翼阵地。只要希特勒夺取了库尔斯克这个大突出部,就能在苏军的战线上开个大洞。一旦德国装甲师从这个大洞冲过去,什么奇迹就都有可能发生。苏军现在的力量确实比希特勒之前估计的要强大,但苏军的损失也十分惨重。只有那些"老将"才会认为苏联的战争资源是用不完的——希特勒用带有偏见的思维顺着这条思路往下想,越发觉得,只有在库尔斯克搞一次突破才能让形势对自己有利,并解决自己的一切问题。希特勒总是在骗自己,认定自己的麻烦就是苏联的寒冬造成的,还总是指望夏季的到来——这种指望成了希特勒的"仲夏夜之梦"。

希特勒的夏季计划除打算在库尔斯克方面发动主要攻击外,还加上了对列宁格勒两度推迟的进攻。令人感到好奇的是,进攻列宁格勒计划简直就是1942年计划中的重演。目前德国已经组建了一个由两个伞兵师组成的伞兵军,并打算用这个伞兵军突击列宁格勒,为地面进攻开路。在自己时运不济时,希特勒变得更加孤注一掷,因为1942年库尔特·斯图登特向他建议空降突击斯大

林格勒时他就犹豫了,也没有接受。这个伞兵军在德军于突尼斯溃败后被调到了法国南部,准备对预期中的盟军撒丁岛登陆搞一次空降反击。后来,德军又因进攻库尔斯克失败而完全放弃了对列宁格勒的进攻。

对于进攻库尔斯克的计划,德军将领的态度不一样。对在东线获胜的可能性,越来越多的德军将领开始表示怀疑,甚至连保罗·冯·克莱斯特这样的悍将也在1943年成为怀疑者的一员。但这次他并不直接参与进攻。因为在重组冬季攻势时,曼施坦因被指定负责南部战线的主要部分。1943年初,曼施坦因指挥的集团军群接手了第一装甲集团军,而保罗·冯·克莱斯特只负责克里米亚和库班河的桥头堡。关于对库尔斯克突出部的进攻,曼施坦因的左翼部队将负责对抗苏军的南翼,克卢格指挥的德国中央集团军群右翼则负责对付苏军的北翼。两位司令在战前曾交谈过,仿佛对获胜很有信心。不过,信心通常是被职位晋升催生出来的——对于交给自己的任务,军人的天性就是充满信心,并且不愿意流露出任何顾虑,这种顾虑会减少上级对自己能力的信任。

军事教育也有助于消除顾虑。很多德军将领都赞成伦德施泰特在一年多以前提出的、通过长距离撤退摆脱苏军的做法,但希特勒禁止撤退。1942年到1943年由于德军冬季战线在防御方面的选址不是十分理想,德军将领更愿相信过去教官曾经教过的"进攻是最好防御"的原则。德军通过进攻或许可以弥补防御阵地的不利,并打乱苏军恢复进攻的部署。于是,德军既不考虑失败的后果,也不考虑动用德军最新积攒起来的后备兵力会导致日后任何一次防御的失败,只管把全部精力都放在如何取胜上。

第4章 德军在苏联战场败退

德军兵力确实在锐减,但德军通过被列为最高内部机密、不断削减作战单位和编制人数的组合策略,掩盖了兵力减少的事实。德军编制中师的数量和过去维持在差不多的水平上,因此,作为战斗力指标的"人员数量"的弄虚作假就被掩饰得不甚显著了。1943年春季,就武器装备及人数而言,德军真实实力只有其保有编制的一半——虽然有的师战斗力被提升至勉强接近编制水平,但仍有很多德军师的真实战斗力其实连编制的最大战斗力一半都不到。各指挥官之间都被严格的保密制度隔绝,彼此不能通气,这就导致只有少数人了解全局情况,而这部分人更是长期被灌输"少问为妙"的思想。然而,之所以采用这种给部队编制"注水"的政策,除掩人耳目的动机之外,还有别的原因。

希特勒是一个会被数字搞得神魂颠倒、如痴如醉的人。在这位煽动家的脑子里,"数字"就意味着"力量"。既然"一个师"是衡量军事力量的标准单位,希特勒便对拥有"数量最多的师"一事念念不忘。尽管希特勒1940年取得的各种胜利只跟德军中的机械化部队的优越性有必然联系,和有多少个师关系不大。入侵苏联之前,希特勒曾经坚持在每个师中削减人员,以便建立尽可能多的"师";后来,希特勒又不断削减师一级部队的人数,避免人们认为自己容易招致误解的"师"的总数减少。这种不断减少一个师人数的做法,在军事经济学领域已经到了发生通货膨胀的危险程度了。

1943年,德军实力出现"通货膨胀"的范围空前扩大,甚至抵消了德军因装备质量改进——特别是新型"虎"式坦克和"豹"式坦克投产带来的好处。每当一个师的伤亡惨重,先锋部

队数量就大大减少,和上级管理人员的数量相比就不成比例——因为损失主要是由战斗部队来承担的。一个装甲师中损失最严重的常常是坦克和坦克兵,其次是配属装甲师的步兵,损失最轻微的就是后勤部队。因此,维持这些低于编制水平的师,特别是装甲师是不划算的。如果不赶快弥补消耗量,部队只会大而无当,缺乏打击敌人的力度。

德军遭遇的困难越来越严重,因为苏军的质量比1942年有了很大提高,数量也大大增加了。苏军战斗力的提升应该归功于在乌拉尔地区新建和扩建的工厂,以及从西方盟国源源不断送来的大批装备。最起码苏联的坦克和其他国家的一样好——在德国军官眼里甚至更好一些。虽然苏联坦克兵苦于缺乏像无线电这样的辅助装备,但作战效率高、作战意志坚定、作战装备精良。苏联重炮性能优越,还配备了一种正在大量投产的高性能火箭炮。[1]苏联步枪比德国步枪款式更现代化,火力也更猛[2],在大多数步兵重武器方面和德军旗鼓相当。

源源不断送到的美制卡车解决了苏军汽车载具不足问题——这曾是苏军的最大缺陷。美国罐头食品的大量进入有助于解决苏军数量庞大但因交通载具奇缺而导致战斗力发挥受到阻碍的供应问题,对部队的灵活性和机动性起到了同样重要的作用。如果不是苏军比任何西方国家军队更能适应必需品供应标准更低的生

---

[1] 即著名的"喀秋莎"火箭炮。——译者注
[2] 这种说法并不确切。苏军与德军在"二战"期间的主要步枪分别是栓动的莫辛纳甘系列步枪和Kar-98K步枪,都是19世纪末开发的(Kar-98K步枪由1898年开发的Gew-98式步枪发展而来),在战场上都有不俗的表现。——译者注

第4章 德军在苏联战场败退

活、作战供给水平,这个问题可能会变得更加难以解决。虽然苏军从未达到西方国家军队的机动水平,但以苏军的技术水平来看,苏军还算是比较灵活的,因为苏军可以在供给条件较差的情况下继续作战。苏军的"原始"既是优点也是缺点:苏军官兵能在其他人早就饿死的情况下继续活下去,因此苏军现有物资更充足,就具备了更强的渗透能力,而苏军主力部队只要在载具和粮食供应上稍有改善,就能紧紧跟上先头部队。

苏军的战术能力也大大提高了。因为1941年损失了大量训练充分的部队,1942年苏军面临的局势有所恶化,但1943年部队日益增长的作战经验极大弥补了这一缺陷,还为新组建的部队提供了一个比战前受过训练的部队还要良好的基础。部队的质变来自上层:原来那批军事将领被果断撤换,为精力充沛的新生代将领的迅速晋升腾出了空间——他们大多不到四十岁。跟前辈相比,他们的专业能力更突出。当时,苏军高级指挥官的平均年龄比德军年轻近二十岁,年轻化带来了更高的效率和更旺盛的精力。苏军更年轻的军事指挥官和更成熟的作战经验的结合,在部队的参谋工作、战术能力上都有体现。

然而,出于害怕或讨好上级,苏军将领倾向于在遇到顽强抵抗后还要搞毫无收获的强攻。要不是这样,苏军的进步会更加有成效。面对无法攻克的障碍,苏军不承认失败,常会不惜付出重大代价,一次次向德军发起猛攻。在苏军中,这种徒劳无功的进攻因等级和纪律的双重关系成为一种倾向;而苏联的具体条件、传统及资源等情况则让这种倾向自然而然显得更加突出。在这样的制度下,只有优秀的指挥官才敢冒险打破限制,不浪费一兵一

卒——残酷无情、草菅人命总比冒犯上级要容易。

总的来说，苏联辽阔的国土空间大大减少了苏军这种横冲直撞的战术带来的损失。一般而言，苏军有充分的机动空间，苏联最高统帅部也能在德军拉得很长的战线上巧妙地选择薄弱环节。由于当时苏军已经取得普遍的数量优势，当苏联最高统帅部做出对任一地点发动集中突击的决定时，苏军比德军的人数都要多四倍，占绝对优势，而一旦打开突破口，苏军就将获得更加广阔的机动空间。在战场北部，苏军对前线目标反复发动进攻失败的例子却屡见不鲜，这是因为当地德军的防守比较严密、阵地比较稳固，而苏军在南部则拥有最优秀的指挥官、最优秀的部队和可以让自己大显身手的广阔地域。

不过，姑且不说战争从1943年后还要再持续两年，德军面对明显占优势的苏军还能一如既往地坚持下来，就证明苏军在赶超德军战术优势的路上还有很长一段路要走。1943年春，德军的战术优势曾影响了双方对于战局的展望，也助长了希特勒和那些抱着"只要避免重蹈覆辙，形势还是会向有利于德国的方向转化"的希望的军事顾问的野心。苏联领导人对自己在冬季作战中取得的胜利产生了怀疑，因为苏联领导人不会忘记1942年冬季的胜利引起的希望已经随着1943年夏季的到来而消散。面对即将到来的夏季，苏联领导人根本没有"局势已定"的感觉。

苏联领导人不确定的心理可以通过苏军与德军再次交锋前的一个重要的插曲加以说明。1943年6月，在当时还被德军控制的基洛夫格勒，维亚切斯拉夫·莫洛托夫曾与里宾特洛甫会面，谈论关于结束战争可能性的问题。根据以技术顾问身份与会的德国军

第4章 德军在苏联战场败退

官回忆,里宾特洛甫提出了以第聂伯河流向为参照的苏联未来边界,而维亚切斯拉夫·莫洛托夫则对除恢复苏联原有边界外的其他提议均不做考虑。双方鸿沟不可逾越,谈判因此搁浅。后来的谈判更因为有消息称谈判的事情已经泄露到苏联的西方盟国而完全告吹——苏联与德国只好继续靠战争解决问题了。

1943年夏季战役的开始比以往任何一年都要迟。冬季战役结束后,苏德战场出现了三个月的休战期。长期的拖延既是因为德军在整编已有部队和为下一场进攻积攒预备队等事务上遇到了越来越多的困难,也是因为德军越来越倾向于"等苏军先发起攻势,诱其上钩,再对其反击",以此打一个战略反攻。这个想法之所以落空——不完全是因为希特勒缺乏耐心,而是因为苏联这次也决定采取同样的"钓鱼"策略。

德军主官事后回忆时认为,如果能及时准备好突击部队,并提前六个星期发起进攻,就会取得巨大胜利。当德军发现自己的钳形攻势被一系列纵深雷区拦住时,当德军发现苏军早已把主力部队平安撤退到后方地带时,德军主官便把这次挫折都归咎于苏军在休战的间隙已经获知己方的准备情况,因此才能采取这些适当的部署。①但这种观点实际上忽略了一个情况——作为进攻目标,库尔斯克突出部实在太过显眼。库尔斯克突出部对德军展开钳形攻势的吸引就像德军在奥廖尔附近相连的突出部对苏军展开

---

① 当时前线上出现了一些状况:首先是苏联在被击落的德国侦察机上发现了被精确绘制出的己方防御阵地图,并因此紧急更改了防御部署。此外,苏军不惜一切代价试图活捉一名德国俘虏进行审问,并最终从一次夜战后抓获的德国工兵口中获知"德军计划在1943年7月5日凌晨进攻库尔斯克方向"的情报。——译者注

钳形攻势的吸引一样明显。此外,苏军与德军出击的位置也是无可置疑,关键就看谁先开第一枪了。

苏联方面也起了争论。支持要率先发起进攻的理由是,苏军防线已经连续两个夏季被德军攻破了。另外,自斯大林格勒战役以来的一系列顺利进攻带来的信心让苏联领导人更急于在夏季采取主动。反对率先发起进攻一方的理由是,早在1942年5月,铁木辛哥就用在克拉科夫发动的攻势带了个坏头,结果1942年6月他的部队在克拉科夫和库尔斯克之间遭遇了惨败。

1943年5月底与苏军总参谋长举行的第一次会谈中,英国军事代表团的新团长吉法德·勒凯纳·马特尔中将对"主动出击的意见占上风"印象深刻。吉法德·勒凯纳·马特尔坦率地说,自己认为,如果苏军在新编的德军装甲部队尚未出击前就发动攻势,结果将是自找麻烦——苏军"要想这么干,肯定会被打得落花流水"。

几天后,吉法德·勒凯纳·马特尔被问及英国在北非的战术,解释道:"我们在阿拉曼的成功大部分是因为我们粉碎了德军的装甲部队,或者至少让德军装甲部队受到重创。当德军装甲部队已经发动进攻并被重创时,我们进攻的时间就到了。"举行第二次会议时,吉法德·勒凯纳·马特尔就感觉苏军总参谋长倾向于"等德军装甲部队先进攻"的计划了。于是,他抓住机会,把英军得出的经验告诉苏联:控制德军坦克突击部队的"腰部"两侧很重要,与其正面迎击扑来的德军"浪潮",不如利用一切可用的预备队从德军打开突破口的两侧猛烈进攻,间接阻挡德军。①

---

① 吉法德·勒凯纳·马特尔:《一个坦率的军人》,第211页到第254页。——原注

第4章 德军在苏联战场败退

对任何一个军事计划的来源进行追溯时,通常很难判明究竟是什么让军事主官会做出如此决定。有时,即便所有相关文件都可供查阅也是如此,这是因为文件很少记录军事计划最原始的起因。这些文件不会表明军事计划的实际制订者心中的想法是如何产生和发展的。提出思想的人会夸大这种思想的作用,发展思想的人则更倾向于无论影响有多大都将其贬低。这一点尤其适用于官方,牵涉到民族自尊心问题时更是如此。有一种情况在同盟国中很常见,那就是无论是有形因素还是无形因素,官方总是"贬"低自己接受援助的效果,而"夸"大自己援助他国的效果。因此,我们从历史中也未必能更清楚地阐明苏军1943年的作战计划究竟是如何制订出来的。但有一点很清楚,那就是苏军的战略计划制订者作战经验很丰富,很清楚己方采取的军事计划会带来什么结果。

具有更加深远意义的是,苏军采取攻防一体的方法,取得了戏剧性的决定效果。

1943年7月5日黎明,德军开始进攻库尔斯克突出部的两个侧翼。库尔斯克突出部正面宽接近一百英里,南侧长约五十英里,北侧长一百五十多英里,与对面德军奥廖尔突出部的侧面长度一致。库尔斯克突出部的主体部分由罗科索夫斯基率军把守,尼古拉·瓦杜丁麾下部队的右翼则防御突出部南侧一角。

德军钳形攻势南部是曼施坦因的部队,北部是克卢格的部队。两部兵力大致相当,只是曼施坦因麾下装甲部队比例更大。德军的进攻共投入装甲师和装甲掷弹兵师十八个,占进攻总兵力的近半数,这些几乎是德军在东线的所有装甲部队。可以说,希

特勒在这次进攻赌博上下了血本。

在作战最初几天，德军钳形攻势的南部从某些位置上往前突入了约二十英里，这个速度不能算快。又深又广的苏军雷区让德军进展缓慢，又因为苏军主力已经撤退至后方，所以德军抓获的苏军战俘少得令人失望。不仅如此，德军插入的"楔子"因为"腰部"遭到苏军的顽强抵抗，无法向外扩展。由克卢格指挥的德军钳形攻势北部攻入的程度更加有限，甚至无法突破苏军的主要防御阵地。德国装甲师经过一周苦战，兵力大大削弱。克卢格大吃一惊，感觉己方侧翼即将受到威胁，开始将装甲师撤出战斗。

1943年7月12日，苏军对奥廖尔突出部北部侧翼及"鼻子"部分发动进攻。7月15日，对奥廖尔北部侧翼的进攻推进了三十英里，直指奥廖尔后方；虽然往"鼻子"部分的推进没有这么深入，但推进到离奥廖尔仅十五英里的地区了。然而，当时四个被克卢格调离进攻战场的师正好在苏军进攻时抵达相应位置，令苏军北翼无法再切断奥廖尔到布良斯克的铁路。此后，苏军进攻的过程就变得无比艰难，只能依靠兵力优势迫使德军撤退。苏军这么做固然损失惨重，但得到了从库尔斯克突出部出发并在南部侧翼转为进攻的罗科索夫斯基部队的增援。8月5日，德军被挤出了奥廖尔——这里不仅是德国自1941年以来东线战场上最主要、最难以被攻克的堡垒，并且只要奥廖尔未被苏军攻陷，德军就仍可能重新对莫斯科构成威胁。重要的战略地位与经得起考验的兵力相结合，使奥廖尔成为一个军事象征——一旦撤退，就会大挫德军信心并猛长苏军志气。

同时，尼古拉·瓦杜丁的部队从库尔斯克突出部的南部缺口

第4章 德军在苏联战场败退

追击德军退兵,一路将德军赶到最初的战线上。1943年8月4日,尼古拉·瓦杜丁对已经被削弱的德军战线发起进攻,并在8月5日占领了别尔哥罗德。尼古拉·瓦杜丁利用德军疲惫的状况,在下一个星期长驱直入八十英里,直指哈尔科夫后方及哈尔科夫与基辅的交通线。苏军"镰刀收割"式的打击打开了可以让德军整个南部地区前线土崩瓦解的局面。十天后,位于尼古拉·瓦杜丁左翼的伊万·斯捷潘诺维奇·科涅夫率军在哈尔科夫东南渡过了顿涅茨河,大有完成对哈尔科夫包围的势头。伊万·斯捷潘诺维奇·科涅夫大胆地选择了柳博京沼泽作为渡过顿涅茨河的据点,向德军施加威胁。

只要苏军在以上任一次进攻中能推进至波尔塔瓦这一交通重镇,就能包围德军在哈尔科夫的防御部队,更能给沿顿涅茨河伸出的德军"右臂"部队制造混乱。当时,德国第三装甲军是德军唯一实力尚可的预备队,刚和三个党卫军装甲师一同被调往塔甘罗格附近的米乌斯河流域应付来自"手指"的威胁。而现在,德国第三装甲军和三个党卫军装甲师只能赶快回到"右臂",以便及时遏制苏军对波尔塔瓦周围构成的威胁。这让德军防御克拉科夫的部队主力能在1943年8月23日苏军占领克拉科夫前安全撤走。遭到重创的德军装甲师在战场其他地点的表现也表明,虽然这些装甲师只剩下很弱的力量,终究还是能遏制苏军大部队的前进。虽然德军并非平安无事,但危机总算过去,战局也稳定下来了。苏军仍继续前进,但速度已经放缓。苏军在反攻开始后的六个星期抓获战俘多达两万五千人——相对于规模如此大的战役,这样的战果是微不足道的。苏军微不足道的战果也体现了这场战役中

德军防御的任何一次崩溃都是局部的、有限的。

1943年8月下旬，苏军的进攻规模扩大了。马尔基安·波波夫的部队逐渐从奥廖尔朝布良斯克推进时，马尔基安·波波夫部队右侧的安德烈·叶廖缅科的部队便开始进攻斯摩棱斯克。而马尔基安·波波夫左侧的罗科索夫斯基部队则正对基辅附近的第聂伯河流域发动一次更加深入的突击，同时尼古拉·瓦杜丁的部队也正往罗科索夫斯基方向集结。在战场最南端，费多尔·托尔布欣的部队渡过米乌斯河，迫使德军放弃了塔甘罗格。9月初，马利诺夫斯基率军向南渡过了顿涅茨河，直指斯大林诺（顿涅茨克）。苏军在这个侧翼"杠杆"上的发力迫使德军匆忙从顿涅茨河南部凸出来的"手臂"处撤退。然而，值得注意的是，德军仍然固守着那些原本用来为长距离撤退作直接掩护的据点及铁路交通线，直到主力部队撤出包围圈为止。直到9月中旬，正好位于德军阵地"腋窝"部分的洛佐瓦亚枢纽才被德军放弃。

苏军作战的方式和节奏看上去更像斐迪南·福煦在1918年对德国发动总攻时的情况——对不同的地点发动一系列交替攻击。一旦因敌方据点顽抗而导致进攻被削弱时就暂停进攻，每次进攻都在为下一次进攻铺路，并且在时间上彼此呼应配合。1918年，斐迪南·福煦曾经成功诱使德军立刻将预备队派到被攻击的据点去，同时限制了德军及时对协约国下一次攻击的据点派遣增援的能力。这导致德军预备队疲于奔命，兵力渐渐耗尽。苏军在二十五年后进行的，只是这种打法在更有利条件下的重现罢了。

对苏军这类兵力占很大优势但机动性有限的部队，采取"交替攻击"打法是理所当然的。无论何时何地，在因横向交通线太

第4章 德军在苏联战场败退

过分散而不足以将预备队从一地迅速调到另一地从而帮助取得成功的条件下,这种"交替攻击"的打法就尤其适合。因为"交替攻击"意味着每次要突破对手前线的一处新位置,从"广阔"的战线上打开局面付出的代价就会比从"深入"的纵深打开局面付出的代价高很多。"交替攻击"不一定能起速效,但更有可能取得成果,只要采取这种打法的部队物资供应充足即可。

苏军在这一反攻过程中的损失固然比德军大,但德军在自己发起的进攻失败后蒙受了远非自己能承担的损失——对德军而言,"消耗战"就意味着"毁灭"。希特勒不愿批准任何长距离撤退,这延缓了德军的败退,却加快了德军的消耗。

1943年9月,德军前线守备之薄弱与预备队之削弱,从苏军进攻速度加快一事可见一斑。尼古拉·瓦杜丁、伊万·斯捷潘诺维奇·科涅夫及罗科索夫斯基等技术精湛的指挥官都能敏捷地利用德军广阔战线上的薄弱点。源源不断送来的美制卡车也加快了苏军的进攻势头。苏军在9月底前已经抵达了第聂伯河——不仅抵达靠近第聂伯彼得罗夫斯克东面的大河曲,并且沿河的大部分流域一直到基辅附近的普里皮亚季一带都有苏军的踪迹。苏军在大片地区多点迅速渡河的同时还建好了桥头堡,这对试图凭借广阔的河流屏障——德军发言人随口称作的"冬季战线"——进行休整的德军不利。苏军之所以能轻易渡河,主要得益于苏军指挥官在利用宽阔地形时的技术和胆量。苏军将一个重要的桥头堡建在了位于波尔塔瓦西南的克列缅丘格附近。这个决定主要是伊万·斯捷潘诺维奇·科涅夫做的,因为这样,苏军就可以不用将冲击集中在一条战线上,可以在长达六十英里的一大片土地上多点——

共十八处——渡河。而苏军进攻的突然性也因渡河时的大雾而增加。尼古拉·瓦杜丁也如法炮制,得以在基辅北面占领了一系列落脚点,并在后来将各个落脚点连成一线。

当时,战场上的基本情况是这样的:德军即使将兵力稀疏地散开,也没有足够兵力能守卫所有前线地带,这迫使德军只能依靠反击阻止对手扩展落脚点。然而,由于德军自身兵力很少,苏军又有大批预备队,因此依赖反攻的德军十分危险。

1943年9月25日,德军放弃了位于基辅以北三百英里的斯摩棱斯克。而在一周前的9月17日,德军已经被迫退出布良斯克了。德军正沿着第聂伯河上游的一连串"堡垒"城市——日洛宾、罗加乔夫、莫吉廖夫、奥尔沙和位于德维纳河河畔的维捷布斯克慢慢后撤。

在战场南部更远处,德军撤出了位于库班河上的桥头堡,渡过刻赤海峡,退入克里米亚半岛。然而,由于苏军蜂拥而至,克里米亚半岛的德军也有被孤立的危险。保罗·冯·克莱斯特奉命将部队从库班河调回,接管亚速海地区及位于扎波罗热的第聂伯河河曲一带。但这个决定迟到了两个星期——因为1943年10月中旬,保罗·冯·克莱斯特的部队转入新阵地时,苏军已经突破了梅利托波尔,整个战区正处于动荡不安的状况。

苏军初次渡过第聂伯河后直到1943年10月上旬之前,当地尚且平安无事。苏军正调集增援部队,积累军需,建造进攻需要的桥梁——大多是木桩桥和栈桥,是用渡河地点附近的树木快速建造起来的,和当年南北战争时期谢尔曼的部队在穿越佐治亚州和南卡罗来纳州时造桥的情况一样。苏军建造一座横跨大河、能承

第4章 德军在苏联战场败退

受载重运输的桥梁平均只需要四天时间。

当人们都把注意力集中在基辅，认为战火要在这里爆发时，下一阶段的战役却在第聂伯河河曲及基辅之间的狭长地带中间打响了。伊万·斯捷潘诺维奇·科涅夫率兵从位于波尔塔瓦西南的克列缅丘格桥头堡杀出，并向南突破了德军大突出部的基线。起初，只有少数德军抵挡伊万·斯捷潘诺维奇·科涅夫的部队，但曼施坦因很快就派出预备队赶来，在拖慢伊万·斯捷潘诺维奇·科涅夫部队的进军速度的同时，为受威胁的德军从第聂伯河河曲撤退争取了时间。德军退兵在位于己方攻击发起线七十英里、穿越突出部道路中间地带的克里沃罗格城外，帮助友军阻挡了苏军的前进。

然而，在保罗·冯·克莱斯特的部队前来接替自己前，曼施坦因被迫率部撤出，因此德军在第聂伯河河曲以南的崩溃就只是德军付出的代价的一部分了。苏军利用突击至梅利托波尔的机会，在1943年11月的第一个星期就横扫了从诺加伊斯克草原直到第聂伯河下游一带地区，将德军撤出克里米亚的出口完全堵住，孤立了留在克里米亚的德军。

然而，苏军最后还是没能实现"在第聂伯河以东歼灭一百万敌人"的目标。在追击速度最快的两天中，苏军只抓获了远低于预期的六千名俘虏，大部分德军还是赢得了渡过第聂伯河撤退的时间。根据苏军公布的数据，在战役开始后的四个月内，苏军共计抓获战俘九万八千人，其中一多半是伤员。这里有一个很大的自相矛盾之处——盟军方面显然只有少数评论家注意到了：苏联同时还宣称消灭九十万德军，另有一百七十万德军被打伤。在

127

战争中,每当进攻方取得突破时,大部分伤兵往往落入进攻方之手;而失败方败得越惨,能逃出的人也就越少。更值得注意的是,1943年11月6日,斯大林宣布德军在过去一年的战斗中损失了四百万人——其实真实数字哪怕只有"四百万人"的一半,第二次世界大战也早就结束了。但第二次世界大战距离结束还有很长时间,这时轴心国只是在走下坡路罢了。

1943年10月下旬,从基辅一带传来的消息很少。其实,苏军正在扩大基辅城北的桥头堡,让它能成为一个足以发动一场强有力的侧翼保卫战的跳板。11月的第一个星期,尼古拉·瓦杜丁指挥部队打响了这场包围战。当时,在德军延展过长的战线上,苏军发现了薄弱环节,随即着手突破这些环节,向西渗透,然后朝内侧移动,切断基辅外部许多道路,抄后路夺取了基辅。防守基辅的德军成功逃出包围圈,只有六千人被俘。但德军因为之前伊万·斯捷潘诺维奇·科涅夫在第聂伯河河曲的进攻,早就将大部分装甲师南调,已经无法再阻挡苏军的冲击了。

在解放基辅的第二天[①],苏联装甲部队抵达了位于基辅西南部的法斯蒂夫。这是一场追击战:苏军打垮德军防线的抵抗后,在接下来的五天时间内挺进六十英里,占领了位于普里皮亚季沼泽地以东仅剩的一条横向铁路枢纽日托米尔。接着,苏军往北扩展,在1943年11月16日占领了科罗斯坚枢纽。当时,德军的抵抗已处于崩溃的边缘,看来斯大林有望提前实现1943年11月6日宣布

---

① 苏军于1943年11月6日解放基辅,因此这里说的应该是1943年11月7日。苏军解放基辅和苏联十月革命纪念日恰好是同一天。——译者注

第4章 德军在苏联战场败退

的"胜利在望"的声明了,因为曼施坦因的手上已经几乎没有预备队了。

在这十万火急的时刻,曼施坦因通知精明强干的第七装甲师师长哈索·冯·曼陀菲尔尽可能收编一些部队填补自己残部的空缺,并利用拼凑起来的部队从别尔季切夫发动了一次"上勾拳"式的进攻。哈索·冯·曼陀菲尔大胆采用"之"字形迂回战法,轻轻一击就打了个胜仗:在1943年11月19日的一次夜袭中,哈索·冯·曼陀菲尔击败了苏军侧翼,重占日托米尔,接着又向科罗斯坚前进。哈索·冯·曼陀菲尔把部队分成若干个小型装甲战斗群,在面积广阔的战场机动,这就让自己的部队显得格外声势浩大。德军在苏军纵队之间冲杀,并切断了苏军纵队的后路,攻击苏军的指挥部和信号中心。所到之处,搞得苏军混乱不堪。

曼施坦因抓住机遇,向基辅以西那个仍引人注目的苏军大突出部发动了一次坚决的反攻。反攻得到了几个从西线抽调来的装甲师的帮助。曼施坦因计划搞钳形攻势——先由一支装甲部队从西北方向针朝法斯蒂夫发动一次冲击。这次冲击由赫尔曼·巴尔克指挥的、包括哈索·冯·曼陀菲尔的第七装甲师在内的一个由三个师组成的装甲军执行。然后从南面发动一次集中突击。但尼古拉·瓦杜丁的先头部队除后备师之外,还得到了从第聂伯河上桥梁源源不断涌来的大量重炮和反坦克炮支援。这次,德军的反攻不似第一次反攻那样取得了惊人的战果,从地图上看似对苏军构成了威胁,但实际威胁很小。这是因为德军不能再像之前那样通过突然袭击来弥补兵力不足的缺陷了,恶劣的气候条件更让德军的进攻难上加难。1943年12月初,德军的反攻在泥泞中销声

匿迹。在接下来的休战期中，尼古拉·瓦杜丁趁机将部队集结起来，为继续前进做准备。

为了表示对哈索·冯·曼陀菲尔发动这次力挽狂澜的攻势的赞赏，希特勒邀请哈索·冯·曼陀菲尔到安格堡[①]和自己一起共度圣诞。当时，希特勒的无意流露是对当时形势的最好说明，他对哈索·冯·曼陀菲尔说："我送你五十辆坦克作为圣诞礼物。""五十辆坦克"是希特勒能想到的最好奖赏，也是就他手上能拿出来的最多的坦克。因为当时最强大、最受青睐的装甲师也不过只有一百八十辆坦克，能拥有超过九十辆坦克的装甲师也不多。

1943年秋，德军前线的北段同样处于严重、持续的紧张状态。不过，尽管苏军不断在战场北段展开攻势，却依然未能突破从斯摩棱斯克撤退到第聂伯河上游的德军防线。苏军在这里受到的挫折既因为现代防御作战本身就有的巨大威力，也因为北部没有南部那么大的机动空间——这一点也导致苏军的作战目标过于明显。

因为受严寒气候的限制，空军在这些战斗中未能发挥很重要的作用。德军头上的压力也因这一限制得到了缓解，否则就会在战场上处于更加被动的态势。虽然德国守军的空中侦察同样受限，但德军可以对苏军的主攻方向做出推断，还可以充分利用巡逻突击队核实情况。

苏军发起进攻，首当其冲遭到攻击的是戈特哈德·海因里希的

[①] 即今波兰城市文戈热沃。——译者注

第4章 德军在苏联战场败退

第四集团军。第四集团军用十个被打残的师坚守奥尔沙到罗加乔夫之间长达一百英里的防线。1943年10月到12月,苏军发动过五次攻势,每次都持续了五六天,每天都发起了好几次冲击。苏军的第一次进攻投入了约二十个师。当时德军只有一个仓促修建的、仅配备一条战壕的阵地。苏军在第二次进攻时投入了三十个师,德军当时已经加强了防线。苏军在随后几次进攻中投入了约三十六个师的兵力。苏军将集中突击的重点放在了横跨在莫斯科到明斯克的大公路上宽达十二英里的正面阵地。面对苏军的进攻,奥尔沙这个位置显然具有供给便利和拥有乘胜追击的潜力和优点。不过,既然奥尔沙这个目标如此突出,德军就能全力以赴在奥尔沙应对苏军进攻了——这里值得对德军的守城方法做一番研究。在奥尔沙这一非常狭窄的地方,戈特哈德·海因里希动用了三个半师——这样对奥尔沙这个要点的保护就有了合理的密度。剩下的另外六个半师则被用来防守漫长战线的其余部分。戈特哈德·海因里希的炮兵几乎完好无损,他集中了三百八十门火炮防守奥尔沙这一关键地区。第四集团军司令部只有一名留守指挥官,可以集中火力打击战区内任何受到威胁的地方。同时,第四集团军的指挥官还对战场上没有战事发生的地段的德国师搞"挤牛奶"策略,以便在战斗期间能每天给一个投入激烈战斗的师补充一个新的营。如此,就可以弥补部队在前一天蒙受的损失,同时给有需要的师提供一个完整无损的、可以用来反攻的预备队。德军在各师之间采取的轮换制度也抵消了混合编制带来的缺陷。当时,一个德国师由三个团组成,一个团则由两个营组成。作战第二天,德军会派遣前一天就投入战斗的德军营的"姊妹"营连同所属团的团部前往增援;再过两天,一个新的团就

131

会出现在前线上；等作战进行到第六天，之前待在战场上的师就都被撤换到没有战事的安全地带，也就是逐一派遣换防部队的地方。

德国守军顶住了一比六的人数劣势，接连取胜，算是了不起的成就。这些胜利表明，只要防御的战略战术配合得当，战争是可以这样被拖延下去的，苏军的力量就会被消耗殆尽。但如此大好前程被希特勒的坚持破坏了，因为德军部队不经他的允许不能撤退，并且希特勒总是不愿让部队撤退。如果集团军司令自作主张，就有受到军法处置的危险，即便是从一个危险的孤立阵地上撤出一支小分队也是如此。禁令的压力十分巨大，以致下级军官被压得动弹不得。据说营长们甚至不敢"让站在窗口的哨兵们'退'到门边去"。而德军的高级指挥部则像鹦鹉学舌一样一再重复："每个人都应该坚守阵地奋战。"

如此死板的原则虽然有助于德军在神经极度紧张的状况下熬过在苏联的第一个冬天，但从长期来看，这竟成了德军的致命伤——虽然德军能克服对苏联冬季的莫大恐惧，但兵力越来越少，越来越无法占领幅员辽阔的苏联国土。死板的"不撤退"原则损害了战地指挥官指挥的灵活性——这种灵活性是不可或缺的，使指挥官不能当场做出化险为夷的决定，无法重整部队以实现"撤退是为了更好地前进"这一原则。

1943年，希特勒的"不准撤退"原则的灾难性后果曾在苏联南部战场上发生；后来又于1944年在苏联北部战场，即之前已经说明过的、苏军难以战胜的德军防线上重演了。

第 5 章

盟军占领罗马及在意大利战场受挫

Capture of Rome and Second Check in Italy

第 5 章　盟军占领罗马及在意大利战场受挫

1943年9月，盟军满怀希望地在意大利登陆了。然而，到1944年初，希望变成了失望。英军与美军（第五集团军）的登陆部队在像腿一样伸向地中海的意大利半岛亚平宁山脉左侧与右侧接连发动正面进攻，付出了巨大代价，部队也疲惫不堪。盟军推进的速度慢得与"爬"无异，仿佛一切回到了第一次世界大战的西线战场，像当时协约国军队用"攻城锤"式方法行军那样。1943年9月，德军在意大利的日子也并不好过。德军的意大利盟军纷纷向英军与美军投降。英军与美军又在雷焦、塔兰托和萨莱诺登陆。德军反应迅速，这才使局势转危为安。阿尔贝特·凯塞林的部队虽然一时被盟军打散、陷入混乱，但还是巧妙地化险为夷。希特勒因此很快就取消了原定的"放弃意大利半岛、只守意大利北部"的设想，转而希望在意大利半岛和盟军"打持久战"。

其实，自1943年秋以来，盟军只有一个消极的目标，那就是想将尽可能多的德国师困在意大利。这样一来，1944年仲夏盟军在法国诺曼底登陆时，这些德国师就无法北上驰援了。

1943年11月，在同盟国三巨头参加的德黑兰会议召开前，英国与美国在开罗召开了会议，做出了如下决定：应把跨过英吉利

海峡在诺曼底登陆的"霸王行动"作为盟军的头等大事，在法国南部登陆的"铁砧行动"作为补充手段。盟军在意大利的目标仅限于占领罗马，然后向意大利半岛"腿部"的比萨到里米尼一线推进，不再向东北方向的巴尔干半岛进军——就当时形势而言，巴尔干半岛确实不是英国的主要目标。

英国与美国虽然在优先执行"霸王行动"和"铁砧行动"一事上达成了共识，但对意大利问题看法有很大不同。丘吉尔和艾伦·布鲁克代表了当时英国的看法，认为盟军在意大利投入多少兵力，德军就会从诺曼底方向抽调多少兵力支援意大利。这个观点并不正确，但丘吉尔为了让英军能在意大利战场获得一场大胜，仍然热情地鼓吹这个计划。美国人认为，在意大利投入的增援部队不能以牺牲准备在法国投入的兵力为代价，因为法国才是决定胜负的战场——这个观点是正确的。美国人比丘吉尔或者英国军事主官更现实地看到：盟军既难以克服意大利的地理条件取得快速胜利，也不易在当地扩大战果。此外，美国人十分怀疑英国人——英国人如此看重意大利战场，无非是想避重就轻，逃避在法国战场作战罢了。

阿尔贝特·凯塞林命令麾下第十集团军的十五个师守卫"古斯塔夫防线"（也就是前文的"冬季防线"），以抵抗盟军的持续进攻。此外，在意大利北部，德军还有第十四集团军的八个师。当时，战场上大多数德国师的力量都比较弱，有一些甚至严

第5章 盟军占领罗马及在意大利战场受挫

重缺编。①不过,德军看上去能顶住盟军1943年底登陆的十八个师的进攻。

因此,盟军在"古斯塔夫防线"背后进行一次两栖登陆似乎是一个理所当然的解决办法——毕竟盟军有海空优势。若在防线后方登陆的同时抓住机会对"古斯塔夫防线"正面发起进攻,那么德军就会被赶出防线,驻守罗马南部的德军也会因此瓦解。为此,盟军制订了"鹅卵石行动"。对"进攻意大利"已经等得不耐烦的丘吉尔自然积极推动此事。丘吉尔已经在开罗会议与德黑兰会议上得到了需要的舰船,方法是这样的:英国同意美军1944年夏季在法国南部执行"铁砧行动"的设想,但在具体执行前还是先把登陆舰船留在地中海地区,并准备于1944年1月利用这批舰船在罗马南面的安齐奥进行两栖登陆作战。

英军将领哈罗德·亚历山大及其参谋制订了一个全面、周密的作战方案:计划在1944年1月20日前后由马克·韦恩·克拉克率领美国第五集团军从正面进攻意大利半岛上的"古斯塔夫防线",而美国第二军只等右侧的自由法国军队和左侧的英国第十军先发起进攻并把弗里多林·冯·埃特林麾下第十四装甲军主力引开后,就渡过拉皮多河,直取利里河河谷。一旦主攻的美国第五集团军有所进展,渡海而来的美国第六军就会在安齐奥滩头登陆。盟军预计——也这么希望——届时德军肯定回头攻击美军登陆部队,并把预备队也调到南边去。这时,美国第五集团军就可

---

① 当时,德军各师兵力数量差异较大,有些师经历过惨烈战斗,损失较大,即便齐装满员的德国师兵力也只有盟军师兵力的三分之二。——原注

以趁乱穿过"古斯塔夫防线"并与登陆部队在安齐奥会师。盟军统帅部估计，即便德国第十集团军此时还没有被这两股力量的夹击打垮，也得被迫撤退到罗马整编。

然而，盟军的设想并未成真。一方面，德军并没有如预期般方寸大乱、疲惫不堪，而是仍一如既往地沉着应战；另一方面，盟军的战备工作做得粗糙、急躁，美国第五集团军的进攻也不连贯。

一开始，盟军的进攻非常成功，渡过了加里利亚诺河。1944年1月17日深夜，理查德·麦克里里的英国第十军进攻意大利半岛西部。这一举动迫使阿尔贝特·凯塞林调动了自己的大部分预备队——第二十九装甲掷弹兵师和第九十装甲掷弹兵师及戈林师一部——上前线作战。但1944年1月20日，美国第二军于战场左侧偏中位置渡过拉皮多河发起的进攻遭到了惨败，两个先锋团损失惨重。德军牢牢地守着利里河河谷，并从曾经被盟军轻视的卡西诺山的坚固防御阵地上居高临下观望——盟军对利里河河谷的任何动作都尽在德军掌握之中。即便拉皮多河对岸没有德国守军抵抗，盟军想渡过水流湍急的拉皮多河也是十分困难的。

美国第三十六师占领了通往拉皮多河道路外围的特罗乔山后仅休整、准备了五天就匆匆强攻渡河。美军左侧的英国第四十六师发起的进攻同样失败了。1944年1月22日，盟军经海路在安齐奥登陆。美国第五集团军仍在坚持进攻，但胜利的希望渺茫。

除非盟军敢在罗马以北地区冒险登陆（那样就离"古斯塔夫防线"距离太远），否则安齐奥滩头就是盟军在德军侧翼唯一适合的登陆场。明知情况如此，阿尔贝特·凯塞林还是被盟军打了个措手不及。他仍然认为，盟军若在罗马以北登陆将构成更大的战略威

胁，并且德军在盟军安齐奥登陆场的守军仅有第二十九装甲掷弹兵师的一个营。阿尔贝特·凯塞林很幸运——他的对手、美军少将约翰·卢卡斯（此人在萨莱诺战役后期接任美国第六军军长）是一个非常小心谨慎、悲观的人。在行动开始前，约翰·卢卡斯就在日记里对下属、盟友甚至哈罗德·亚历山大本人说了很多悲观的话。

登陆之初，约翰·卢卡斯的美国第六军下辖两个步兵师——英国第一师和美国第三师。此外，英国"哥曼德"突击队、美国"游骑兵"特种部队，以及一个伞兵团、两个坦克营的兵力也从旁协助登陆行动，美国第一装甲师和美国第四十五步兵师随后跟上。如此规模的兵力不但可以在登陆时以绝对优势压倒德军，在扩大战果时也会有很大的后劲。丘吉尔希望这支美军部队能快速机动到罗马南部的阿尔班山地，切断具有战略意义的六号、七号公路，把防守"古斯塔夫防线"的德国第十集团军的后路切断。

英军在安齐奥北部的登陆及美军在安齐奥南部的登陆几乎没有遇到抵抗就成功了。但德军随后就发动了迅速、坚决的反击。"古斯塔夫防线"的守军奉命坚守，"戈林"师也回到了北部，其他可用部队迅速从罗马南下。德国国防军最高统帅部告知阿尔贝特·凯塞林：他可以任意调遣部署在意大利北部的任何部队，除此之外还会另派两个师、三个独立团和两个重型坦克营增援他。当时，希特勒迫不及待地要给这支漂洋过海而来的盟军登陆部队迎头痛击，进而吓阻盟军在意大利王国甚至法国海岸的登陆。

在这种情况下，阿尔贝特·凯塞林仍能重新部署自己的军队，是很了不起的。在开战前的八天，八个德国师就到了安齐奥前线。德军各部队同时进行了改组：埃贝哈德·冯·马肯森的第

十四集团军接管安齐奥地区，德国第一伞兵师和第七十六装甲军都听其调遣；菲廷霍夫的德国第十集团军（麾下有第十四装甲军和第五十一山地军）将留下守卫"古斯塔夫防线"。这样一来，德军在安齐奥滩头就集结了八个师，弗里多林·冯·埃特林率领德国第十四装甲军的七个师对抗马克·韦恩·克拉克的美国第五集团军；德国第五十一山地军的三个师则负责阻挡意大利王国亚得里亚海沿岸的英国第八集团军（当时奥利弗·利斯正指挥这支部队，后来他被蒙哥马利召回英国，负责制订诺曼底登陆的计划和战备工作）；二级步兵上将赞根率领的六个师继续留守意大利北部。

然而，在马克·韦恩·克拉克的支持下，约翰·卢卡斯少将自作主张地执行"先全力巩固滩头阵地，再努力朝内陆推进"的策略，因此丘吉尔指望登陆部队从安齐奥迅速推进至阿尔班山地的愿望落空了。不过，约翰·卢卡斯少将的小心谨慎倒也"因祸得福"：当时，德军反应敏捷，而相比之下，盟军指挥官和盟军逊色几分。如果登陆部队一味往内陆猛冲，可能被德军包围，最后被一口吃掉。

虽然盟军在1944年1月23日已经完全控制了预定登陆地点，解决了补给问题，但直到一个星期后，也就是1月30日才尝试初次进攻。结果不仅攻势受阻，滩头阵地也遭到了德军炮袭。盟军从那不勒斯起飞的战机甚至无法阻止德军对安齐奥附近海域集结的盟军舰船发起的空袭，这就意味着，马克·韦恩·克拉克的部队非但没得到来自安齐奥的增援，反倒要回过头来支援安齐奥滩头被围的"援"军。这时，美国第二军试图从北面进攻卡西诺，试图

第5章 盟军占领罗马及在意大利战场受挫

突破"古斯塔夫防线"。1月24日,美国第三十四师在侧翼自由法国部队的支援下发起进攻。经过一周苦战,盟军成功夺取了一个稳固桥头堡,但弗里多林·冯·埃特林此时已经把麾下大部分预备队调到了这一地区,极大巩固了防线。双方又是一番激战。结果美军因伤亡惨重、疲惫不堪,不得不于2月11日后撤。

接着,盟军调来了新组建的新西兰军。新西兰军由新西兰第二师和印度第四师组成,指挥官是伯纳德·弗赖伯格。这支部队由曾在北非作战中功勋卓著的老兵组成。印度第四师是一支英印混编部队,连德国人也盛赞其"是当地最精锐的盟军部队"。伯纳德·弗赖伯格要集中兵力进攻卡西诺,这种战术是他第一次世界大战军事经验的缩影——付出沉重代价,正面冲击德军占尽地利人和固守的防御阵地。印度第四师的指挥官弗朗西斯·图克力主翻过大山,机动迂回地与德军作战(法军也支持这一方案),但他后来不幸得了重病,这一计策也就失败了。眼见迂回机动作战计划要告吹,弗朗西斯·图克转而要求在进攻前先空袭摧毁卡西诺山上古老的修道院(当时没有发现德军有进入修道院的迹象,事后有充分证据表明德军曾一度避免进入修道院),因为这里有居高临下的地形优势。哈罗德·亚历山大和伯纳德·弗赖伯格批准了弗朗西斯·图克的申请,命令盟军在1944年2月15日对修道院进行了大轰炸,将其炸成一片废墟。德军因此认为很有必要此时进驻这片废墟,并将这里改造成了一个坚固的防御阵地。

印度第四师在1944年2月15日夜间和2月16日白天发起的进攻收效都不大。2月17日夜,新西兰军队发起进攻。印度第四师夺取了双方争夺激烈的593高地,但随即因德军伞兵的反击而丢掉了阵地。紧接着，第二天，也就是2月18日，德军坦克把新西兰第二师赶出了拉皮多河边的桥头堡。

埃贝哈德·冯·马肯森率领德国第十四集团军一边等待德国国防军最高统帅部答应增派给自己的、用于攻占盟军桥头堡的援军，一边发动了阻止盟军扩大桥头堡的反攻。1944年1月30日，在第一次进攻坎波莱恩失败后，英国第一师的阵地形成了一个突出部。2月3日，德军发动了针对这个突出部的第一次反击。幸运的是，英国第五十六师的先锋旅恰好登陆，德军进攻随即被打退。2月7日，德军对这个突出部发动了一次更加猛烈的反攻。英军虽然守住了阵地，但损失极重，不得不被刚刚赶到战场的美国第四十五师替下。

1944年2月中旬，盟军桥头堡的守军兵力仅五个师，而其对手埃贝哈德·冯·马肯森则有十个师的兵力和强大的德国空军支援，足以将盟军团团包围并发起进攻。德军还使用携带炸药的新式"歌利亚"遥控小坦克骚扰盟军。德军的一系列作战手段并未因盟军进攻卡西诺而受影响，盟军空袭也未能阻止其半分。

1944年2月16日，德军开始攻击盟军桥头堡。德国陆军对盟军全线发动试探性进攻，德国空军不时袭扰盟军地面部队。傍晚，美国第四十五师防线被德军打开了一个缺口。德军等待已久的进攻时机终于到来。2月17日，在坦克掩护下，希特勒最信任的教导团（下辖四个营）发起进攻，将美军阵地上的缺口进一步扩大。教导团沿着阿尔班山地到安齐奥一线推进，胜利已经摆在德军眼前。

然而，当时德军的坦克和步兵都挤在同一条道路上，难以散开，这不仅减缓了部队整体的行军速度，还把自己置于盟军炮

第5章 盟军占领罗马及在意大利战场受挫

兵、航空兵和海军舰炮的火力打击之下。"歌利亚"遥控小坦克也失灵了。尽管德军付出了巨大代价，但还是把盟军逼得节节后退。1944年2月18日，德国第二十六装甲师奉命增援进攻部队，向盟军发起了新一轮攻击。有了这支生力军，德军离盟军滩头阵地又近了一步。但英国第一师、英国第五十六师和美国第四十五师死战不退，终于守住了桥头堡的最后一道防线。德军攻势在卡罗切托河一带受阻。最后德军进攻因官兵疲惫不堪而中断。2月20日，德国装甲掷弹兵师做了最后一次进攻盟军阵地的尝试，很快也停了下来。小卢西恩·金·特拉斯科特少将的到来使盟军的防御战大有起色。他先是担任约翰·卢卡斯的助手，后来又接替了他的职务。英国第一师师长罗纳德·彭尼少将负伤，他的职务由杰拉尔德·坦普尔少将接替。杰拉尔德·坦普尔随后将第一师、第五十六师的防务协调得很好。

恼羞成怒的希特勒下令于1944年2月28日向盟军发动新一轮攻势。德军调集了四个师，沿着奇斯泰纳公路发动主攻，同时发动多路佯攻。不过，美国第三师毫不费力地挡住了德军攻势。3月3日，战场上空的乌云散开，盟军空军出击，将德军进攻部队彻底打垮。3月4日，埃贝哈德·冯·马肯森不得不因德军伤亡惨重而下令停止进攻。德军只留下了五个师防守战线各处，其余部队则撤回休整。

当时，为了给春季攻势清路，盟军对卡西诺发起了比以往更加直接的正面进攻。新西兰师直扑卡西诺城，而印度第四师则攻打修道院废墟所在的卡西诺山。为了瘫痪当地的德国守军，盟军发起了猛烈炮袭和空袭，共发射炮弹十九万发，投下炸弹一千吨。

上述火力准备是在1944年3月15日进行的。当时，德国守军是精锐部队第一伞兵师的一个团，辖三个营。德国守军不仅顶住了盟军的"双重打击"，甚至保有足够抵挡盟军后续步兵冲击的力量。盟军的猛烈轰炸造成战区到处是瓦砾残骸，这些后来成了阻挡盟军坦克前进的障碍物。虽然印度第四师占领了修道院废墟所在的"城堡山"，但一场倾盆大雨阻挡了其向上继续攀登进攻的道路。这些英勇的廓尔喀①士兵向上攀爬，其中一个连竟已杀到修道院废墟正下方的"刽子手山"，却身陷孤立无援境地。与此同时，卡西诺城内的激战也在进行。3月19日，双方都采取了新行动，但都没有收到成效。3月20日，哈罗德·亚历山大决定，由于部队损失越来越大，若三十六小时之内再见不到胜利的转机就撤军。3月23日，经伯纳德·弗赖伯格同意，盟军停止进攻。就这样，第三次卡西诺战役以盟军进攻失利而收场。②从此以后，新西兰军队被撤编，其官兵先是获得休整，然后被编入了其他部队。卡西诺的战事改由英国第七十八师、第一禁卫旅和第六装甲师负责。

---

① 虽然廓尔喀属于尼泊尔而非印度，但廓尔喀部队在19世纪初就被召入英军，被编在印度军队中作战。——译者注
② 卡西诺战役共四次。第一次始于1944年1月17日，盟军登陆安齐奥，但始终只控制了一些外围小据点，德军仍守卫着防线的主要阵地。第二次始于2月15日，盟军就是在第二次战役中炸毁了著名的卡西诺修道院。但由于约翰·卢卡斯的过分谨慎导致安齐奥滩头的登陆部队没有及时向前进攻，反被德国第十四集团军包围，原本用于进攻"古斯塔夫防线"的盟军只好转身相救。2月19日，战役以盟军进攻被迫取消收场。3月15日盟军发动"狄更斯行动"，第三次卡西诺战役开始，但在3月23日失败。5月11日，盟军以炮袭打头阵，炮击卡西诺，随后波兰军队开进与德军大战，最终将德军拖垮。5月18日清晨，波兰共和国国旗在卡西诺修道院的废墟上空升起，这标志着第四次也是最后一次卡西诺战役最终以盟军胜利而结束。——译者注

第 5 章　盟军占领罗马及在意大利战场受挫

哈罗德·亚历山大曾于1944年2月22日提出从安齐奥桥头堡发动一次突破和集中推进相结合、直插利里河河谷的"皇冠行动"的建议。这个建议其实是1944年1月那场进攻的"升级版"，计划更周详、协调更默契。为了把德军从法国吸引过来，"皇冠行动"计划在"霸王行动"前三个星期执行。

哈罗德·亚历山大的参谋长约翰·哈丁策划的"皇冠行动"试图集中大军发动进攻，在意大利王国亚得里亚海沿岸仅留一个军防守，同时将第八集团军余部西调，接管卡西诺到利里河河谷一线。美国第五集团军则协同法军防守左侧的加里利亚诺及安齐奥桥头堡。他还建议放弃"铁砧行动"。

当时，英军的参谋很赞成这个计划，而美军的参谋则表示反对，并坚持认为在法国南部登陆的"铁砧行动"是牵制德军兵力、配合诺曼底登陆的更优策略。艾森豪威尔从中斡旋，提出了一个折中方案：优先考虑意大利的战事，但"铁砧行动"的准备工作也要继续进行。如果1944年3月20日的局势不允许盟军在意大利发起大规模两栖登陆作战，那就要把大部分驻扎在意大利附近海域的盟军舰船调集起来，支援"霸王行动"。1944年2月25日，盟军联合参谋部就这一折中方案达成了共识。

随着1944年3月20日的"大限"一天天逼近，刚刚升任地中海战区最高指挥官的亨利·威尔逊将军从哈罗德·亚历山大处获悉，所谓意大利地区的"春季攻势"其实已经不会在5月以前执行了。哈罗德·亚历山大还特别强调，攻打"古斯塔夫防线"的主力部队在没有突破封锁线并与安齐奥的部队取得联系前不得以备战"铁砧行动"为由后撤。这意味着什么？假设盟军需要十个星

期的时间为登陆行动进行改组和准备,则"铁砧行动"必须等到诺曼底登陆的预期时间差不多两个月后才能执行,那就要到7月底了。届时,"铁砧行动"的意义就远不止一个"打边鼓"的助攻任务了。因此,亨利·威尔逊和哈罗德·亚历山大认为,他们完全可以先不管"铁砧行动",只要尽全力在意大利战场取得一场关键性胜利即可。这种观点很对丘吉尔本人和英国参谋长委员会的胃口。艾森豪威尔除坚持认为应该为支援"霸王行动"调出地中海区域盟军所有可用舰船之外,基本同意这个观点。美国参谋部则强烈反对放弃"铁砧行动",并很不情愿地接受了把它推迟到7月再执行的方案。美国的参谋怀疑将盟军在意大利的攻势扩展到超出既定范围的整个地中海是否值得,更怀疑这到底能否将德军从诺曼底吸引到意大利——事实证明,他们的怀疑确有道理。英军与美军在作战意见上的分歧还导致英国首相丘吉尔和美国总统罗斯福之间以互发长篇电报的形式展开了长期激烈争论。

在此期间,意大利战场上的英军正为执行春季攻势进行准备。由于要安排英国第八集团军的调度及重新部署等工作,英军把进攻日期推迟到了1944年5月11日。第八集团军要在左翼美国第五集团军的配合下突破加里利亚诺,并从安齐奥桥头堡沿着六号公路向瓦尔蒙托内挺进,以此来突破德军在卡西诺的防御。盟军在安齐奥有六个师的兵力,德军只有五个师——另有四个师驻扎在罗马附近充当预备队。

德军在"古斯塔夫防线"上有六个师,其中一个师是预备队;盟军的进攻兵力则有十六个师,为了突破防线后继续扩大战果,其中有四个师彼此还靠得很近。盟军进攻兵力大部分集中在

第 5 章　盟军占领罗马及在意大利战场受挫

卡西诺到加里利亚诺入口一带，包括两个美军师、四个英军师、四个法军师和两个波兰师在内，共有十二个师的兵力。盟军意在先突破防线，然后以四个师组成集团，长驱直入，在德国守军退到"古斯塔夫防线"后方六英里的"希特勒"防线之前直捣利里河河谷，不让德军有重整旗鼓再战的机会。

英国第八集团军下辖九个师，并得到了一千多门火炮的支援。比起冬季泥泞不堪的道路，5月的意大利气候干燥，坦克和其他车辆都能顺畅通行。这有利于英国第八集团军麾下的英国第六师、加拿大第五师和南非第六师这三个装甲师作战。

波兰军队的两个师将负责在这次进攻中占领卡西诺。下辖四个师的英国第十三军在波兰军队的左翼，英国第十三军将向圣安吉洛开进。

盟军共动用了两千门火炮支援整个前线的作战行动。开战后，盟军空军可以先摧毁德军控制的铁路、公路交通运输网，等作战进入最后阶段，再对战场上的德军军事目标发动攻击。可惜的是，盟军空军这个"绞杀行动"并没有如期待的那样对德军交通线和补给系统造成严重影响。此外，盟军在德军后方的破坏活动也收效甚微。盟军又使出障眼法，大搞两栖登陆演习，想让阿尔贝特·凯塞林认为盟军会在罗马北部附近的奇维塔韦基亚大搞登陆战。然而，老谋深算的阿尔贝特·凯塞林认为，盟军肯定会利用海运优势调兵，正面攻打防线。因此，盟军的障眼法并没有成功。

1944年5月11日23时，英军先是猛烈炮击德军阵地，随后便发动步兵冲击。但德军的顽强抵抗使盟军的进攻在开战前三天收效甚微。瓦迪斯瓦夫·安德斯将军及其麾下的波兰军队尽管作战勇猛，采取了迂回进攻卡西诺的策略，仍伤亡惨重。英国第十三军进展缓慢，所幸德军将注意力都放在了波兰军队上，因此损失尚不算惨重。在沿海地区作战的美国第二军同样战果不佳。只有战线位于英美军之间的阿尔方斯·朱安率领的法军四个师因面前只有一个师的德国守军阻挡，才得以穿过德军认为不会遭到大规模进攻的加里利亚诺山地区域，取得了相对较快的进展。5月14日，法军杀进了奥森特谷，德国第七十一师望风撤退。美国第二军抓住机会，沿着滨海公路加速推进，打击德国第九十四师。当时有两个正在撤退的德国师被地势险峻的奥伦奇山脉隔开，阿尔方斯·朱安闻讯后立刻派出麾下由奥古斯丁·纪尧姆率领的摩洛哥土著部队（摩洛哥士兵在山区生活长大，熟悉山区地形）从两个德国师之间的缺口钻入，翻山越岭，争取赶在德国败兵之前控制位于利里河河谷地带的"希特勒"防线。

因为精明强干的指挥官弗里多林·冯·埃特林当时不在，德军位于利里河河谷的右（西）翼，此时正处于无力回天的崩溃之中。更糟的是，等阿尔贝特·凯塞林终于看清北部战局并同意派出一个师增援时，已经是1944年5月13日了。虽然后来他又往那里增派了三个师，但终归已经太迟——这三个师根本无法巩固阵地，很快就被卷入混战之中。卡西诺的德军坚持了好几天，在5月17日还打退了加拿大军队的进攻。但卡西诺的德军终究还是顶不住，被迫在5月17日晚间撤退。5月18日清晨，波兰军队终于进入了已是一片废墟的修道院。此时，已经有四千名波兰士兵在此战中丧生。

由于德军的预备队很少，且大部分都已经南调，加之美国第

第5章 盟军占领罗马及在意大利战场受挫

三十六师赶来驰援，这时盟军从安齐奥桥头堡出发突破德军防线的时机就成熟了。哈罗德·亚历山大下令：1944年5月23日开始突击行动。哈罗德·亚历山大希望盟军部队能一鼓作气，直入瓦尔蒙托内，切断内陆战场的主要通道六号公路，从而切断镇守"古斯塔夫防线"的德国第十集团军主力的退路。这样一来，攻下罗马也就是一件瓜熟蒂落的事情了。但马克·韦恩·克拉克执意想让第五集团军率先进入罗马，因此就将这次盟军进入罗马的好机会白白断送了。5月25日，美国第一装甲师和美国第三步兵师沿着六号公路推进十二英里后到达位于七号公路另一边的科里，并与沿着七号公路向北开进的美国第二军会师。阿尔贝特·凯塞林仅存的机动师——"戈林"师迅速行动，试图阻止盟军继续向前进攻，反遭盟军空袭。在这一阶段，马克·韦恩·克拉克命令麾下四个师中的三个直击罗马，只留一个师继续向瓦尔蒙托内推进。不料，德军还有三个师的主力部队。在距离六号公路仅三英里的地方，这三个师的主力部队挡住了美军师的去路。哈罗德·亚历山大向丘吉尔发去的呼吁并未改变马克·韦恩·克拉克进攻罗马的决定。结果，在罗马南部，马克·韦恩·克拉克率领的部队撞上了德军的"恺撒防线"，进攻速度因此大大减缓。此外，英国第八集团军下属的装甲师发现自己向利里河河谷发起的、旨在扩大战果的攻击并没有预期那么顺利，撤退中的德国第十集团军实际上也没有被牵制在蜿蜒的亚平宁山脉的山脊上。由于安齐奥的盟军没有对德军加以阻挠，所以德军仍可以沿着山路逃往安全地带。

事实上，由于弗里多林·冯·埃特林命令德军沿着六号公路在阿尔切到切普拉诺一带死守，加之盟军装甲部队中庞大而又冗

杂的后勤部队在六号公路上赶路造成了拥堵，这让在德军几天之内退到"恺撒防线"并站稳脚跟成为可能。

然而，1944年5月30日，美国第三十六师占领了位于七号公路阿尔班山地段附近的韦莱特里并攻破了"恺撒防线"，这让德军的处境再次危险起来。马克·韦恩·克拉克抓住机会命令美国第五集团军发动总攻。美国第二军占领了瓦尔蒙托内，沿着六号公路直奔罗马而去，而美国第六军主力也奉命沿七号公路开进支援。慑于盟军十一个师的强大兵力，原本把守各处通道的德军士兵纷纷撤退。6月4日，美军进入意大利王国首都罗马。罗马的桥梁完好无损，因为阿尔贝特·凯塞林宁愿宣布罗马"不设防"，也不愿背上让罗马这座圣城毁于战火的骂名。

1944年6月6日，盟军登陆诺曼底。从此，意大利的战事退居次要地位。盟军在1944年春季发动的"皇冠行动"中伤亡惨重。美军占领罗马时损失了一万八千人，英军损失了一万四千人，法军损失了一万人。德军在一系列战斗中付出了一万多人伤亡、两万多人被俘的代价。

从双方投入的兵力对比来看，盟军投入三十个师，德军投入二十二个师，双方实际人数为二比一，因此盟军在意大利打的这场战役在战略上是吃亏的，诺曼底的德国守军也没有被吸引过来。实际上，意大利的一系列战役"未能阻止德军增援欧洲西北部战场的行动"[1]，因为1944年初，德军在卢瓦尔河以北的法国北部地区和低地国家的总兵力仅有三十五个师，而6月初诺曼底登陆

---

[1] 约翰·埃尔曼：《大战略》，第5卷，第9页。——原注

第5章 盟军占领罗马及在意大利战场受挫

时,其兵力已经增至四十一个师了。

如果盟军不在意大利打这一仗,德军部署在诺曼底的兵力可能远超1944年6月的实际规模,这是对意大利战役比较客观的评价。由于盟军在诺曼底战役的开始阶段把大部分舰船都集结到了英吉利海峡,因此意大利战场的盟军登陆部队的规模及后续部队的数量都受到了当时登陆舰船数量的限制,也就导致盟军在意大利的登陆部队的力量得不到加强。如果德军能调遣其在意大利的部队驰援诺曼底,那么盟军登陆的前景堪忧。这原本有一定的道理,因为想夸大英军在意大利的战果,许多曾支持此观点的英国人没有坚持这种说法。他们还对这种观点提出了以下质疑:为了切断德军交通线,盟军炸断了铁路,因此德军怎么可能将大量部队从意大利转移到诺曼底呢?

当时政坛上还发生了一件大事:意大利国王维托里奥·埃马努埃莱三世传位给自己宠爱的儿子[①],并任命反法西斯的伊万诺·博诺米取代彼得罗·巴多格里奥担任首相。

盟军占领罗马的过程漫长、令人失望——造成这种结果的内因是盟军高层决策失误,外因则是德军实力的恢复和随之展开的反击。

虽然亨利·威尔逊接受了美国人提出的"即使'铁砧行动'被推迟执行也不失为盟军地中海司令部把德军从法国北部引开的最有效行动"的看法,但哈罗德·亚历山大对此不予苟同。1944

[①] 维托里奥·埃马努埃莱三世任命自己的儿子翁贝托二世为摄政,本人放弃了一切权力,但保留国王称号。——译者注

年6月6日,哈罗德·亚历山大制订了"皇冠行动"的后续方案:只要他的部队建制完整,就可以在8月15日左右——亨利·威尔逊确定发动"铁砧行动"的同一天——进攻位于佛罗伦萨北部、意大利半岛向地中海伸出的"大腿"部分的"哥特防线"。除非希特勒派出八个师以上的部队前来救援,否则英军完全可以突破这道防线。后来,哈罗德·亚历山大认为自己的部队很快就能横扫意大利东北部的德军,然后穿过所谓"卢比安那山口"进入奥地利。哈罗德·亚历山大乐观地认为其麾下的部队能快速穿越意大利王国的威西尼亚和维也纳之间的群山。加之意大利军队于第一次世界大战初期在这一地区作战时就有被对手的反击连连打退的经历,这也让他对战役的前景更加乐观。

这个计划得到了丘吉尔和英国参谋长委员会,特别是艾伦·布鲁克的支持。他们认为这是避免在诺曼底遭遇重大损失甚至失败的好办法。哈罗德·亚历山大振振有词地说这一行动能让自己的部下相信意大利战役是重要的,以此来激发士气。

尽管马歇尔领导的美国参谋对这个靠不住的计划表示反对,但哈罗德·亚历山大的计划最后还是成功赢得了亨利·威尔逊的青睐。然而,艾森豪威尔明确表示支持执行"铁砧行动"。丘吉尔和罗斯福为此大吵一番。1944年7月2日,英国妥协,亨利·威尔逊奉命在8月15日执行名字听来已经谦逊许多的"龙骑兵行动"(其实就是"铁砧行动"),这就要求美国第六军的三个师和法军的四个师离开意大利奔赴法国作战。法国士兵一听可以去解放自己的国家,纷纷表示支持。就这样,第五集团军的兵力被削减到五个师,盟军在意大利的空中力量也减少了百分之七十。

第5章 盟军占领罗马及在意大利战场受挫

此时,阿尔贝特·凯塞林和部下正在努力阻止盟军扩大战果,并且成效显著。德军确实因"皇冠行动"损失惨重,有四个步兵师被迫撤退整编,另外七个师严重减员。然而,德军另有四个师和一个重装甲坦克团正在赶来支援的路上。阿尔贝特·凯塞林把大部分援军拨给了守卫盟军进攻道路的第十四集团军。阿尔贝特·凯塞林计划在1944年夏季用一系列军事行动拖延盟军的进军速度,而在冬季坚守"哥特防线"。"哥特防线"位于罗马北部八十英里,靠近特拉西梅诺——当年迦太基统帅汉尼拔曾在此设下圈套大败罗马军队。此地易守难攻,加之德国工兵爆破技术高超,这一切因素都有利于拖延盟军的进攻速度。1944年6月5日,盟军进攻再次开始。然而,就在德军处境最危险时,盟军推进的力度却不是很强。在第五集团军的战区里,法军一马当先。英国第十三军沿三号公路和四号公路往内陆推进,但越往前进,碰到的德军反抗就越激烈,最后在特拉西梅诺一线停了下来。阿尔贝特·凯塞林只花了两个星期就把德军原本危如累卵的局势"摆平"了。

德国国防军最高统帅部此时又给阿尔贝特·凯塞林增派了四个原本要上苏联前线的师,同时制订了重建阿尔贝特·凯塞林麾下损失惨重的师的计划。之前派出增援的四个师和一个重装甲坦克团此时也赶到了。而哈罗德·亚历山大不得不与自己朝夕相处的七个陆军师、空中力量和后勤部队挥别,升任盟军地中海战区

最高指挥官。[1]

阿尔贝特·凯塞林在旷日持久的战争中证明了自己卓越的军事指挥才能，而现在他再次时来运转——他决定趁盟军被进攻行动拖累得疲惫不堪时利用天然防线站稳脚跟。

1944年6月20日，意大利入夏。此后两个月，原本归哈罗德·亚历山大指挥的盟军进攻部队在前线屡遭挫折。盟军的进攻零散混乱，没有取得什么战果。盟军与德军之间的一系列冲突都是个别部队之间的孤立作战。德军采取了这样的策略：先原地防守，等盟军摆开准备大举进攻的态势时再退往能固守的防线与之作战。

阿尔贝特·凯塞林如此快地重组部队，意味着身处意大利西海岸的德国第十四装甲军将要面对美国第二军的进攻；而德国第一伞兵师将面对尚未被调离意大利的法军；德国第五十一山地军则在亚得里亚海沿岸作战，面对波兰军队。

1944年7月初，盟军战线中心位置的部队终于摆脱了恶劣天气的影响，突破了德军特拉西梅诺的防线。然而，几天后，盟军又在阿雷佐受阻。7月15日，德军退出阿雷佐，进入从比萨经佛罗伦萨往东延伸的阿尔诺防线。在这个距离目标仅咫尺之遥的地方，准备前往攻打"哥特防线"的盟军又被德军阻挡了很长时间。不过，7月18日，波兰军队占领了安科纳，算是给友军报了一箭之仇。7月19日，美军占领了里窝那，缩短了己方的补给线。

---

[1] 当时，约翰·迪尔爵士病逝，原来担任地中海战区最高司令的亨利·威尔逊被调往华盛顿担任英国联合军事参谋团团长。——译者注

第5章 盟军占领罗马及在意大利战场受挫

虽然盟军在意大利的兵力越打越少，还不断遭遇挫折，但英国人，特别是哈罗德·亚历山大和丘吉尔，仍在计划对"哥特防线"发动秋季攻势。他们相信这么做可以迫使德军从东线、西线的主要战场分心。一旦德军西线防御崩溃，就不得不将驻意大利的德军调回，这样英军就可以先夺取的里雅斯特，进而攻下维也纳。

原先由哈罗德·亚历山大的参谋长约翰·哈丁和集团军参谋部制订的针对"哥特防线"的进攻计划是建立在从中央突破德军亚平宁山脉防线的设想上的。但1944年8月4日，第八集团军指挥官奥利弗·利斯成功说服哈罗德·亚历山大改用另一个计划：先秘密将英国第八集团军调回亚得里亚海沿岸，从这里突破德军防线，进而挺进里米尼。阿尔贝特·凯塞林的注意力一旦往亚得里亚海转移，就由美国第五集团军在中线偏左侧发动进攻，夺取博洛尼亚。阿尔贝特·凯塞林如果指挥部队抵抗，英国第八集团军就继续往前猛冲，扎进伦巴第平原——这就会使装甲部队的机动能力获得前所未有的提升。

除了存在一些行政问题，新计划较旧计划更受欢迎——因为擅长山地作战的法军被调走了。奥利弗·利斯提出，若美国第五集团军和英国第八集团军的目标不同，就会表现得更好。哈罗德·亚历山大很快同意了这一计划，接受了这一代号为"橄榄枝"的军事行动。

然而，这个军事行动的缺点很快在执行过程中暴露出来。虽然英国第八集团军免去了翻山越岭的痛苦，但需要渡过一连串大河，从而使其前进速度慢了下来。相比之下，阿尔贝特·凯塞林部队的侧面有一条路况很好的九号公路——连接里米尼和博洛尼

亚的干线。盟军的参谋人员似乎对连日的好天气过分乐观——尽管里米尼地势平坦,但沼泽地太多,仍不利于装甲部队通行。

哈罗德·亚历山大部队的攻势一开始还挺顺利。攻势于1944年8月25日发动,比原先预定日期推迟了十天。波兰第二军身后的英国第五军（五个师）、加拿大第一军（两个师）进入阵地时都没被德军发现,德军被打了个措手不及。英国第十军继续防守中心位置的山区,而第十三军则往西推进,准备支援第五集团军即将发动的进攻。

由于当时德军大多都是从东往西调,因此德军在亚得里亚海一带就只剩两个战斗力较差的师。德军没有太关注向亚得里亚海沿岸进军的波兰军队,直到1944年8月29日盟军三个军的兵力沿一条宽阔的战线前进了足足四天后——从梅陶罗往福利亚前进了十英里——才开始做出反应。8月30日,德军两个师的一部分兵力赶到,准备帮助当地德国守军抵挡盟军进攻,却为时已晚——盟军冲到了德军沿孔卡河修筑的防线。9月3日,盟军又往前推进了约七英里。

就在此时,英国第八集团军的进攻势头却减弱了。1944年9月4日,盟军与德军展开了一场争夺奥萨后方隔着两条河的科里亚诺岭的决定性战役。结果英军被德军挡住并打散了。9月6日,尽管下了一场不利于德军进攻的暴雨,但这场暴雨也帮了德军的忙。

为了缩短战线,集中力量固守,阿尔贝特·凯塞林下令全军撤退到"哥特防线",还拿出一部分兵力增援亚得里亚海地区。德军的局部撤退打开了通往阿尔诺的渡口。自1944年9月10日以来,美国第二军和英国第十三军进攻了力量薄弱但拼命死守的德

第5章 盟军占领罗马及在意大利战场受挫

军防线。最终,盟军在一个星期后打开了位于佛罗伦萨以北的焦加山口。阿尔贝特·凯塞林又被盟军打了一闷棍,因为直到1944年9月20日前,他都没看出来这是盟军的主攻方向,那时已经是两个盟军师杀到后的第十几天了。随后,美军预备队——第八十八步兵师从东面杀奔博洛尼亚而来。尽管德军在那时已经接连丢掉了"哥特防线"及其后方的巴塔利亚山后的军事要地,但德军还是能有效遏制盟军的进攻。到9月下旬,马克·韦恩·克拉克已经想到要重新将直接进攻博洛尼亚的事项提上日程了。

第八集团军在亚得里亚海沿岸地区仍进展困难。1944年9月14日,德军十个师的部分兵力赶到,进一步拖延英军的进军速度。9月21日,加拿大部队已经赶到里米尼及波河河谷三角洲地带,而德军则退守到当年恺撒率兵与庞培作战的卢比孔河古战场——乌索河防线。盟军还得先在这片既平坦又潮湿的地区跨过十三条河才能到达波河。因被击毁、陷入泥沼或机械故障,盟军在渡河时损失了五百辆坦克,许多步兵师更是减员严重,被打得只剩下一个番号。德军也因此腾出了大部分兵力用来抵挡美国第五集团军的攻势。

1944年10月2日,马克·韦恩·克拉克沿着六十五号公路再次进攻博洛尼亚。他投入了第二军全部四个师的兵力,但德军死守不退,因此在接下来的三周内,美军平均每天都只能前进大约一英里。10月27日,盟军不得不放弃进攻。10月底,英国第八集团军也渐渐停止了进攻——当时,英国第八集团军刚渡过五条河,离波河还有五十英里。

其间,只有双方司令部换人的消息勉强值得一提。阿尔贝

特·凯塞林在一次摩托车事故中受伤，菲廷霍夫接替了他。理查德·麦克里里接替了被调往缅甸的奥利弗·利斯指挥第八集团军。1944年11月，亨利·威尔逊被调到华盛顿，他的位置由哈罗德·亚历山大接替。而马克·韦恩·克拉克接替了哈罗德·亚历山大，指挥在意大利作战的盟军集团军群。

比起春季、夏季满怀希望的心情，1944年底盟军在意大利战场的处境可以用"难过透顶"来形容。虽然哈罗德·亚历山大仍对攻入奥地利满怀希望，但盟军沿着意大利半岛缓慢的"爬行进程"证明，这种乐观完全是不切实际的。11月22日，在递交给英国参谋长委员会的报告中，亨利·威尔逊也坦白了这一点。高级军官尚且如此抱怨，盟军各级部队内部的信心丧失和不满情绪就可见一斑了。

1944年，盟军在意大利发动了最后一次冬季攻势，旨在夺取博洛尼亚和拉韦纳。12月4日，英国第八集团军的加拿大部队成功占领了拉韦纳。为了阻止其继续扩大战果，德军调来三个师抵挡英国第八集团军。美国第五集团军看上去有趁机而动的机会，结果12月26日，意大利军队在塞尼奥河流域发动反攻，彻底断送了美国第五集团军进攻的希望。原本墨索里尼想效仿希特勒当时在阿登的军事行动，结果意大利人的反攻很快就被盟军击退了。这次反攻主要由当时仍支持墨索里尼的军队挑起。现在的英国第八集团军，士兵疲惫，弹药短缺。然而，在博洛尼亚附近，德军明显集结了强大的预备队。哈罗德·亚历山大下令：盟军部队全体进入守势，为在来年春季发起更强大攻势做准备。

令人更失望的是，英美联合参谋部准备从意大利战场再抽五

个师去西线,加强西线盟军的春季攻势。最后,英美联合参谋部调走了两个加拿大师,除此之外再没能调走任何身处意大利战场的其他盟军部队。

第 6 章 法国获得解放

The Liberation of France

第6章 法国获得解放

诺曼底登陆在发动之前看上去是一次最危险的冒险：盟军部队要在一个敌人已经盘踞了四年、有充足时间加固防御、密布障碍物和雷区的海滩上落人卸货。德军在西线有五十八个师，其中十个是装甲师，可以迅速发起一次装甲反攻。

盟军在英国集结起来的诺曼底登陆大军正受到渡海作战和登陆舰船数量的限制。通过首次海运和三次空运，盟军可以让六个师的兵力登陆，接着要花一个星期才能让登陆兵力增加一倍。

因此，一想到目标是被希特勒取了个漂亮名字的"大西洋堡垒"和被德军赶下大海的风险，盟军确实是有理由焦虑不安的。

然而，在实际作战中，盟军的第一个落脚点很快就扩展为一个宽八十英里的大桥头堡。在盟军从桥头堡往内陆推进前，德军都没能发动任何具有威胁性的反击。盟军发起突击的方式和地点完全依照蒙哥马利原来的计划执行。德军在法国的整个防线很快就土崩瓦解了。

回想起来，盟军诺曼底登陆的全过程看起来非常顺利，最后结果也似乎对盟军有利，但这些都是表面现象。

诺曼底登陆是一场最终"按计划进行"却在执行时间上有出

入的登陆行动。战役进行之初，局势千钧一发，十分危险，而盟军最后的胜利却掩盖了自己当时处于极危险之境地且后来幸免于难的事实。

对诺曼底登陆的一般看法是"进展顺利、必胜无疑"。之所以会产生这种看法，是因为蒙哥马利在战后总是强调"这场战役（诺曼底登陆）完全是按照之前制订的计划表执行的"，还因为盟军抵达塞纳河花的时间和计划表上的时间一样，都是"九十天内"。

这就是所谓的"蒙迪①作风"。蒙哥马利往往把自己指挥的任何战役都说成似乎和自己事先设想的一样，犹如机械般精密，否则就是上天注定的。"蒙迪作风"抹杀了蒙哥马利对环境的适应能力，否定了蒙哥马利作为将军必备的随机应变的才能和岿然不动的意志带来的功绩。

根据原计划，盟军要在登陆第一天，即1944年6月6日就占领卡昂。起初，盟军进展顺利。6月6日9时，盟军突破了德军海岸防线。但在叙述中，蒙哥马利隐瞒了以卡昂为目标的向内陆进军是在当天下午才开始进行的。之所以推迟到下午，既是因为海滩上交通阻塞，也是因为战地指挥官过于小心谨慎——其实，当时已经没有任何阻挡盟军前进的障碍了。等盟军终于开始往卡昂这一要地进军时，德军在诺曼底唯一的装甲师才赶到战场，并将盟军挡住。6月7日，第二个装甲师也赶来了——盟军是在登陆一个多月后、经过苦战才终于占领卡昂并肃清当地德军的。

按照蒙哥马利原意，英军右翼一支装甲部队一上岸就要立刻

---

① "蒙迪"是蒙哥马利的昵称。艾森豪威尔的昵称是"艾克"。——译者注

第6章　法国获得解放

向内陆进军，进攻距离海岸二十英里的维莱博卡日，切断从卡昂往正西方向和西南方向延伸的道路——但在蒙哥马利本人的叙述中，没有提及这一计划。真实情况是，虽然只要穿过德军设在海岸的工事，在卡昂以西的抵抗都将变得无关紧要了，但盟军的推进速度还是很慢。后来，根据战俘供述，卡昂以西长十英里的地段直到登陆第三天的1944年6月8日一直由德军一个机动侦察营把守。至于第三个装甲师，是事后到来并驻扎的。虽然英军成功在6月13日冲进了维莱博卡日，但后来被赶了出来。接着，德军派来第四个装甲师增强对盟军的封锁。直到两个月后，盟军才算真正占领了维莱博卡日。

同样是根据原定计划，盟军将在两周内占领包括瑟堡港在内的整个科唐坦半岛。而西侧盟军往内陆的推进则是在登陆后的第二十天开始的。虽然情况就像蒙哥马利估计的那样，大部分德军及随后到来的援军都被用于阻挡英军在战场东侧向卡昂的推进，但美军在西侧登陆场往内陆进军的速度比预期的慢得多。

盟军在登陆场西侧的登陆最终还是如蒙哥马利预料的那样开始了，不过是在登陆后第五十六天才开始的。

正如事先已知的情况，在英吉利海峡东岸，盟军如果能占据一个深度、广度足够的桥头堡集结部队，凭借兵力上比德军多的优势，盟军向内陆前进只是时间问题而已。如果盟军能获得足够大的场地集结大量兵力，能阻挡盟军进攻洪流的强大防线就不存在了。

后来的事实证明，"桥头堡之战"的延长"因祸得福"，是有利于盟军的——因为德军在西线的主力被吸引到桥头堡，并且

还是因为德军最高统帅部的意见出现分歧与拥有制空权的庞大盟军部队的不断阻扰而一点一点逐步到达的。最早到达并用来堵塞缺口的德军装甲师是最先被彻底打垮的——这也就"砍"掉了德军在平原地区作战时所需的机动"臂膀"。德军顽强的抵抗让盟军往内陆推进的速度延迟了许多，反倒确保了盟军往内陆推进时能有一条顺利通过法国的道路。

如果盟军不具备空中绝对优势，那么即便上了岸也不会有站稳脚跟的可能。盟军登陆固然大大得力于海军舰炮的掩护，但起决定性作用的还是使德军陷入瘫痪、由欧洲盟军最高指挥官艾森豪威尔的副手阿瑟·特德爵士指挥的盟军空军。盟军空军炸毁了东面塞纳河与南面卢瓦尔河的大部分桥梁，把诺曼底战区变成了一个战略孤岛。德军预备队必须绕一大段弯路才能抵达战场，并且往往在行军途中还要受到骚扰，不但要忍受无止境的延误，还只能零零散散地到达目的地。

这种情况的出现很大程度上是因为希特勒和德国将军之间、德国将军彼此之间存在分歧。

起初，德军遇到的主要障碍是守住荷兰绕过法国海岸直到意大利山地边境绵延三千英里的海岸线。德军的五十八个师中有半数静止地驻扎在漫长海岸线的许多地段，而另一半则是野战师——其中十个装甲师机动性很强。这让德军有了在盟军尚未在海岸站稳脚跟前集中压倒性兵力将其赶下海的可能。

1944年6月6日登陆日当天，德军用一个身处诺曼底、靠近盟军登陆地区的装甲师，挫败了蒙哥马利在当天就占领卡昂要地的意图。德国装甲师的部分兵力实际上已经冲破了英军防线，向海

第6章 法国获得解放

滩杀去。但德军规模太小,影响其实不大。

如果直到登陆日后第四天才到达的三个德国装甲师能在登陆日当天就及时参加战斗,恐怕盟军在把部队连成一线并巩固阵地前就被击退了。但在关于盟军登陆地点和如何迎战等方面,德军最高统帅部的将军们各执己见,使德军强大而及时的反击最终没有实现。

在盟军登陆前,就盟军在何处登陆,希特勒的猜测比德军将领的要准确。然而,在盟军登陆后,希特勒的再三干预和严格控制使德军将领无法挽回战局,使战局终究演变成一场灾难。

西线德军总司令、陆军元帅伦德施泰特认为,盟军可能会从英吉利海峡较狭窄处入侵(也就是加莱到迪耶普之间)。他相信,这条路线符合战略方针,但他的观点建立在缺乏情报的基础上——盟军登陆部队集结时,并无半分情报从英国泄露出来。

后来,在接受审讯时,伦德施泰特的参谋长君特·布鲁门特里特谈及德国情报部门是如何被搞得晕头转向的。

> 从英国获取的可靠情报很少。(情报员)给我们的报告中只是笼统地提及英军和美军集结在英国南部——德国在英国的特务很少使用无线电台报告自己观察到的情报。①但除此之外,特务获知的消息也很少……我们了解的情况未能提供与盟军登陆地点有关的确凿线索。②

---

① 没有任何证据支持这一观点。——原注
② 巴兹尔·利德尔·哈特:《山那边》,第391页到第392页。——原注

然而,希特勒对诺曼底有所"预感"。自1944年3月以来,希特勒一再向德军将领示警盟军在卡昂到瑟堡之间登陆的可能性——为什么希特勒能得出这一后来被认为是正确的结论呢?据希特勒的参谋瓦尔特·瓦尔利蒙特说,这是根据在英盟军总体部署(美军部署在英军西南)得到的启发。同时,希特勒深信同盟国谋求尽早占领一个大的港口——瑟堡很可能就是盟军想占领的地方。

实际负责指挥英吉利海峡沿岸德军的隆美尔终于改变了主意,和希特勒的看法趋于一致。在盟军进攻前的几个月内,隆美尔拼命设置水下障碍物,建造堡垒,铺设雷场等——这些防御设施在1944年6月的密度比1944年春季的密度要大得多。然而,盟军有幸,隆美尔既缺时间也乏资源,无法把设置在诺曼底的防御设施布置到令自己满意的程度,甚至连塞纳河以东防御工事的布置程度也没达到他的预期。

隆美尔还发现,自己在应对登陆的方法上与伦德施泰特也存在严重分歧。伦德施泰特打算等盟军登陆后再发动强大反攻将其歼灭;隆美尔则认为盟军有制空权,有力量推迟德军预备队为反攻而进行的集结。在这种情况下,伦德施泰特的办法就来不及实施了。

隆美尔觉得,最好的办法莫过于在盟军登陆前就在海岸将其击溃。隆美尔的参谋说:"他(隆美尔)深受自己在非洲连续好几天被盟军空军猛轰而动弹不得的经历的影响,但非洲作战时期的盟军空军远没有我们现在面对的那么强大。"

德军事实上采取的防御策略是综合采纳了不同意见的折中办法,结果却是"两头空"。更糟的是,希特勒一定要从远在德国

第6章 法国获得解放

的贝希特斯加登"遥控"战役,还把预备队的调遣大权紧握手中不放。

隆美尔在诺曼底只有一个装甲师可供调遣,也曾把这个装甲师调到紧挨卡昂的后方。因此,这个德军装甲师可以在盟军登陆时出手拦截。隆美尔还请求将第二个装甲师划拨给自己,想把它安置在接近美军登陆海滩的圣洛附近,却遭到拒绝。

然而,在盟军登陆的当天,德军高层忙于打"口水仗",白白浪费了宝贵的时间。距离战区最近的总预备队是驻扎在巴黎西北的党卫军第一装甲军,但伦德施泰特没有希特勒司令部的命令就无法调动这支部队。君特·布鲁门特里特说:

> 1944年6月6日4时,我曾代表陆军元帅伦德施泰特打电话给党卫军第一装甲师,要求调动部队,加强隆美尔的力量。然而,代表希特勒接电话的阿尔弗雷德·约德尔拒绝了我们的要求。阿尔弗雷德·约德尔怀疑盟军在诺曼底的登陆行动只是佯动,在塞纳河以东肯定会有另一次登陆。前线和后方的口水仗从4时一直"打"到16时,这才肯将党卫军第一装甲军拨给我们使用。

登陆日还发生了另外两件惊人的事:首先,希特勒直到接近中午才获悉盟军登陆的消息;其次,隆美尔当时竟然不在场——如若不然,交战肯定会更快、更激烈。

和丘吉尔先生一样,希特勒也有熬夜的习惯,并且一熬就要到午夜以后。这个习惯对希特勒的下属来说是个折磨,经常让他

们很晚都不能睡，第二天早晨还要在半梦半醒的状态处理公务。正是因为不愿意打扰希特勒早上补觉，阿尔弗雷德·约德尔这才自作主张地拒绝伦德施泰特调度预备队的要求。

如果隆美尔没有离开诺曼底，预备队可能会更早被调来——因为隆美尔和伦德施泰特不一样，隆美尔常常直接和希特勒通电话，对希特勒的影响也比其他德国将领大。但隆美尔偏偏在1944年6月5日离开司令部返回德国了。当时狂风怒号、海上状况恶劣，盟军看起来暂时不会登陆。于是，隆美尔打算趁回乌尔姆为妻子庆祝生日的同时见希特勒一面，力陈在诺曼底增加更多装甲师的迫切需求。6月6日，他一早准备开车去见希特勒前接到一通电话，说"盟军登陆已经开始了"。隆美尔直到6月6日晚上才赶回司令部，此时盟军已经在海滩上站稳了脚跟。

诺曼底的德军指挥官也恰好不在战场——他到布列塔尼指挥演习去了；作为预备队的装甲军军长正在参加一次对比利时的访问；另外一名关键的指挥官据说与一位佳丽共度良宵去了。艾森豪威尔不顾恶劣海况决定登陆的结果对盟军非常有利。

盟军登陆后的几星期中发生了一件怪事：虽然希特勒猜中了盟军登陆的地点，却在盟军登陆后被"诺曼底登陆只是盟军在塞纳河以东更大规模登陆的前奏"这一思想给缠住了——因此，希特勒不愿将预备队从塞纳河以东调到诺曼底。希特勒之所以产生"更大规模登陆"的想法，是由于德国情报部门过高估计了英吉利海峡对面盟军的兵力，认为盟军还有更多的师可供调度——这既是因为英国欺骗计划的成功执行，也是英国反谍工作"滴水不漏"的结果。德军初期反制措施的失败及对盟军在桥头堡继续集结一事的明显无能为力,让隆美尔和伦德施泰特很快就明白:在西线如此远的地方守卫任何一道防线都是毫无希望的。

君特·布鲁门特里特在继续往下谈时这样说:

> 绝望的陆军元帅伦德施泰特哀求希特勒到法国来举行会晤。1944年6月17日,伦德施泰特和隆美尔一起到苏瓦松去见希特勒,试图让希特勒了解当前的形势……但希特勒坚持不准撤退——(希特勒说)"你们必须原地坚守"。希特勒甚至不肯给我们更多调动部队的自主权……由于希特勒不肯更改成命,部队就势必在逐渐崩溃的防线上坚持抵抗。已经不存在什么"计划"了——我们只能毫无希望地勉强执行希特勒"不惜一切代价坚守卡昂到阿夫朗什一线"的命令。[①]

对于元帅们的忠告,希特勒置之不理,只向他们保证,说新式"V"系列武器(也就是所谓的"飞行炸弹"[②])将对战局产生决定性影响。接着,德国元帅们辩称,既然"V"系列武器这么有效,就该拿它攻击盟军登陆的海滩——如果这存在技术困难,就用来对付英国南部盟军集结的港口。希特勒却坚持必须集中轰炸伦敦,"以促英国早日和谈"。

但"V"系列武器并没有产生希特勒预期的效果,而盟军在诺

---

① 巴兹尔·利德尔·哈特:《山那边》,第409页。——原注
② 前文有所提及。V-1是世界上第一款巡航导弹,而V-2则是世界上第一款弹道导弹。——译者注

曼底施加的压力越来越大。一天，希特勒司令部打电话来询问："我们该怎么作战？"伦德施泰特反驳道："结束战争！你还能怎样呢？"希特勒的回应是，将伦德施泰特解职，让曾在东线作战的克卢格取而代之。君特·布鲁门特里特说：

> 陆军元帅克卢格是一个精力充沛、富有进取心的军人。刚开始，他像所有新上任的司令一样，很愉悦，也充满信心……但不到几天光景，他就变得严肃、安静了。希特勒对克卢格报告腔调的改变感到很不悦。[1]

1944年7月17日，隆美尔乘坐的汽车在行驶途中遭遇盟军空袭，汽车被毁，隆美尔身负重伤。接着，在三天后的7月20日，位于东普鲁士的希特勒司令部发生了刺杀希特勒事件。造反者的炸弹没把主要目标希特勒炸死，但爆炸的"冲击波"在关键时刻于西线战场掀起轩然大波。君特·布鲁门特里特这样回忆当时的情形：

> 当时，盖世太保调查了这一阴谋……他们发现的文件中提到了克卢格的名字，因此克卢格有重大嫌疑。
>
> 另一偶然事件的发生让情况变得更糟：当时小乔治·S.巴顿将军刚从诺曼底往内陆突入不久，而在阿夫朗什的决定性战役正在进行之际，陆军元帅克卢格和自己的司令部失去联系长达十二小时以上——因为克卢格上了前

---

[1] 巴兹尔·利德尔·哈特：《山那边》，第413页。——原注

线，被重炮一阵围攻，无法脱身……我们同时受到后方的"炮轰"。因为克卢格长时间"缺席"，这让把文件和缺席时间联系起来的希特勒立刻起疑……希特勒怀疑克卢格是为了与盟军接触并讨论投降事宜才上的前线，而克卢格返回也没能让希特勒冷静下来。从那天起，希特勒下达给克卢格的命令措辞都很粗暴，用语甚至是侮辱性的。克卢格变得忧心忡忡，担心自己可能会随时被捕入狱，同时越发认识到任何战功都难以证明自己的忠心了。

这些对利用一切机会阻挡盟军往内陆推进十分不利。在那些危机四伏的日子里，克卢格并没全心全意扑在前线战事上——却总是忧心忡忡地向后望着希特勒司令部的动静。

克卢格并非唯一一个因为刺杀希特勒阴谋而提心吊胆的将领。从此以后的几个星期乃至几个月里，各个高级指挥部都因弥漫着恐惧而瘫痪了。①

1944年7月25日，美国第一集团军发动了新一轮代号为"眼镜蛇"的攻势，而刚刚登陆的小乔治·S.巴顿的第三集团军则准备随后跟上。德军最后的预备队已经做好了投入战场、阻止盟军的准备。1944年7月31日，美军先头部队突破了阿夫朗什。小乔治·S.巴顿的坦克洪流冲过防线缺口，往防线另一边的开阔地带驶去。按照希特勒命令，德军装甲部队余部重新集结，要孤注一掷地切断阿

---

① 巴兹尔·利德尔·哈特：《山那边》第414页到第415页。——原注

夫朗什咽喉要地，但德军的努力失败了。希特勒刻薄地说："只是因为克卢格不想赢才输的。"当时，德军所有的残余部队都试图逃出陷阱，而正是由于希特勒严禁德军在还来得及撤退时撤退，德军被困。大部分德军都被困在"法莱斯口袋"，幸存者泅渡塞纳河逃走，并为此不得不丢弃了绝大部分重武器和装备。

接着，克卢格就被解职了。很快，人们发现，他在回家的路上死于自己的汽车内。根据克卢格生前的参谋长解释，他吃了一颗毒胶囊："克卢格相信，自己到家之后准会被盖世太保抓起来。"

在高级指挥部里发生激烈的相互指责的岂止德军一家。幸运的是，虽然这些批评令人痛心，并且在以后留下了不良影响，但就登陆本身及对个人而言，盟军之间的相互指责没有造成严重的后果。

美军在阿夫朗什前线真正打开局面之前，英军进行了一次往内陆地区的突击战。这次突击战是由迈尔斯·登普西指挥的英国第二集团军在卡昂以东对面的侧翼端点上发起。也正是因为这一行动，当时盟军高层在幕后产生了巨大"风潮"。

英军的突击由三个彼此间距很近的装甲师集中发起，是诺曼底登陆战役中规模最大的一次坦克进攻战。一开始，英军先是悄悄地在奥恩河的小桥头堡集结。1944年7月18日一早，两千架盟军中型、重型轰炸机进行了长达两小时的大规模地毯式轰炸。随后，英军从桥头堡冲出。当地德国守军被炸得晕头转向。大部分德军战俘都被爆炸的响声震得暂时失聪，因此盟军至少要等二十四小时后才能审讯战俘。

但德军的工事要比英国情报部门预计的坚固得多。

第6章 法国获得解放

预料到盟军有此一招的隆美尔一直在赶着加固工事、增派援军。但在盟军进攻前夕，隆美尔被英军飞机发现并炸晕，被炸地点则恰巧叫圣富瓦蒙哥马利。晚上，在英军装甲部队向东开进准备出击时，德军已经听到了大量坦克发出的轰鸣声。德军指挥官泽普·迪特里希说这是在苏联学到的技巧——只要俯耳贴地，就能从很多杂音中辨别出四英里外的坦克声。

然而，在英军穿过德军前线的几道防线后，战役在开始阶段展示出的大好前景逐渐消失了。英军的先头装甲师没能绕过村落里的德军据点，被这些据点缠住了。另外，在从狭窄的桥头堡冲出时，因为交通拥挤，几个装甲师耽误了进度，先头部队更是未到达预设前线就被迫停止了前进。1944年7月18日下午的大好机会就这样被白白浪费了。

长期以来，盟军这一失误都被隐瞒了。艾森豪威尔的报告中把这次失误说成是一次"往塞纳河流域和巴黎方向扩大战果的进军"。然而，第二次世界大战后写成的任何一部英国史书中都说，1944年7月18日的进攻行动并没有艾森豪威尔说的那种远大目标，也从没考虑过要在艾森豪威尔说的侧翼搞突破。

上面说的英国史书都是按照蒙哥马利本人的叙述所写，硬把这次行动说成是"一次阵地战"，旨在制造一种"威胁"，从而协助美军即将发动的往内陆推进的攻势，"其次才是夺取地盘，并在夺来的地盘上让较多的部队做好准备朝南方和西南方出击。那时，美军的推进部队将向东出击，并与英军会师"。

在战后的回忆录中，艾森豪威尔机智地选择避而不谈，丘吉尔虽有所提及，不过是寥寥数笔而已。

但在当时,所有知道内情的人都敏锐地觉察到爆发出的一次激烈争吵——空军主官都十分生气,特别是阿瑟·特德。在艾森豪威尔的海军助理哈里·塞西尔·布彻的日记中,阿瑟·特德愤怒的程度暴露无遗:"傍晚,阿瑟·特德打电话给艾克(即艾森豪威尔),说蒙迪(即蒙哥马利)实际上已经命令自己的装甲部队停止前进了。艾克气坏了。"据哈里·塞西尔·布彻所说,阿瑟·特德第二天又从伦敦打电话给艾森豪威尔,通知他说,假如艾森豪威尔申请,英国参谋长委员会的首脑就准备撤换蒙哥马利,虽然阿瑟·特德否认此事发生过[①]。

对阿瑟·特德等人的抱怨,蒙哥马利必然会做出上述回答,蒙哥马利从没有考虑过在艾森豪威尔所说的侧翼上搞突破。这被军事史的编者毫不怀疑地接受了。然而,这既不符合行动的风趣代号"古德伍德"(名称来自英国赛马场),也不符合蒙哥马利在1944年7月18日首次宣布进攻时用的"突破"一词。此外,蒙哥马利自己说过,对7月18日的进军"很满意",但在第二天的7月19日没有再设法以同样的规模进军——这看起来就很难自圆其说了。要是愤怒的空军主官不相信"古德伍德行动"是一次大规模推进行动,就不会同意动用重型轰炸机队协助地面部队作战了。

事后,蒙哥马利半真半假的说法让自己也受了委屈。他从不打算也不依赖在"古德伍德行动"的侧翼往内陆推进。然而,如果蒙哥马利没有估计到德军遭到如此打击可能会崩溃,并且德军一旦崩溃便可趁机利用,那就很蠢了。

---

① 阿瑟·特德:《偏见之见》,第563页。——原注

第6章 法国获得解放

指挥第二集团军的迈尔斯·登普西认为德军有迅速崩溃的可能，于是迅速赶到装甲军指挥部，以便利用这个机会。迈尔斯·登普西说："我想做的是占领奥恩河卡昂到阿让唐的所有渡口。"这样可以建立一条横跨德军后方的路障，将德军围而歼之，效果远非美军在西部侧翼上的推进行动所能达到的。1944年7月18日中午，迈尔斯·登普西希望的"彻底突破"几乎实现了。从迈尔斯·登普西透露出的想法来看，有一点值得关注，那就是他的许多讲话中从没有透露过要打法莱斯。至于迈尔斯·登普西希望占领的阿让唐，却几乎要比法莱斯远了一倍的路程。

迈尔斯·登普西很精明。他意识到，即便自己的希望不能如愿，但有可能得到补偿。当一名参谋希望迈尔斯·登普西对媒体关于"古德伍德行动"失败一事的评论提出抗议时，迈尔斯·登普西回答："不用担心，'古德伍德行动'的失败会起到掩护作用，对我们达到目的有帮助。"至于美军之所以能在对面的侧翼向内陆推进，主要还是因为德军把注意力都集中在对付卡昂附近的盟军推进行动造成的威胁上了。

然而，对于切断德军后路来说，从远在战场西边的阿夫朗什向内陆推进没有那么直接的效果。要想直接切断德军后路，必须寄希望于一次十分迅速的向东扫荡行动，或者迫使德军死守阵地，直到最后将德军包围起来。

结果，1944年7月31日，盟军往内陆的突破在阿夫朗什实现时，德军只有区区几个营守卫在阿夫朗什与卢瓦尔河之间的走廊地带，彼此距离很远。因此，美军先头部队才能势不可当地向东开进。但受制于已经过时的、在登陆前制订的计划，盟军最高统

177

帅部仍坚持下一步先夺取布列塔尼港，失去了本可加以利用的大好机会。①

分兵夺取布列塔尼港的行动没有带来任何好处。这是因为布雷斯特的德军一直坚守到1944年9月19日，而早在四十四天前的8月6日，小乔治·S.巴顿就宣布布雷斯特已经被占领。至于洛里昂和圣纳泽尔，更是直到第二次世界大战结束都还在德军手中。

两个星期过去了，美军在1944年8月13日向东打到阿让唐，赶上了一直被阻挡在卡昂的英军左翼部队，并与英军齐头并进——这引发了新的互相指责。当被上级告知因担心和英军发生摩擦，自己的部队不准北上封闭缺口、切断德军退路时，小乔治·S.巴顿便在电话里破口大骂："让我到法莱斯去，我们再搞一次敦刻尔克，叫英国人滚下海去！"

显然，德军有充分时间撤退到塞纳河一带，并修建一条坚固

---

① 美国第四装甲师（由约翰·雪利·伍德指挥）承担向内陆突进的任务。在诺曼底登陆即将开始前，我和约翰·雪利·伍德共同待了两天。约翰·雪利·伍德给我的印象是，他比任何人都更清楚地意识到一次深入扩大战果的可能性和快速行动的重要性。即便当时小乔治·S.巴顿和我讨论，也赞成盟军高层领导必须"重新启用1918年时的方法"的论调，而不宜重复1940年的德国人，特别是古德里安和隆美尔搞过的那种装甲部队纵深快速推进的方法。后来，约翰·雪利·伍德在告知我推进后的状况时说："我们上层人士的心中既没有'装甲部队可堪大任'的概念，也没有对装甲推进的补充手段。当时我还在第一集团军。第一集团军的反应不够快——等它在1944年8月4日这个黑暗的日子响应时，下的命令就是把两个侧翼装甲师调回参加洛里昂和布雷斯特的战役，远离自己的主要敌人。我长时间大声且措辞激烈地抗议。然后，第一集团军（未经同意）把我的坦克纵队派遣到沙托布里扬，并将装甲骑兵派到昂热外围及卢瓦尔河一线，准备往东推进到沙特尔。我本可以在两天内就到达德军要害地区，但现在不行了！我们只好被迫执行原先的计划——用唯一的装甲部队把德军分割成几块。这是战争期间十分愚蠢的决定之一。"——原注

第6章 法国获得解放

的防线,但希特勒顽固地下达"不准撤退"的命令让德军无法后退。正是因为希特勒愚蠢,盟军才得以夺回本已失去的机会,在1944年秋解放法国。

其实,第二次世界大战本可以在1944年9月就轻松结束的:西线德军的主力都投入了诺曼底战役,并且被希特勒"不准撤退"的命令困在原地死守直到崩溃——大部分德军都被盟军困住了。德军的残兵败将当时已经无法继续抵抗,德军很大程度依靠步行的撤退又被英军与美军的机械化纵队追上。在诺曼底秋风扫落叶般向前胜利推进的盟军于1944年初逼近德国边界——当时,德军已经无法再对盟军直捣德国心脏地带的行动做任何有组织的抵抗了。[①]

1944年9月3日早上,英国第二集团军的先头部队(禁卫军装甲师)从法国北部出发,进军七十五英里,杀入比利时,打进了布鲁塞尔。9月4日,与第十一装甲师齐头并进的禁卫军装甲师一起进入安特卫普,赶在德军基地的部队搞破坏前完好地占领了安特卫普的许多大型码头。

1944年9月4日,美国第一集团军先头部队占领了马斯河上的那慕尔。

1944年8月31日,也就是四天前,在那慕尔南面一百英里的凡尔登,小乔治·S.巴顿率领的美国第三集团军先头部队渡过马斯河。1944年9月1日,美军巡逻队一路畅通地推进到位于马斯河东

[①] 巴兹尔·利德尔·哈特:《山那边》,第428页。在第二次世界大战刚结束时,我曾经研究过这个问题,并就此事询问过好几个相关的德国将领。作为德军西线总参谋长的君特·布鲁门特里将军用了这样一句话总结当时的形势:"当时,莱茵河后方根本没有德军,直到1944年8月底,我国防线的门户还是洞开的。"——原注

面三十五英里靠近梅斯的摩泽尔河一带——这里距离位于德国边境的萨尔大工业区只有三十英里，距离莱茵河更是不到一百英里。但因汽油耗尽，主力部队没能紧紧跟上，直到1944年9月5日才到达摩泽尔河。

这时，德军已经拼凑起五个拥有很少反坦克炮、实力较弱的师镇守摩泽尔河——然而，德军的对手是小乔治·S.巴顿指挥的、由六个强大的美军师组成的先头推进部队。

同时，英军已经到达距离通往德国最大的鲁尔工业区的莱茵河入口处不到一百英里的位置——要是盟军占领鲁尔工业区，希特勒就无法继续战争了。

在英军一侧战线的对面有一个巨大缺口，宽一百英里。而这时德军没有可以填补空缺的部队——如此天赐良机，在任何一次战争中都实属罕见。

急报传到了远在东线指挥部里的希特勒耳中。1944年9月4日下午，希特勒旋即致电在柏林的空降部队司令库尔特·斯图登特。库尔特·斯图登特奉命防守安特卫普到马斯特里赫特这一开阔地带的侧翼，并沿着阿尔贝特运河展开防御（守军尽可能从驻荷兰的部队抽调）。另外，希特勒命令将散在德国各地受训的伞兵单位集结起来，紧急开赴战场。他要求受训中的伞兵部队处于待命状态，尽快行动起来，登上火车出发。新建的伞兵部队在下火车的火车站才领到武器，接着便匆匆开赴前线——但这样的部队总共不过一万八千人，连盟军一个师的人数都不到。

德军把拼凑起来的伞兵部队称为"第一伞兵集团军"，用一个好听的番号掩盖这支部队的许多缺点。警察、水兵、休养中的

第6章 法国获得解放

伤病员和年仅十六岁的孩子都被用来填补兵力缺额。德军极度缺乏武器,并且阿尔贝特运河北岸也没有做好防御准备——坚固的工事、据点和战壕一个都没有。

库尔特·斯图登特将军在战后这样回忆:

> 英军坦克突然冲进安特卫普,这打了元首的司令部一个措手不及。但无论西线还是德国本土,我们没有数量可观的预备队供调遣。1944年9月4日,我奉命担任位于阿尔贝特运河西线右翼部队的指挥官。当时,我的麾下只有新兵、正处于休养期的归队伤病员及一个从荷兰调来的海防师。这些部队只得到二十五辆坦克和一些自行火炮组成的装甲特遣队的增援。①

当时的情况正如盟军缴获的德国文件所述,西线德军仅有一百辆可以作战的坦克,而盟军先头部队有两千多辆坦克。德军仅有五百七十架飞机提供空中支援,而英军与美军在西线作战的飞机总数超过一万四千架。盟军与德军相比,在坦克数量上是二十比一,飞机数量上是二十五比一,占绝对优势。

然而,就在全面胜利近在眼前之际,盟军的进攻逐渐停止了。直到1944年9月17日的两周内,盟军只取得了很小的进展。

1944年9月7日,经过"重整军备、加注燃料、人马休息"的英军先头部队才恢复进军,很快在安特卫普以东渡过阿尔贝特运

---

① 巴兹尔·利德尔·哈特:《山那边》,第429页。——原注

河。但在随后几天，英军仅推进十八英里，到达马斯-埃斯科运河。德国伞兵在这段不长但河网纵横的沼泽地带以决死的勇气抵抗，作战之顽强与其极少的兵力完全不成正比。

美国第一集团军与英军并驾齐驱，但同样没有继续深入。美国第一集团军主力深入亚琛周围德军固守的地区和煤矿地区（这是历史上进入德国的著名门户），并被泥沼困住，无法脱身，只能看着大好机会白白溜走。美军抵达靠近德国边境的亚琛和梅斯之间宽八十英里的地带时，德军只有八个营分散在丘陵起伏、树木繁茂的阿登山地中。1940年，德国装甲部队曾经很好地利用了阿登山地崎岖的地形对法国发起突然袭击。盟军选择了一条看上去易走的道路，没想到却遇到了很大的困难。

战场南部的情况和北部一样。早在1944年9月5日，小乔治·S.巴顿的第三集团军就渡过了摩泽尔河，但在此后两星期，或者说两个月中进展都很小。在攻占设防的梅斯及周围据点时，美军深陷敌阵，动弹不得。德军在此处的兵力从一开始就比别处更密集。

1944年9月中旬，德军在前线各处加强了防御，特别是在战场最北部通往鲁尔工业区的缺口被打得最大的地区——这是因为蒙哥马利当时准备朝莱茵河上的阿纳姆发动另一次大规模进攻，并准备空投新编的盟军第一空降集团军为英国第二集团军开路。

在达到目的前，盟军的推进就被德军挡住了。英国第一空降师大部分被空投到阿纳姆，后路却被德军切断。该师虽然以莫大的勇气坚守着阵地，等待救援，但最后还是被迫投降。1944年10月，美国第一集团军终于踏平了德军在亚琛的防线，蒙哥马利则调来加拿大第一集团军，解决了德军设在布鲁日以东海岸和瓦尔

第6章 法国获得解放

赫伦的两个"口袋阵地"。这两个"口袋阵地"原来控制着从斯海尔德河口到安特卫普的通道,并在阿纳姆作战进行期间封锁了港口,令盟军无法使用。盟军清理"口袋阵地"的过程是漫长而又辛苦的,直到1944年11月初才完成。

比起盟军执行任务的进程,德军虽然缺少物资,但沿莱茵河修建掩护工事的速度更快些。1944年11月中旬,盟军在西线的六个集团军发动了一场总攻,取得的战果很小,损失却很惨重。只有在阿尔萨斯的最南边的盟军才抵进莱茵河,但这对大局并没什么帮助。在北边,盟军距离包括重要的鲁尔工业区在内的莱茵河一带还有近三十英里的路程——莱茵河一带直到1945年春才完全被盟军占领。

盟军因为错过1944年9月初结束战争的大好机会而付出了惨重的代价。盟军解放西欧付出了七十五万人伤亡的代价,其中五十万人是在9月盟军受阻之后才伤亡的。就世界范围来说,全人类付出的代价更大——数百万男男女女因为战争延长,死在了军事行动中和集中营里。从长远的角度来看,9月,苏联红军尚未进入欧洲中部。

是什么导致盟军错过这个大好机会,并引发灾难性后果呢?英国与美国在这方面相互指责。1944年8月,两国就盟军渡过塞纳河后应当走什么进攻道路的问题展开了争论。

随着大批增援部队不断涌入诺曼底,自1944年8月1日起,登陆盟军被分为两个各下辖两个集团军的集团军群——第二十一集团军群由蒙哥马利指挥,其中只有英国军人和加拿大军人;第十二集团军群由奥马尔·布雷德利指挥,全部由美国人组成。但欧洲战场

的盟军最高司令艾森豪威尔还做了以下安排：直到艾森豪威尔把自己的司令部搬到欧洲大陆上并接管指挥权（艾森豪威尔的实际接管日期是9月1日）之前，蒙哥马利仍继续指挥战斗，并负责两个集团军之间的"战术协调"。如此不甚明确又微妙的暂时性安排既是出于艾森豪威尔的妥协精神，又是出于照顾蒙哥马利情绪和对蒙哥马利富有经验的器重，但善意的妥协往往会造成摩擦。

1944年8月17日，蒙哥马利曾经给奥马尔·布雷德利这样的建议：渡过塞纳河后，第十二集团军群和第二十一集团军群应该将四十个师团结在一起，成为一个"坚强的整体"，这样盟军就可以所向披靡了。这些部队都应该向北朝安特卫普和亚琛前进，"让部队右翼留在阿登"。

从建议的语气中可以看出，蒙哥马利其实仍未看出德军已经无力抵抗了，并且维持"坚强的整体"的补给将面临巨大困难，除非盟军以缓慢速度前进。

同时，奥马尔·布雷德利和小乔治·S.巴顿一直在讨论向东推进的问题，也就是经过萨尔往东，到达法兰克福南面的莱茵河流域的设想。奥马尔·布雷德利希望美军的推进能成为一次将两个美国集团军都派上用场的主要行动，这意味着把蒙哥马利提出的往北攻击降格至次要地位，当然是不合蒙哥马利的胃口的。此外，奥马尔·布雷德利的推进行动将不把鲁尔作为直接进攻目标。

艾森豪威尔成了自己下属军官之间争抢的工具，日子并不好过。1944年8月22日，他考虑了不同的建议。8月23日，艾森豪威尔和蒙哥马利进行磋商，蒙哥马利极力强调集中力量"在一次攻击上"的重要性，并要求把大部分补给都提供给"一次攻击"。

第6章　法国获得解放

这就意味着要让正以最高速度向东推进的小乔治·S.巴顿停下来。艾森豪威尔试着向蒙哥马利指出"一次冲击"执行起来在政治上的困难："美国民众是不会答应你这么干的。"英军尚未抵达塞纳河下游时，小乔治·S.巴顿东进的部队已经超过英军一百多英里，距离莱茵河已经不到二百英里了。

面对英军将领与美军将领之间的分歧，艾森豪威尔正寻求一个恰当的、折中的解决办法。当前，应暂时优先考虑蒙哥马利往北进入比利时的作战，并为了保证他进军的胜利，答应他的要求，让美国第一集团军和英军一起北进，给予英军右翼支援、掩护。与此同时，必须牺牲小乔治·S.巴顿部队的补给、运输载具，来保证把大部分可用的补给和运输载具用于维持蒙哥马利向北推进的作战。但一旦盟军占领安特卫普，就要回归在诺曼底登陆以前制订的"在阿登山脉南面与背面一条宽阔的前线上朝莱茵河进军"的计划。

艾森豪威尔的下属没一个喜欢这一折中办法，但当时不像后来几个月甚至几年都觉得艾森豪威尔的决定剥夺了由自己亲手取得胜利的机会时那样怨声载道。小乔治·S.巴顿则将艾森豪威尔的决定称为"第二次世界大战中最大的错误"。

根据艾森豪威尔的命令，小乔治·S.巴顿的美国第三集团军得到的补给每天仅限两千吨，而拨给考特尼·霍奇斯的美国第一集团军的补给多达五千吨。奥马尔·布雷德利称，来到自己司令部的小乔治·S.巴顿"像公牛般大吼"道："让蒙哥马利和考特尼·霍奇斯见鬼去吧！你们要是能让第三集团军继续行动，我就保证能打赢这场该死的战争！"

不愿接受补给限制的小乔治·S.巴顿对先遣部队说，只要有汽

油就要前进,"要是汽油用完,就下车徒步前进"。1944年8月31日,在燃料耗尽前,小乔治·S.巴顿的先头部队抵达马斯河畔。就在8月30日,小乔治·S.巴顿率领的集团军只领到三万两千加仑汽油,而不是每日所需的四十万加仑,并被告知在9月3日前再没有汽油可领。9月2日,小乔治·S.巴顿在沙特尔遇到艾森豪威尔。他吼道:"我的士兵吃皮带就可以,但我的坦克没有油可不行!"

盟军在1944年9月4日攻占安特卫普以后,小乔治·S.巴顿的部队再次被拨给与美国第一集团军数量一样的补给,以便往东朝莱茵河进军。但小乔治·S.巴顿面对的德军防御与抵抗更加顽强了,不久就在摩泽尔河受阻。这让他更加激烈地抱怨说,在1944年8月关键的最后一周,就为了照顾蒙哥马利部队的推进,才把自己的汽油克扣了。他认为,艾森豪威尔为了满足"蒙哥马利贪得无厌的胃口",竟不惜置"和谐"于"战略"之前,放弃了早日争取胜利的机会。

此外,蒙哥马利还认为,艾森豪威尔关于在"开阔前线"上朝莱茵河进军的想法是错误的,并且反对在自己往北进军的战局悬而未决时就把补给品转给正在分兵往东推进的小乔治·S.巴顿的部队。在自己向阿纳姆的推进遭遇失败、希望又不能如愿的情况下,蒙哥马利的抱怨自然会变得更加强烈。他认为小乔治·S.巴顿对奥马尔·布雷德利有影响,奥马尔·布雷德利又对艾森豪威尔有影响,这样的关系决定了盟军内部各方论战"拔河"的胜败,对自己的计划实现十分不利。

不难理解,蒙哥马利不会赞成任何对自己没有什么直接帮助的努力。表面上和大多数英国评论家在第二次世界大战中接受的

第6章 法国获得解放

说法一样,蒙哥马利抱怨艾森豪威尔进行"双叉突击"是盟军失去胜利机会的关键所在是有道理的。但仔细研究后就会清楚地发现,"双叉突击"的负面影响还是比较小的。

事实上,1944年9月上旬,小乔治·S.巴顿平均每天只能领到两千五百吨补给——只比1944年8月被迫停下时多了五百吨。至于多出的这五百吨补给,若与其他几个在关键作战时期往北推进的集团军每天领到的补给相比,只够多维持一个师的消耗。这对战局的影响简直微乎其微。因此,我们有必要深究盟军失败的真正原因。

盟军原有一个在位于布鲁塞尔南部的比利时边境的图尔奈空降大批部队的计划,但后来这个计划遇到了一个严重阻碍。1944年9月3日,盟军地面部队在空降开始之前抵达,因此原空降计划就被取消了,但盟军正是为了执行空降计划才抽调了空军的运输载具,这导致前进中的部队应该获得的空投补给中断了六天,也就少了五千吨补给。这次补给如果是汽油,那就是一百五十万加仑——这足以让两个集团军的兵力在德军仍是一片混乱的状况下马不停蹄地一路赶到莱茵河边上。

搞如此一个多此一举的空降计划,付出了如此大的代价,到底责任在谁,这很难说。奇怪的是,在战后写的报告中,艾森豪威尔和蒙哥马利都谈及计划是自己制订的。艾森豪威尔说:"依我看,在布鲁塞尔发动一次空降袭击的大好机会已在眼前,虽然就撤回原来进行补给工作的飞机是否明智这一点,意见不一……但我还是决定抓住机会。"蒙哥马利说,"我曾有个在图尔奈搞空降的计划",还把空降说成是"我(蒙哥马利)的意思"。与这两人相反,奥马尔·布雷德利说:"我力劝艾森豪威尔取消空

187

降行动,把飞机用于空投补给……我提醒艾森豪威尔,地面部队能在空降部队行动前抵达图尔奈。"后来,局势的发展被奥马尔·布雷德利言中。

北上作战失败还有一个原因。拨给北上盟军部队的补给中很多是冗余的军火——因为德军已经处于崩溃状态,与其提供大量弹药,不如集中力量为部队补充所需的汽油,这样才能快速追击德军,不给德军重整旗鼓的机会。

此外,为蒙哥马利部队推进提供补给的车辆数量不足。因为一千四百辆英国载重三吨的卡车及用于替换这部分运输车辆的活塞都有问题,导致可用车辆的数量大大减少。如果这些运输车可用,就可以每天为第二集团军再送去足以多供应两个师的八百吨补给。

盟军失败更重要的原因是英军与美军的补给品要求过高,因此产生了极大的困难。盟军的军事计划是根据以下标准估计的:每个师每天消耗七百吨补给,其中五百二十吨被用于满足前线部队的需要。而德军节约多了,补给标准是每个师每天约两百吨,还要必须考虑遭到空袭和游击队的不停骚扰——盟军不需要担心什么空袭和游击队。

盟军过高的供应标准和部队的浪费给自己找了麻烦。举一个明显的例子:加油时必不可少的五加仑油罐——自从1944年6月诺曼底登陆以来,盟军往法国送去一千七百五十万个,但在1944年秋能找到的就只剩下二百五十万个了。

北上推进遭到失败的一个重要因素,就是美国第一集团军陷入了亚琛周围由坚固工事和煤矿组成的"罗网"之中——这种战略"缠绕"实际上变成了一个庞大的"拘留营",与第一次世界

第6章 法国获得解放

大战间协约国军队在萨洛尼卡遇到的情况类似。经过分析，人们明显发现美国第一集团军的推进之所以半途而废（四分之三供应美军的补给品都给了美国第一集团军，这是以小乔治·S.巴顿的部队吃亏作为代价实现的），是因为蒙哥马利要求将美国第一集团军主力部署在阿登山脉以北，为自己的右翼提供掩护。蒙哥马利的进军路线和阿登山脉之间的间隔十分狭窄。美国第一集团军机动空间很小，想绕过亚琛的可能性也很小。

被德军死死缠住的美国第一集团军无法对蒙哥马利将在下一阶段（1944年9月中旬）向阿纳姆的进军提供任何帮助。而英军同样因为意外的疏忽付出了代价。9月4日，当第十一装甲师开进安特卫普并占领码头时，竟没有尽力夺取安特卫普郊区阿尔贝特运河上的桥梁。两天后的9月6日，英军在尝试渡过阿尔贝特运河时，这些桥梁都被德军炸毁了。后来，第十一装甲师只有向东转移。在占领安特卫普的同时，第十一装甲师的师长并未想到要立刻占领桥梁，他的上级也无人下达占领桥梁的命令。没能在占领城市的同时占领桥梁，这是蒙哥马利等四位在处理重要细节问题上向来认真的指挥官共同犯的错误。

不仅如此，位于安特卫普以北仅二十英里的地方是贝弗兰半岛的出口——一处宽仅数百码的瓶颈。1944年9月的第二个星期和第三个星期，英军却听任曾被包围在英吉利海峡沿海一带的德国第十五集团军残部向北逃窜。德国第十五集团军的残部后来渡过了斯海尔德河河口，从贝弗兰半岛这一狭窄的出口逃走了。德国第十五集团军残部的三个师在蒙哥马利发动向莱茵河河畔的阿纳姆进军前就已经到达并及时加强了德军在荷兰这一最薄弱的前线

欧陆争夺：第三帝国的穷途末路

的防御，阻挡了蒙哥马利的进军。

从德军的角度看，盟军最好的进军路线是哪一条呢？接受讯问时，就这一问题，君特·布鲁门特里特同意蒙哥马利"集中兵力往北推进，先破鲁尔，再攻柏林"的观点，并说：

> 谁占领了德国北部，谁就占领了整个德国。这样突破，再加上空中优势，就能把薄弱的德军前线防御打得粉碎，并结束战争。盟军就会在苏联前抢先占领柏林和布拉格了。①

君特·布鲁门特里特认为盟军兵力分布得太分散太平均，还特别批评了对梅斯的进攻。

> 正面进攻梅斯并无必要。对于梅斯要塞只须压制即可，如果改变方向朝北进攻卢森堡和比特堡，那么可以获得更大的胜利，并导致第七集团军随着第一集团军右翼的崩溃而崩溃。如果盟军走这一侧翼往北机动，第七集团军就可能会在撤退到莱茵河后方前就被切断退路。②

1944年9月5日接替君特·布鲁门特里特担任西线总参谋长的西格弗里德·韦斯特法尔认为，在当时的情况下集中兵力将进军

---

① 巴兹尔·利德尔·哈特：《山那边》，第428页。——原注
② 巴兹尔·利德尔·哈特：《山那边》，第428页。——原注

第6章 法国获得解放

进行到底比选择进军地点更加重要。

我军在西线的总体处境已经很危险了。我军在前线处处遭遇惨败,到处是被盟军打开的缺口,都已经不配再有"前线"了。要是盟军抓住机会,就会引发一场大灾难。当时,战场上有一种特别的危险,就是对莱茵河上的任意一座桥梁都没有爆破准备——我们花了几个星期才把这一疏忽补上……直到1944年10月中旬,盟军都能轻松地在我军前线上任一点突破,接着便可跨过莱茵河,畅通无阻地冲进德国境内。①

西格弗里德·韦斯特法尔说,1944年9月西线全线最易被攻破的地方就是通往卢森堡那一段,盟军正是经卢森堡抵达了莱茵河河畔的科布伦茨。西格弗里德·韦斯特法尔的证词证实了君特·布鲁门特里特在"梅斯和亚琛之间细长而防御薄弱的阿登山脉"进军是有效的说法。

那么,我们从关键时刻出现的种种情况中能得出什么主要结论呢?

艾森豪威尔在诺曼底登陆实施前制订的以"广阔前线"进军莱茵河的计划的确是对强大、尚未被击溃的德军施压并粉碎其抵抗的良策。可惜,艾森豪威尔的计划并不适应德军防御已经崩溃

---

① 西格弗里德·韦斯特法尔:《德国军队在西线》,第172页、第174页。——原注

之处的实际情况——当务之急是深入、迅速利用德军的崩溃，不让德军重整旗鼓，这就需要不停地追击德军。

蒙哥马利在这种状况下力争发动一次集中力量的进攻本意是好的。把事实搞清楚后，他朝北部发起的进攻之所以失败，显然不像大家揣测的那样，是因为将补给转拨给小乔治·S.巴顿。还有一种复杂的、更大的困难来自蒙哥马利职权范围内的一系列障碍，例如：延迟对安特卫普港的使用，为一个多余的军事行动中断空运补给长达六天，提供过多的军火和其他补给品并减少了必需的汽油供应，一千四百辆英国卡车出故障，在侧翼"盲目"调动了美国第一集团军，阿尔贝特运河上的桥梁被德军炸毁，以及对渡口被德军把守前就应该将其夺取一事的忽视。

盟军在谋求进军莱茵河一事上的最大致命错误是到达布鲁塞尔和安特卫普后，从1944年9月4日到9月7日未前进一步。这与蒙哥马利宣布的"迫使德军逃到莱茵河，然后在德军重建新防线对付我军前就'跳'过莱茵河"的目标严重不一致。任何向纵深的突击或追击成功的关键都取决于是否可以保持进军的节奏和施加的压力——哪怕只停下一天，也可能功亏一篑。

然而，进入比利时后，盟军上下普遍出现了松懈的迹象，这样的风气是自上而下形成的。艾森豪威尔领导的同盟国情报部门汇报说，德军已经不可能拿得出足以守卫边境防线的兵力，还向媒体做出了"我们会顺利通过"的保证。艾森豪威尔将这些保证转达给了下属的指挥官。甚至到了1944年9月15日，艾森豪威尔还写信给蒙哥马利："我军将立刻占领鲁尔、萨尔和法兰克福，至于接下来怎么办，我想听听你的意见。"盟军中到处弥漫着同样

第6章 法国获得解放

的乐观情绪。至于为什么没能占领阿尔贝特运河上的桥梁，先遣军军长布赖恩·霍罗克斯坦率地解释道："我没有想到在阿尔贝特运河会遭到如此激烈的抵抗。在我们看来，当时德军已经完全方寸大乱了。"

基于官方史料，在其所著的关于第二十一集团军群的历史著作中，约翰·诺思对当时的局势做了恰当的总结："一种'战争打赢了'的心态……在部队之间盛行。"①结果在1944年9月关键的两个星期中，指挥官连一点儿紧迫感都没有，部队出现一种很自然的不肯冲锋陷阵、尽量避免战死的倾向：人人都认为"战争已经打完了"。

那个最好的、能够快速结束第二次世界大战的机会，在1944年8月的最后一个星期，在小乔治·S.巴顿的部队距离莱茵河上的桥梁比英军还近一百英里，却因燃料不足被迫关上了坦克"油门"时可能就已经失去了。

在盟军众将之中，小乔治·S.巴顿比任何人都关心持续追击敌人这一非常重要的问题。他已经做好朝任何方向扩大战果的准备。然而，在1944年8月23日，小乔治·S.巴顿曾提出自己的部队"应该朝北而不是朝东推进"的建议。他后来做的评述中很多话是很有意义的，例如这一句："指挥官不应该制订了计划后让战场环境去适应计划，而应该让计划去适应战场环境。我认为，能否成为一个高级指挥官，关键就取决于是否具备上述能力。"

当时面对如此好的机会，盟军却遭遇了种种麻烦，问题的根

---

① 约翰·诺思：《第二十一集团军群的战功》，第115页。——原注

源就是盟军的最高决策者中无人能预见德军在1944年8月时处于完全崩溃的状况之中,也没有做好在物质上、精神上抓住机会对德军发动一次快速、全面进攻的准备。

第 7 章 苏联获得解放

The Liberation of Russia

第7章　苏联获得解放

1944年的东线战局由这样一个事实决定：随着苏军不断前进，虽然德军的兵力在急剧减少，但前线涉及范围依然很大。因此，苏军在进军过程中，除自己的供应问题之外，自然只会遇到很少的障碍。苏联卫国战争的进程再清晰不过地说明了，战场空间大小和参战兵力多少应保持合理比例，这是头等大事。此外，苏联进军中的停顿也是由苏军的补给线决定的。

苏联卫国战争这一阶段的主要战役包括苏军轮流在战场的两个侧翼进行的两次大规模进攻，每次都伴随着很长的间歇期——第一次在冬至，第二次在夏至。随着苏军战线南翼的延伸，跨过欧洲中部的辅助性战役也随之展开。这样的辅助性战役的时间间隔小一些。之所以有这种不同，很大程度上是因为德军在这些地方单位面积的兵力少于主战场上单位面积的兵力。因此，在连续进攻德军防线时，苏军不必大规模调整部署。

苏联刚发动冬季攻势时的情况和秋季类似。从苏军攻势产生的相似效果来看，显然，与其把原因归结为德军失算了，不如说是德军无能为力。1943年12月初，伊万·斯捷潘诺维奇·科涅夫打算发动一次新的侧翼包抄行动，以便在首次试图消灭位

于第聂伯河河曲的德国守军时压制德军在克里沃罗格发起的阻击。这次，伊万·斯捷潘诺维奇·科涅夫从克列缅丘格的桥头堡出击，不再往南而是往西，几乎攻至克里沃罗格，但最终还是被挡住了。不过，伊万·斯捷潘诺维奇·科涅夫发动的进攻加上切尔卡瑟桥头堡发动的一次集中突击，却牵制了德军微弱的预备队兵力中的很大一部分。曼施坦因被苏军的进攻搞得进退两难。希特勒禁止德军搞长距离撤退（从战略角度而言这恰恰是德军需要的）。为了遵从希特勒的命令，即便明知这会让自己难以把尼古拉·瓦杜丁一直限制在基辅突出部内，曼施坦因还是只能在第聂伯河河曲与基辅之间填补防线缺口。此时，基辅突出部内的苏军越聚越多，像不断上涨的洪水，就快漫过德军这道堤坝了。

1943年平安夜那天，在厚重晨雾的掩护下，尼古拉·瓦杜丁发动了新一轮进攻，情境仿佛和第一次世界大战后期每次胜利进攻时一样。在浓雾的帮助下，苏军仅用一天就攻破了德军的阵地，并且苏军每次发起进攻前都把队形散得很开，这使德军无法采取反制措施。不到一个星期，苏军就光复了日托米尔和科罗斯坚。此外，苏军向南扩展，包围了以前还没有触及的别尔季切夫和白采尔科维等据点。

1944年1月3日，苏军机动部队继续向西奔袭，占领了距离科罗斯坚五十英里的公路交会点——沃伦斯基新城。1月4日，苏军跨过了战前的波兰边境。德军在南部的侧翼已经放弃了别尔季切夫和白采尔科维，向文尼察和布格河一带撤退，并控制敖德萨到华沙的横向铁路干线。曼施坦因拼凑了一些预备队，准备发起一次反击。只是曼施坦因的预备队实在不多了，而尼古拉·瓦杜

第7章 苏联获得解放

丁做好了迎战的准备。尽管曼施坦因暂时遏制住了苏军往布格河的推进,却让苏军获得了将兵力向侧翼扩展的时机。苏军从别尔季切夫和日托米尔西进,绕过了德军设在舍佩托夫卡的封锁线,并在2月5日占领了波兰重要的交通枢纽里夫内。苏军还在2月5日通过一次侧翼进攻,占领了苏联边境一百英里之外、里夫内西北五十英里的卢茨克。

苏军向南进攻,给德军造成了更加直接的大破坏。因为尼古拉·瓦杜丁的左翼部队与伊万·斯捷潘诺维奇·科涅夫的右翼部队在当地集中,准备一举消灭集中在基辅和切尔卡瑟桥头堡之间狭长地带、因希特勒"不准撤退"命令而留下来的德军。这些坚守在第聂伯河河畔前沿阵地的德军最终无可避免地被包围了。1944年1月28日,苏军在德军身后的钳形攻势开始收紧,一举将六个师的德军包围。由于第三装甲师和第四十七装甲师的努力奋战,德军的突围行动成功了。落入苏军科尔松"口袋包围圈"的德军共有六万人,其中三万人丢盔弃甲地逃了,一万八千人要么受伤,要么被俘,战死者中甚至包括德国第十一军军长威廉·施特默尔曼。

德军抽调力量营救被困部队,是以牺牲更南面的第聂伯河河曲的阵地为代价换来的。德军已经无法阻挡由马利诺夫斯基率领的苏军对尼科波尔突出部基线发动的突击,于是在1944年2月8日便放弃了尼科波尔。虽然大部分德军都设法逃了出去,但再也没法获取重要的锰矿石。德军多坚守了克里沃罗格两个星期,接着就在克里沃罗格面临更严重的被包围威胁时撤走了。

在南部前线的普里皮亚季沼泽到黑海之间的纵深突出部正

面，苏军取得了一定的进展。德军本来有必要坚守这一地区，但由于希特勒"不准撤退"的规定，德军无法通过把前线拉成一条直线的方法缩短战线坚守。德军的伤亡人数，特别是在科尔松包围圈内的伤亡人数飙升，留下了凭余力无法填补的缺口。希特勒"不准撤退"的命令使德军现在的撤退规模更大。

实力的虚弱，加上要防守的防线过长，这些因素带来的无助情绪在德军中不断蔓延。而苏军庞大的规模和显然未受补给制约的进攻加深了德军的这种情绪。苏军像洪水一样成群结队涌来。苏军可以在任何一支西方军队都已经饿死的条件下生存下来，并在这些西方军队只能坐等被摧毁的运输线修复的状况下保持继续前进。德国机动部队试图通过袭击运输线让苏军减缓进军速度，却发现难以找到一支可以攻击的苏联运输纵队。对苏军的印象，德军最勇敢的袭击战指挥官哈索·冯·曼陀菲尔做了如下描述：

> 苏军的进军是西方任何一支军队都无法想象的——坦克先头部队的后方是一支庞大的、游牧民族般的"洪流"。多数士兵骑马，身上背着一个装满干面包和行军途中从乡野之中收集来的装菜蔬的大口袋。苏军的战马吃的是屋顶上的干草——其他饲料很少。苏军惯于靠这种"原始"的方式进军，通常一次可持续三个星期。①

在曼施坦因因眼疾被解职后，德军抵抗苏军洪流的希望就消

---

① 巴兹尔·利德尔·哈特：《山那边》，第339页。——原注

第7章 苏联获得解放

失了。眼疾当然是曼施坦因离开的直接原因,而他和希特勒起的摩擦也起了一定的促进作用。曼施坦因称希特勒的战略为"胡扯",并且在和希特勒争执时,他的措辞让希特勒更是无法忍受,这就是导致曼施坦因这位被德军官兵尊为"德国最好战略家"的宿将离职的原因。手术后,虽然曼施坦因的视力恢复了,但他只能用这双已经治好的眼睛在地如其名的退休疗养地策勒[①]翻地图而已,徒留东线战场的德军盲目地陷入深渊之中。

1944年3月,一次范围更广的联合扫荡行动已在酝酿之中。苏军的注意力起初放在靠近布格河上游、针对加利西亚东南角的一次进攻。这次进攻由代替因遭到反苏游击队伏击而身受重伤的尼古拉·瓦杜丁而担任基辅以西部队指挥官的朱可夫主持。朱可夫的部队从舍佩托夫卡出发,一天内前进三十英里,并于3月7日在捷尔诺波尔附近跨过了敖德萨到华沙的横向铁路干线。这次,在德军还没来得及后撤并占据布格河防线时,苏军就把布格河防线给围了起来。

利用之前在尼科波尔和克里沃罗格占领的阵地,马利诺夫斯基发动了钳形攻势,在南部前线的另一侧占领了德军在第聂伯河河曲下半部分守不住的防线。1944年3月13日,马利诺夫斯基的部队占领了位于第聂伯河河口的港口赫尔松,并将部分德军围住。同时,马利诺夫斯基麾下从北部出发的集中扫荡部队正在接近位于布格河河口的尼古拉耶夫。尼古拉耶夫的德军抵抗十分顽强,

---

① "Celle"形似"cellar",即地窖、地下室的意思,这里是作者在玩文字游戏,比喻曼施坦因空有才能却无用武之地的窘境。——译者注

苏军直到3月28日才占领这里。不过,在尼古拉耶夫被攻克前,朱可夫和马利诺夫斯基的战区之间出现了一个戏剧性的发展,这令二人的战果与伊万·斯捷潘诺维奇·科涅夫相比都显得黯然失色。

伊万·斯捷潘诺维奇·科涅夫的部队"隐藏"在马利诺夫斯基和朱可夫这两只"犄角"之间。伊万·斯捷潘诺维奇·科涅夫的部队从乌曼出发,并在1944年3月12日抵达布格河河畔,很快便渡河成功。伊万·斯捷潘诺维奇·科涅夫的部队随即抓紧时间往距离布格河七十英里的德涅斯特河推进。当时,河流已经解冻,水流湍急、悬崖耸峙的德涅斯特河似乎是可以久守的坚固防线,但这时德军已经没有可供调用的防御兵力了。3月18日,苏联装甲部队到达了德涅斯特河河岸,利用在扬波尔及邻近地区搭建的浮桥,很快就赶上了撤退中的德军。进展如此顺利是苏军迅速挺进及德军陷入混乱的结果,还要多亏由帕维尔·罗特米斯特罗夫指挥的装甲部队采用的战术——部队在宽阔地带散开前进,使德军试图通过固守主要攻击线上要点以阻挡苏军进攻的想法落空,从而大败德军。

因朱可夫部队的左翼从捷尔诺波尔往南发动了一次新的进攻,苏军这一长驱直入的楔形攻势面临的危险减小了。朱可夫发起进攻的时间恰到好处,正好在德军于捷尔诺波尔附近发起的反攻被苏军迅速打败之时,因此朱可夫抓住了德军败退之机。他的进攻也是为了配合伊万·斯捷潘诺维奇·科涅夫的进攻。朱可夫的左翼部队沿着德涅斯特河东岸猛冲下来,将德军侧翼打得蜷曲起来,迫使德军退往伊万·斯捷潘诺维奇·科涅夫的右翼部队所在的方向。两路苏军双管齐下,这次配合既保证了防御战的胜

第7章 苏联获得解放

利,也为进攻战打开了局面。

苏军通过侧翼扫荡战扩大德军防线上的缺口,切断了部分德军的退路——德军匆匆后撤为时已晚。同时苏军继续向西推进。截至1944年3月底,伊万·斯捷潘诺维奇·科涅夫的先头部队已经杀到了雅西附近的普鲁特河流域。朱可夫解放了科洛梅亚、切尔诺夫策这样的重要城市,并在这些区域强渡普鲁特河上游。经过这番突进,苏军来到了匈牙利王国的天然屏障——喀尔巴阡山脉。

作为对苏军威胁的直接反应,德军迅速占领了匈牙利王国,这显然是为了固守沿喀尔巴阡山脉分布的山地防线。德军守住这道防线不仅是为了阻止苏军攻进中欧平原,还要将其作为防守巴尔干半岛的枢纽。喀尔巴阡山脉从特兰西瓦尼亚的阿尔卑斯山脉往南延伸[①],是一道强大的天然防线。由于可以通过的山口不多,因此从战略意义上来说,喀尔巴阡山脉的战线长度比表面上看起来的更短,这就有利于节省防守兵力。在黑海和靠近福克沙尼的高山的山脚之间有一块长一百二十英里的平地,但平地的东半段有多瑙河三角洲和一连串湖泊。因此,真正的"危险地带"仅限于长六十英里的加拉茨峡口。

1944年4月初,德军看起来很快退入喀尔巴阡山的后方防线了,但这一后方防线的东北角此时已经面临来自朱可夫的苏军部队的威胁。苏军正楔入捷尔诺波尔和切尔诺夫策之间,直指雅布洛尼卡山口,也就是著名的鞑靼山口。看样子,朱可夫是要重现

[①] 喀尔巴阡山脉并非连续不断,而是分成了几个山群。如喀尔巴阡山脉和阿尔卑斯山脉就是被多瑙河分开的两个山群。——译者注

1241年3月速不台带领成吉思汗的蒙古骑兵——也可以说是现代装甲部队的先驱——三天长驱直入一百八十多英里，突破喀尔巴阡山脉，穿过匈牙利平原，一路攻至多瑙河的场景了。

1944年4月1日，朱可夫的先头部队到达了鞑靼山口的入口。鞑靼山口仅两千英尺高，与更南边的地区相比，当地地势平缓得多。然而，如果守军顽强防御，即便是这么容易攀登的山口也会让进攻方因兵力机动性不强而难以突入。果然，苏军先头部队没能突入德军防线，更因进行了一次长距离行军、补给难以跟上而缺乏再次发动猛攻的战斗力。

相比之下，德军则因撤退到利沃夫这个四通八达的交通网中心而获益，且德军自从撤退到加利西亚，就变得更集中了。1944年复活节前的一个星期，德军发动了一次很长时间以来都不曾有过的强大反攻。德军的反攻有两个目的：一是使苏军的进攻瘫痪，二是解救在德涅斯特河以东陷入朱可夫和伊万·斯捷潘诺维奇·科涅夫"两角"包围圈的德国第一装甲集团军下属的十八个兵员不足的师——这支德国大军后来设法向西突围，途经斯卡拉、布洽奇，最终到达利沃夫。

德军的反攻是沿着德涅斯特河两岸展开的。德军在德涅斯特河右岸发起的反攻深入鞑靼山口的楔形地带，重新占领了连接科洛梅亚到鞑靼山口之间铁路线上的德拉蒂车站。德军在德涅斯特河左岸重新占领了布洽奇，并为被围困在斯卡拉附近的几个德军师打开了一条可以撤退的通道。波兰南部的利沃夫以东一线——位于普里皮亚季沼泽地和喀尔巴阡山脉之间的地区的情况在斯卡拉附近的德军师撤退后终于稳定下来，从1944年4月到7月一直保

第7章 苏联获得解放

持这种状态。

伊万·斯捷潘诺维奇·科涅夫的部队跨过普鲁特河——苏联与罗马尼亚王国的界河——发动的进攻在刚渡河不久就受阻了。尽管在更北边一些地方，苏军到达了锡雷特河，但没能推进到位于普鲁特河以西仅十英里的雅西。然而，这时，伊万·斯捷潘诺维奇·科涅夫另有一个重要得多的目标：他的部队左翼现在正沿着德涅斯特河南下，攻击敌人（主要是几个罗马尼亚师）在黑海附近的后方。伊万·斯捷潘诺维奇·科涅夫部队的侧翼行动，与马利诺夫斯基的部队从尼古拉耶夫往西朝敖德萨更加直接的进军配合非常密切。

对接替保罗·冯·克莱斯特指挥德国A集团军群（现在名字改成了"南乌克兰集团军群"）的斐迪南·舍尔纳、接替曼施坦因成为"北乌克兰集团军群"司令的沃尔特·莫德尔来说，苏军的这种联合进军是一个棘手问题。因为后方交通工具缺乏且路况不佳，斐迪南·舍尔纳面对的困难更大。原来，自从苏军向喀尔巴阡山脉推进以来，斐迪南·舍尔纳的部队和德国在波兰的部队被切断了，只能靠经过巴尔干半岛和匈牙利的一条迂回曲折的道路才能保持联系。

1944年4月的第一个星期，从意大利起飞的盟军重型轰炸机对主要铁路节点发动了一系列轰炸，首先受到攻击的就是布达佩斯、布加勒斯特和普洛耶什蒂。虽然轰炸铁路给德军后方造成的威胁要很久才能产生直接效果，但终究是有收获的。

1944年4月5日，马利诺夫斯基的部队抵达了拉兹杰利纳亚的铁路交会点，控制以敖德萨为起点、唯一未遭破坏的铁路。4月10日，苏军解放了敖德萨港。然而，这时绝大多数德军已经逃脱

205

了。不过，德军后撤得不远，也就只退到德涅斯特河下游往后弯曲至雅西的防线——防线的形状是因为伊万·斯捷潘诺维奇·科涅夫向南推进至基什尼奥夫受阻而形成的。

1944年5月的第一个星期，伊万·斯捷潘诺维奇·科涅夫在雅西以西发动猛攻，使用新式的"斯大林"式坦克沿着锡雷特河两岸推进。在新式坦克的支援下，苏军完成突破。不过，斐迪南·舍尔纳麾下有一支由哈索·冯·曼陀菲尔指挥、实力较强的装甲预备队。由于德军防御战术运用得当（基于灵活反击和巧妙利用机动能力抵消苏军在装甲上、火力上的优势带来的固有有利因素），阻止了苏军利用突破扩大战果的意图。双方发生了一次投入大约五百辆坦克的大战，以苏军被打退，前线状况再次稳定而告终。

然而，这次胜利让德军在三个月后深受其害——因为受到胜利刺激的希特勒坚持要求德军固守阵地——不光在雅西不能撤，还有南部位于普鲁特河和德涅斯特河之间的比萨拉比亚。希特勒下这样的命令，就意味着德军将被留在远离东边喀尔巴阡山脉天险和加拉茨峡口的暴露阵地上，同时要忍受处于崩溃中的罗马尼亚王国国内局势——因罗马尼亚民众要求和平导致的——带来的压力。

1944年4月，苏联解放了克里米亚半岛。尽管克里米亚半岛的轴心国占领军（德军和罗马尼亚军队各占一半）的渡海使兵力逐渐减少，但苏军面临如何攻克克里米亚半岛两个狭窄入口的坚固防御的难题，这里易守难攻。苏军要解放克里米亚半岛，必须发动一次力量强大、精心策划的攻势，而这也是在苏军横扫克里

第 7 章 苏联获得解放

米亚半岛后方德军很久后,希特勒还是要坚守克里米亚半岛的原因。希特勒认为,在克里米亚半岛牺牲一支小部队很划算,因为它能在当时如此危急的时刻起到分散苏军的作用。

在发动一次令德军暴露炮位的初步进攻后,1944年4月8日,费多尔·托尔布欣指挥苏军发动了对克里米亚半岛的总攻。苏军对彼列科普地峡发动的正面进攻,得到了从侧面渡过锡瓦什湖从而横踞德军后方的苏军一支部队的支援。等这一行动打开克里米亚半岛的北面门户后,安德烈·叶廖缅科的部队就从刻赤海峡东端的据点出发,进攻德军。截至4月17日,苏军的集中扫荡部队抵达塞瓦斯托波尔市郊,已经抓获俘虏三万七千人。苏军之所以能抓获这么多俘虏,很大程度上是因为德军犯了错误。德军死板地遵守希特勒的命令,没有立刻退守塞瓦斯托波尔,而是想着力保彼列科普地峡南面的战线。德军犯错,才使费多尔·托尔布欣能调动坦克在德军临时拼凑的过宽的防线上打开缺口,并在德军逃到塞瓦斯托波尔前将其打垮。

为等待重炮部队到来,苏军对塞瓦斯托波尔要塞的进攻暂停了一段时间——当时,轴心国守军已经无力使防线各处的防守兵力保持合理密度了。但希特勒还是坚持让各处守军必须不惜一切代价守住塞瓦斯托波尔。1944年5月6日夜,苏军进攻塞瓦斯托波尔要塞,很快就在因克尔曼与巴拉克拉瓦之间的东南入口处打开了一个重要缺口。5月9日,希特勒收回成命,保证派船接应守军撤退,但为时已晚。5月10日,轴心国守军放弃塞瓦斯托波尔,退入赫尔松半岛;5月13日,近三万人向苏军投降,能坐船渡海逃跑的屈指可数。苏军抓获的俘虏绝大部分是德国人,因为在苏军进

攻开始之前,德国统帅部就决定走海路先撤出罗马尼亚部队,靠德军打防御战,如果希特勒当时不极端、硬性地要求严防死守,或许对延长防御时间更有利。

1944年初的几个月,东线另一侧的苏军也占据了上风,只是没有南部取得的战果那么大而已。1944年初,德军仍将列宁格勒围得水泄不通。德军战线绕过列宁格勒,一直延伸到往东六十英里的一个据点上,然后沿着沃尔霍夫河往南直到伊尔门湖,并且在伊尔门湖的两边守卫诺夫哥罗德和旧鲁萨两个"堡垒"城市。1944年1月初,苏军发动了一次期待已久的、意在打破德军对列宁格勒紧密包围的攻势。列昂尼德·戈沃罗夫的部队从列宁格勒西面的海岸出击,在德军突出部的左翼插进了一根"楔子",基里尔·梅列茨科夫则在靠近诺夫哥罗德的德军突出部右翼扎进了一根更深的"楔子"。这种早期的突破行动往往使人产生德军"被包围"的幻想,但德军从突出部基线分批完成了有序的撤退。虽然苏联人已经取得了包括列宁格勒解围①、列宁格勒到莫斯科的铁路重新通车、将芬兰孤立起来等明显优势,但"包围德军"这种不切实际的幻想还是让这些战果显得黯然无光。

最后,德军退到了纳尔瓦附近的芬兰湾,在普斯科夫一线坚守了下来。防线的延长及缩短曾让德军的处境一度大为改观,并且实际的收缩程度要比从地图上看起来大很多,因此德军状况的改善更加显著,因为佩普西湖和普斯科夫湖这两个大湖实际上占去了海岸和新"堡垒"城市普斯科夫之间长一百二十英里间隔

---

① 1944年1月27日,列宁格勒解放。——译者注

第7章 苏联获得解放

地带的四分之三。对苏军来说,这是个坏消息。苏军原本希望在1944年2月23日收复普斯科夫,来庆祝普斯科夫建城纪念日[①]。

苏军在战场北部发动的冬季攻势带来的政治影响比取得的军事战果更重要。1944年2月中旬,被孤立无援的感觉吓坏的芬兰共和国就开始与苏联进行停战谈判。考虑到当时的局势,苏联人提出的"恢复1940年的两国基本状况和边界"的条件是很宽大的,但芬兰人担心苏联人可能会在实际操作中要求更多,因此提出,要求苏联人在条约上写下比苏联人自己承诺的还要更明确的条款。芬兰人还提出抗议:自己满足不了苏联人提出的解除芬兰北部德军武装的要求,也怕苏军以此为目的攻进芬兰。尽管1944年3月两国谈判破裂了,但只不过是把最后的结局推迟一点到来而已。此外,芬兰共和国带头与苏联进行公开和平的谈判对德国的仆从国来说也是一个鼓励,这些仆从国开始以一种较隐蔽的方式与苏联进行类似的接触。得到斯大林的声明中关于"支持将特兰西瓦尼亚归还罗马尼亚王国"的鼓舞,罗马尼亚王国也进行了类似的接触。

因此,1944年5月,德军在东线建立起来的稳定局面只是使自己的处境表面上有改观而已。德军兵力消耗过大,即使争取了时间,对自己好处也不大。而苏军就不一样了:苏军需要时间准备下一次大举进攻,苏联的谈判代表也需要时间完成其促成和平的努力——只有独裁者才能在一夜之间改变自己立场。与此同时,轴心国交通线承受的压力也因盟军对巴尔干半岛日益增强的轰炸而变得更大,轴心国的仆从国更希望和谈。6月2日,东线战场上

[①] 1918年2月23日,普斯科夫在抗击德军的战斗中建立。——原注

出现了一种新的穿梭飞行制度。美国的"飞行堡垒"式轰炸机出现在苏联境内新开辟的机场加燃料、补充弹药，然后在飞回地中海基地的途中打击德军。英军基地与苏军基地之间同样的"穿梭飞行"也在6月21日开始，但只有美军轰炸机能全程得到远程战斗机的护航。

1944年6月10日，随着苏军跨过拉多加湖和芬兰湾之间的卡累利阿地峡发动进攻，苏联空军进一步增加了犹豫不决的芬兰人的压力。苏军在连续冲破几道防线后，6月20日，列昂尼德·戈沃罗夫的部队占领了维堡，获得了地峡出口。从此，芬兰人主动接受了之前曾经拒绝苏联的条款。但现在斯大林要芬兰人举行一次象征性的投降仪式，芬兰人又不乐意了。同时，里宾特洛甫匆匆赶往赫尔辛基，利用芬兰人的恐惧心理，再度许以援助，利诱芬兰人。在深入到1940年苏联与芬兰共和国划定的边界后方芬兰一侧的湖泊时，苏军突然丧失了进攻冲击力。这也有助于里宾特洛甫完成使命。于是，苏芬战争的规模扩大了。这直接导致过去一直与芬兰共和国保持交往的美国突然断绝了和芬兰共和国的关系，而德国虽然自己也急需预备队，但还是继续履行甚至增加了对芬兰共和国承担的援助义务。

苏联人有理由对这个小小收获表示满意，因为苏军对德军的夏季攻势是在1944年6月23日发动的——当时，英军与美军已经在诺曼底海滩站稳了脚跟，加上盟军已经开始朝罗马以北地区推进，这确保了苏军发动进攻前德军处于四面受敌的境地。不过，令苏军获益最大的，还是希特勒那一套"不搞灵活机动，只坚持死守"的防御原则。

第7章 苏联获得解放

虽然苏军在喀尔巴阡山脉到波罗的海的战线上搞战备的动作引人瞩目，但其注意力还是集中在普里皮亚季沼泽以南地区，因为苏军在普里皮亚季沼泽以南已经深入波兰境内，想重新发动春季攻势自然也是不奇怪的——这样的春季攻势曾让苏军到达利沃夫附近，并一度进入科韦利。苏军三个月的停顿使朱可夫的部队修复了自己防线的大突出部后方的铁路线。

然而，苏军就像德军统帅部在1942年曾经做过的那样，选择在己方前线最后方的"梯形"地带发动进攻。苏军的目标是普里皮亚季沼泽以北的白俄罗斯——德军在白俄罗斯保有苏联的最后一个据点。

苏军的选择是经过周密计算的。苏军在战场北部取得的进展最少，而战场北部的交通又最发达，可以为下次攻击的最初阶段提供助力。鉴于战场北部的德军防御在1943年表现出的坚不可摧，苏军相信德国统帅部不太可能会牺牲科韦利到喀尔巴阡山脉之间更重要、更危险的阵地去支援战场北部的防线。1943年秋季与冬季，尽管德军挡住了苏军在北部战场主要地带的所有进攻，但苏军还是在维捷布斯克和日洛宾插入了两个"楔子"。通过楔形攻势安插的兵力能为苏军的下一轮进攻提供非常有价值的影响力。此外，一旦苏军赶跑德军，德军南面位于科韦尔附近的突出部就会立刻出现一支铺得更开的苏军敌后力量，因为这支苏军正处于把德军分割开的沼泽地带的西端。

在攻势发动前，苏军整编了位于波罗的海和普里皮亚季沼泽之间战线上的部队。这些部队现在共有七个集团军群，或者按苏联人的叫法，即"方面军"。位于最右边的是列昂尼德·戈沃

211

罗夫指挥的列宁格勒方面军,列宁格勒方面军旁边是马斯连尼科夫指挥的波罗的海第三方面军和安德烈·叶廖缅科指挥的波罗的海第二方面军。这些方面军将暂时按兵不动。从北到南发动进攻的四个方面军依次是:由曾在维捷布斯克以北德军阵地上插入过"楔子"的巴格拉米扬指挥的波罗的海第一方面军,切尔尼亚霍夫斯基(当时年仅三十六岁,是苏军最年轻的高级指挥官)指挥的白俄罗斯第三方面军,由格奥尔吉·扎哈罗夫指挥的白俄罗斯第二方面军,曾在日洛宾附近插入过"楔子"的罗科索夫斯基指挥的白俄罗斯第一方面军。苏联四个进攻方面军共有约一百六十六个师的兵力。

苏军进攻的重点是恩斯特·布施(接替了在一次车祸中受重伤的克卢格)指挥的德国中央集团军群。虽然苏军的冬季攻势未能突破中央集团军群的防线,但恩斯特·布施和自己的核心下属都知道,他们的防线已经处在被突破的危险边缘。对于自己的部队能否抵挡住苏军的再次突击——即将到来的、对进攻方有利的1944年夏的突击,恩斯特·布施和自己的核心下属感到忧心忡忡。恩斯特·布施等人预料苏军肯定会发起进攻,因此想撤退到距离前线九十英里的后方著名的别列津那河防线。如果德军做这么一次及时的撤退,就会让苏军的进攻无从下手。然而,先不说撤退和希特勒定下的原则背道而驰,即便撤退有理,希特勒也不愿意听取上述意见。

接替戈特哈德·海因里希担任德国第四集团军司令的库尔特·冯·蒂佩尔斯基希用一些"掩饰"手段进行了一次从前沿阵地撤到第聂伯河上游防线的短距离撤退,并最终成功挡住了苏军

第7章 苏联获得解放

的进攻。不过,因苏军计划集中兵力在两侧展开楔形攻势,德军没能占到什么便宜。

在战场的北部侧翼,波拉茨克和维捷布斯克之间,巴格拉米扬的部队发动进攻。同时,在维捷布斯克和奥尔沙之间,切尔尼亚霍夫斯基的部队又发动进攻。这使维捷布斯克遭受苏军的两面夹击。进攻进行到第四天,苏军解放了维捷布斯克,并在德国第三装甲集团军守卫的阵地上打开了一个大缺口。苏军解放维捷布斯克就意味着南下进军切断明斯克到莫斯科公路的通道已被打开,并对曾经挡住格奥尔吉·扎哈罗夫部队正面的德国第四集团军构成了威胁。由于罗科索夫斯基的部队正在普里皮亚季沼泽地以北的另一侧翼进攻德国第九集团军,德国第四集团军的处境越发艰难。突破了日洛宾(和维捷布斯克同一天被解放)附近的德军阵地后,罗科索夫斯基的部队就渡过了别列津纳河,绕过了德军设在巴布鲁伊斯克、试图阻挡苏军前进的防御阵地。1944年7月2日,罗科索夫斯基的机动部队到达了更重要的交通中心明斯克以西四十英里的斯陶布措乌斯基,切断了明斯克通往华沙的一切铁路、公路系统。

在突破阵地后一周内,机动能力不断增强的苏军利用战场空间前进了一百五十英里,德军无力阻挡。美国援苏物资的价值主要体现在大量摩托化步兵能紧跟坦克前进,为坦克提供了及时支援。同时,切尔尼亚霍夫斯基正在集结部队,一边对通往维尔纽斯的公路施加威胁,一边朝东北方向的明斯克进军。位于苏军"两角"之间帕维尔·罗特米斯特罗夫的坦克预备队沿着莫斯科到明斯克公路横扫,最后两天甚至达到了每天推进八十英里的高

速度，并于1944年7月3日开进了明斯克。

苏军这一自东向西的大规模钳形攻势酷似德军三年前自西向东发动的攻势，只有部分被围部队逃出包围圈。在发动攻势的第一周，苏军在北部突破时俘虏了近三万名德军官兵，在南部俘虏两万四千名德军官兵。苏军在明斯克包围了约十万名德军官兵。虽然经明斯克撤退的主要公路早就被苏军封锁了，但库尔特·冯·蒂佩尔斯基希还是指挥德国第四集团军的一部分兵力走南面的次级道路成功脱困——这条道路当初作为补给运输路线，不时遭到苏联游击队骚扰，因此很久不用了。德国中央集团军群遭受重创，损失官兵总数超过二十万人。

在明斯克以西，撤退的德军只做了短暂性抵抗。由于苏军突出部不断往纵深发展，这一地区的战线变得更加开阔了，导致力量削弱的德军难以控制。苏军总能在德军坚守的城市"堡垒"之间找到突破口，或者干脆将其绕过。苏军进攻方向向四周辐射，形同半圆——几个矛头分别对准德文斯克、维尔纽斯、格罗德诺、比亚韦斯托克和布列斯特-立陶夫斯克等地。1944年7月9日，苏军靠近维尔纽斯，机动部队绕过维尔纽斯，终于在7月13日解放了维尔纽斯。7月13日，一支苏军先头部队到达了格罗德诺。

截至1944年7月中旬，苏联红军不仅将德军赶出了白俄罗斯，还占领了波兰东北部一半面积的土地。最西边的苏军已经深入立陶宛，东普鲁士边境近在咫尺了。靠近东普鲁士边境的苏军距离德国北方集团军群侧翼驻地不到两百英里。这时，由约翰内斯·弗里斯纳指挥的德国北方集团军群仍控制着进入波罗的海诸国的大门。巴格拉米扬的波罗的海第一方面军先头部队距离德军

第 7 章　苏联获得解放

设在里加的基地比距离约翰内斯·弗里斯纳部队的前线更近。到达位于维尔纽斯以西的涅曼河流域的切尔尼亚霍夫斯基的白俄罗斯第三方面军沿着一条在西部更远处的战线前进，现在已经快到波罗的海一带了。看来，苏军会在约翰内斯·弗里斯纳决定撤退前在北方集团军群身后建起双重屏障。由于苏军马斯连尼科夫的波罗的海第三方面军和安德烈·叶廖缅科的波罗的海第二方面军联合扩大了向北延伸至普斯科夫一线的攻势，约翰内斯·弗里斯纳的处境变得更加艰难。

同时，因为战局的一项重大发展，德军承受了更大的压力：1944年7月14日，苏军发动了期待已久、从捷尔诺波尔到科韦利一线往普里皮亚季沼泽以南的进攻。苏军采用了"两角齐下"式的攻势："右角"在强渡布格河后就朝卢布林和维斯瓦河方向推进，与在普里皮亚季沼泽以北突然转向布列斯特-立陶夫斯克南面的罗科索夫斯基指挥的白俄罗斯第一方面军会合。而"左角"则在卢茨克附近突破了德军防线，从北面包围了利沃夫。

1944年7月27日，名城利沃夫被伊万·斯捷潘诺维奇·科涅夫的部队解放。而伊万·斯捷潘诺维奇·科涅夫的先头部队早已抵进至位于利沃夫以西七十英里的桑河。苏军宏大的进攻规模可以从以下几大事件中体现出来：苏军在同一天占领了位于喀尔巴阡山脉的斯坦尼斯拉夫和波兰北部的比亚韦斯托克，解放了拉脱维亚的德文斯克和里加到东普鲁士铁路交通线上的交通枢纽希奥利艾。解放希奥利艾是巴格拉米扬的一支装甲纵队仅用一次攻击就取得的战果。这注定了战场北部的德军必然会面临失败。

然而，与苏军在战场中部向纵深不断发展的进军给德军带来

215

的威胁相比,如此妙计还是相形见绌——因为就在三天前的1944年7月24日,罗科索夫斯基的左翼部队已经攻入华沙东南一百英里、距离维斯瓦河仅三十英里的罗布林。这次进攻正是利用了德军在已经被普里皮亚季河一分为二的同时,被南面苏军发动的近距离进攻牵绊住的时机。7月26日,罗科索夫斯基麾下的多支机动纵队抵达维斯瓦河,其他部队则转向北方,向华沙挺进。7月27日,德军放弃了布列斯特-立陶夫斯克,而曾经绕过布列斯特-立陶夫斯克的苏军纵队则到达了位于布列斯特-立陶夫斯克以西五十英里、距离华沙仅四十英里的谢德尔采。

德军在谢德尔采暂时挡住了苏军,在维斯瓦河的抵抗也有逐渐加强的迹象。1944年7月29日夜,罗科索夫斯基的部队占领了五个渡口,但天亮后失守了四个。

然而,1944年7月31日,因为苏军在侧翼施加的压力,德军被迫从谢德尔采后退。同时,罗科索夫斯基的一个纵队抵达了位于维斯瓦河东岸、华沙城外的普拉加郊区。8月1日晨,德军开始通过维斯瓦河上的桥梁向西撤退。波兰地下组织领导人受到鼓舞,发出了揭竿而起的信号。

1944年8月1日,波罗的海附近的战局也有了惊人的发展。在巴格拉米扬的波罗的海第一方面军的前线,由奥布霍夫将军率领的一支机械化纵队在夜间进军五十英里后,收复了位于里加湾的道路枢纽图库姆斯,将德国北方集团军群的逃生走廊就此切断。切尔尼亚霍夫斯基的部队在解放立陶宛首府考纳斯的同时,先头部队逼近了位于因斯特堡裂口入口处的东普鲁士边境。8月2日,伊万·斯捷潘诺维奇·科涅夫的部队在华沙以南一百三十英里靠

第7章 苏联获得解放

近巴拉诺沃的维斯瓦河畔（也是桑河和维斯瓦河交汇的地方）建立了一个大桥头堡。

对于德军来说，真正的危险时刻来临了。德军在西线诺曼底的前线已经崩溃，小乔治·S.巴顿的坦克正涌入在阿夫朗什打开的德军防线缺口。而除了外患，还有政治余波不断向外蔓延的内忧——许多德军将领卷入了一场计划在1944年7月20日杀死希特勒并推翻纳粹政权的行动的失败中。德军将领起初并不能确定刺杀希特勒的结果，事后又害怕遭到清算和报复，这就导致很多军事指挥部实际上处于瘫痪状态。

当炸弹在东普鲁士拉斯滕堡的希特勒司令部爆炸后，就有人从这里往各集团军群司令部发电报说希特勒被炸死了。然而，德国的广播电台播送的消息与之截然相反，这引起了人们对那份电报的怀疑。而真相到底是什么，自然众说纷纭。政变者在往约翰内斯·弗里斯纳的司令部发的电报中还附带一个命令：要北部的部队立刻撤退，避免重蹈"斯大林格勒之覆辙"。在东线和西线，1944年7月20日发生的刺杀希特勒的事件都引起了重大反响。

受影响程度最低的当属德国中央集团军群，这很大程度上是因为新上任的司令沃尔特·莫德尔。恩斯特·布施几乎在防线刚被突破时——因为前线的苏军和后方的希特勒带来的双重压力，恩斯特·布施遭遇了失败——就被沃尔特·莫德尔取代了。1941年德军入侵苏联之初，沃尔特·莫德尔只是一个小小的师长，1944年他五十四岁了，比大多数德国高级指挥官要年轻十岁。沃尔特·莫德尔在平步青云之时仍然保持着当年指挥一个装甲师时的积极肯干、冷酷无情的作风。沃尔特·莫德尔同时是少数几

个敢和希特勒争辩的将领之一，而希特勒虽然讨厌曼施坦因的刻薄，却喜欢沃尔特·莫德尔的粗犷，并准许沃尔特·莫德尔放手去干。于是，凭借希特勒对自己异乎寻常的宽容，沃尔特·莫德尔根据自己的判断果断将部队从处境尴尬的阵地中撤走了。同时，他经常对收到的指示置之不理。沃尔特·莫德尔正是凭着这股子敢于"不服从"的精神——有时甚至比执行撤退时表现出的才能还要突出——才能把处于危险境地的部队解救出来。同时，沃尔特·莫德尔获得的地位和希特勒对自己的尊重，都自然而然地让他更加忠于希特勒。1944年7月29日之后，沃尔特·莫德尔是第一个站出来谴责阴谋并宣誓陆军继续效忠希特勒的将领。从后面的军事行动中也能看出，希特勒对沃尔特·莫德尔深信不疑。

德军在1944年8月重整旗鼓，将苏军进入华沙的时间推迟到了1945年。1944年8月1日傍晚，波兰人尚且控制着华沙的大部分地区，但正当波兰人期待苏军渡河支援自己时，却只听到炮声逐渐消失，徒留波兰人在一片不祥的寂静中惶惑不安。接着，寂静在8月10日被来自空中和地面的大轰炸打破——这是德军重新试图控制华沙的开始。在塔德乌什·科莫罗夫斯基将军的指挥下，波兰地下抵抗军队在华沙城内和德军顽强作战，可惜很快就被德军分割成三块，也没有得到来自维斯瓦河对岸的苏军的任何援助。

当然，波兰人可能已经想到苏军是故意后撤的。不难理解，苏联政府不想看到波兰人率先从德军的魔爪中解放自己的首都，并因此受到鼓舞，从而采取更加独立的态度。虽然化解这个矛盾有些困难，但苏军此时在更大范围内进军受阻体现了比起政治考

第7章 苏联获得解放

量,军事因素能起到更大的决定性作用。①

让波兰前线的战争形势发生巨大变化的是三个很强大的党卫军装甲师的介入。这三个党卫军装甲师分别于1944年7月29日从南部前线(两个师)和意大利前线(一个师)赶到。三个党卫军装甲师从北部侧翼对苏军发起反击,将一根"楔子"插进苏军突出部,并迫使苏军撤退。同时,苏军试图从维斯瓦河上的桥头堡继续推进,却因德国援军抵达而停止进攻。截至1944年8月第一个星期,苏军除了在喀尔巴阡山脉和立陶宛稍有进展,在其余各地处处受阻——苏军在进攻正式停止前早就没劲了。苏军在这种竞赛式的进军的后半段只靠机动部队的小规模进攻维持着攻势。沃尔特·莫德尔的预备队虽然兵微将寡,但只要进入合适的阵地就足以抵挡苏军攻击——这是苏军在五个星期的长驱直入四百五十英里后(这也是第二次世界大战爆发以来苏军速度最快、距离最长的一次进军)因补给线拉得过长导致的必然结果,因此最终不得不停止进攻,并遵循第一次世界大战的定律。苏军做好发动下一次大规模攻势准备之前,在维斯瓦河河畔停留了近六个月。

1944年8月第二个星期,苏军与德军在多点激战。一方面,德军拼命反攻;另一方面,苏军努力寻找新的突破口,但双方都没有取得多大战果。维斯瓦河前线就此稳定下来。苏军从东普鲁士边境朝因斯特堡裂口进军,却被刚刚从罗马尼亚前线调来、哈

---

① 不过,苏联拒绝从西欧起飞的美国轰炸机——为在华沙的波兰人空投补给——在苏联机场着陆。做出这一决定的原因始终没有令人满意的解释。执飞这类任务的是波兰和英国的飞行员,他们只能往返于意大利和华沙之间。虽然这些盟军飞行员在漫长的飞行中表现勇敢,但他们的努力对战局影响甚微。——原注

索·冯·曼陀菲尔指挥的装甲师挡住，并被迫从维尔卡维什基斯这一公路枢纽撤退。苏军与德军在湖泊、沼泽密布的边境上打得胶着。紧接着，哈索·冯·曼陀菲尔的部队就被北调，并在8月下旬从陶拉盖推进到位于里加湾的图库姆斯，为德国北方集团军群开辟了一条退路。

数量如此之少的德军装甲部队竟能取得这样大的战果，既体现了战局的跌宕起伏，也表明苏军由于补给困难，巩固战果的能力已经严重不足。在这种情况下，德军只需几支小股装甲部队，就能发挥出远胜于大批步兵的威力，战局的进展也仿佛大卫和巨人歌利亚大战[1]的现代版反复上演一般，取决于双方的这种小股装甲部队在关键时刻的战斗力。

因喀尔巴阡山脉到波罗的海之间前线局势稍稍稳定，德军赢得了短暂的喘息，但这次喘息被苏军在一条比较曲折的进军路线上发展起来的一个更大的威胁所抵消。这一威胁是从苏军为进军扫清道路而推行的政治行动结束后紧接着在罗马尼亚前线发动的一次进攻开始的。

1944年8月20日，由马利诺夫斯基指挥的乌克兰第二方面军从雅西南下，沿着锡雷特河两岸向加拉茨进攻，对轴心国军队延伸到比萨拉比亚南部的巨大突出部侧翼、后方形成了巨大威胁。由费多尔·托尔布欣指挥的乌克兰第三方面军从德涅斯特河下游向西对轴心国军队突出部发动了更直接的进攻。起初，轴心国军队只是缓慢

---

[1] 基督教神话。歌利亚是一个力大无穷的巨人。牧童大卫用弹弓打中了歌利亚的脑袋，并割下他的首级。——译者注

第 7 章　苏联获得解放

后退,苏军遭遇猛烈抵抗。但后来苏军的进攻就加速了。

1944年8月23日,罗马尼亚王国电台宣布,罗马尼亚王国将与盟军议和,同时对德国宣战。扬·安东内斯库元帅被逮捕,后继者已经接受了苏联提出的包括罗马尼亚立刻改变立场等条款。

趁罗马尼亚王国大乱,1944年8月27日,苏军迅速横扫加拉茨,8月30日占领了普洛耶什蒂油田,8月31日进入罗马尼亚王国首都布加勒斯特。苏联坦克在十二天内推进了二百五十英里,并在此后的六天又迅速前进了近两百英里,抵达南斯拉夫王国边境附近、多瑙河流域的塞维林堡。大批德军官兵要么被困在比萨拉比亚突出部,要么在行军途中被消灭。共二十个师的德国第六集团军[①]死伤殆尽,其失败之惨烈,真可以与在斯大林格勒时相比。

罗马尼亚王国的投降对保加利亚王国向英国与美国求和有一定的促进作用——尽管保加利亚王国没有参与侵略苏联的战争,但其有理由担心苏联对自己的中立采取怀疑态度,这样的恐惧完全可以理解。保加利亚王国积极向西方盟国投降的表现让苏联很不满意。苏联立刻对保加利亚王国宣战,同时苏军从东部、北部两个方向进入保加利亚王国。由于苏联宣战后保加利亚政府下令不抵抗,同时加快了保加利亚自身对德国的宣战进程,因此苏军的"进攻"最后几乎变成了一次"武装游行"。

这样一来,苏联红军就可以随意利用战场侧翼进行机动了,当时它的宽度也是近代以来历次战争中最宽的。在侧翼做转弯

---

① 第六集团军成立于1939年10月,先后参与德军在西欧和苏联的战斗,立下赫赫战功,但在斯大林格勒战役期间被歼灭。这里的德军第六集团军是1943年3月6日重建的。——译者注

机动的关键在于后勤，而后勤工作的关键与其说受敌人抵抗的影响，不如说受行军和补给等因素支配。苏军在罗马尼亚的包围圈中俘虏了超过十万名德军官兵。鉴于德军在西线也是穷途末路，此时德国当局要为部队补上这十万多人的缺额已经不可能。①

1944年秋，在东南欧和中欧的广大战场上，苏军左翼部队有条不紊地进行着转向机动。德军能做的只是尽可能久地凭借守住各个交通中心来阻滞苏军前进，并在不得不撤退时把交通线破坏掉。德军运气不错，虽然兵力少，但这一地区交通线稀少，有不少天然屏障。这就导致苏军即将给德军带来的威胁变成了行动缓慢的军事行动，而德军靠赢得的时间将在希腊和南斯拉夫的部队撤了出来。

在罗马尼亚王国改变立场之初几个星期的混乱时期之前，要是苏军没往西北方向发动攻击并且占领一些地盘，此时其进展可能会更慢。一支苏联机械化部队绕过群山南侧猛攻，终于进入罗马尼亚王国的突出地带，并在1944年9月19日占领了蒂米什瓦拉②，9月22日占领了阿拉德。苏军跨过贝尔格莱德以北的几条道路，逼近了匈牙利王国的南部边界，距离布达佩斯只有一百英里了。苏军如此大胆的进攻，只能用来对付德军无力以反击打破其楔形攻势的部队了。即便如此，苏军的楔形攻势也只能等大部队集结后才能进一步扩大战果。苏军大部队的集结是一个更加缓慢的过程，但与翻山越岭直攻特兰西瓦尼亚相比，还是快一些。

---

① 截至1944年9月底，盟军在各条战线俘虏的德军人数超过了五十万。——原注
② 也称泰梅什堡。——原注

第7章 苏联获得解放

直到1944年10月11日，德军才被赶出阿拉德以东一百三十英里的特兰西瓦尼亚首府克卢日。但马利诺夫斯基当时已把苏军集结在楔形地带，并越过了穆列什河进入匈牙利平原，把兵力分布在以背后的特兰西瓦尼亚为起点的各条公路上。马利诺夫斯基的右翼部队攻占克卢日时，左翼先头部队已经到达克卢日以西一百七十英里、距离布达佩斯不到六十英里的地方——苏军从这种"间接逼近"的战术中获利颇丰。

接下来一个星期，苏军建立了一支强大的力量——最近改编的由切尔尼亚霍夫斯基和彼得罗夫指挥的乌克兰第四方面军已经从北部越过了喀尔巴阡山口（从鞑靼山口到卢普科夫一带由匈牙利第一军防守），直指鲁塞尼亚。接着，彼得罗夫转而向西，进入斯洛伐克。同一个星期，费多尔·托尔布欣的部队从楔形地带南面渡过了多瑙河，和铁托元帅的游击队会合，终于解放了南斯拉夫王国首都贝尔格莱德。贝尔格莱德的德军虽然进行了顽强抵抗，但还是在1944年10月20日被赶出了贝尔格莱德。德军在贝尔格莱德能坚持这么长时间着实令人感到诧异，但更奇怪的是大量德军还在遵循希特勒"不能自行撤退"的命令并留在了希腊——直到11月最后一个星期，剩余德军才离开，并试图进行一次长六百英里、穿越荒野和敌占区的"色诺芬式撤退"①。解放贝尔格莱德和进入匈牙利平原，标志着苏军第一阶段"转弯机动"的结束。

---

① 色诺芬是古希腊人。在一支希腊雇佣军的首领被敌人杀害后，他被推举为新首领，并率领这些远离故国的希腊人在属于波斯人的库尔德斯坦和亚美尼亚等地作战，终于在公元前400年初回到黑海之滨的希腊城市特拉彼祖斯（今特拉布宗）。"色诺芬式撤退"指德军也要在敌占区边打边往自己的国家撤退。——译者注

马利诺夫斯基的部队从索尔诺克北部一直到塞格德的一段长八十英里的战线上逼近蒂萨河,接着就在1944年10月30日对布达佩斯发动了一次强大的直接进攻。当时,马利诺夫斯基已经集结起包括罗马尼亚军队在内的超过六十四个师的兵力,再前进五十英里就可到布达佩斯。苏军将德军和匈牙利军队节节逼退,部分苏军在11月4日甚至杀到了布达佩斯郊区,但恶劣的天气让苏军没法在轴心国军队巩固布达佩斯城防前攻入。布达佩斯就像所有顽固防守的城市一样难以攻下,直到1944年11月,苏军仍被挡在城外,即使包围布达佩斯附近也没能取得多大进展。

因斯洛伐克崎岖的走廊地带限制了苏军的机动能力,对于从鲁塞尼亚向西进入斯洛伐克支援斯洛伐克游击队,彼得罗夫的部队所做的尝试受到了阻碍。

在布达佩斯受阻后,在一次转向进军中,苏军发动了另一次转向进军。费多尔·托尔布欣麾下约三十五个师的兵力已经从南斯拉夫调来,并在1944年11月的最后一个星期从布达佩斯以南约一百三十英里的多瑙河与德拉瓦河交汇处一个已经被占领的桥头堡发起了范围更广的侧翼包抄行动。12月4日,苏军到达位于布达佩斯后面的巴拉顿湖。同时,马利诺夫斯基的部队除在布达佩斯以北发起进攻外,还对布达佩斯的城防工事发动了新一轮突袭。然而,两路苏军的进军都被挡住了,直到1944年底都没能攻克布达佩斯。在1944年圣诞节发动的新的围攻战中,尽管苏军已经把布达佩斯孤立起来,但真正占领布达佩斯的时间是1945年2月中旬。

在东线战场另一端的波罗的海侧翼,苏军秋季战役的情况也存在一些相似的状况——都是进攻方首先大败防守方,却在最后

第 7 章 苏联获得解放

受阻了。德军在1944年夏的失败迫使芬兰共和国不得不向大势低头——芬兰共和国几乎是和罗马尼亚王国、保加利亚王国同时在1944年9月初接受苏联停战条件的，内容包括"若德军在1944年9月15日仍未全部离开芬兰共和国，芬兰军队将对德军采取行动"的条款。接着，德军就开始尝试在芬兰湾的霍格兰岛登陆，而芬兰共和国则对德国宣战。

芬兰共和国投降，为苏军集中兵力发动对德国北方集团军群①的进攻铺平了道路。列昂尼德·戈沃罗夫和马斯连尼科夫分别指挥各自的方面军向德国北方集团军群的前线发起进攻。安德烈·叶廖缅科的波罗的海第二方面军则包围了德国北方集团军群的侧翼，而巴格拉米扬更是率领波罗的海第一方面军将德国北方集团军群的后路切断了。

看来，德军已经无法从这个深深的"瓶底"地带突围了——特别是在"瓶口"还那么狭窄的状况下。不过，德军竟然在一个星期内撤退了近两百英里，退到了里加防线的掩体之中——真正被苏军切断后路的部队实际上并不多。巴格拉米扬的部队试图切断"瓶颈"地带的努力同样宣告失败。苏军受阻的事实再次表明，要进攻一道防守密度恰当的狭窄防线的难度是很大的。

为了挽救局势，苏联统帅部试图从立陶宛中部的希奥利艾进攻里加南面的波罗的海沿岸，因此极大增强了巴格拉米扬的波罗的海第一方面军的战斗力。1944年10月5日，苏军发起新一轮攻势。得益于战线的辽阔和德军主力在里加附近集结，苏军于10月

---

① 现已由斐迪南·舍尔纳代替约翰内斯·弗里斯纳担任司令。——原注

11日抵达梅梅尔。两天后的11月13日，斐迪南·舍尔纳的德国北方集团军群放弃了里加，退守拉脱维亚西北部的"半岛"省份库尔兰。然而，斐迪南·舍尔纳手下的孤军在库尔兰可以继续长久抵抗[①]——驻守梅梅尔、陷入重围的德军也是这样。苏军兵力绰绰有余，完全可以包围德军阵地，只取决于苏军的补给是否足够、部队机动空间是否宽阔。

苏军在解决波罗的海侧面的德军后，开始把矛头指向东普鲁士。1944年10月中旬，苏军在东普鲁士发动了一次强大的攻势。但德军在这条障碍重重的前线上——通往东普鲁士的道路沿线遍布湖泊沼泽——再次顶住了苏军的正面进攻。苏军的主攻目标是因斯特堡裂口，但苏军却在俄罗斯帝国1914年赢得第一次"假胜利"的战场贡比涅[②]附近发生的一次大规模坦克战中受挫。邻近地区的苏军的推进行动同样没能摧毁德军的前线阵地。1944年10月底，苏军的进攻停止了，僵持的局面出现了。

德军在东欧、西欧、中欧重新集合起来的惊人之举显然是许多因素综合形成的结果，德军前线的缩短、苏军补给线的拉长、同盟国的"无条件投降"政策，反倒帮助希特勒令德军进行更顽强的抵抗。此外，秋季战役的进程表明，德军灵活的防御战术只要应用恰当，就可以为己方的新式武器做好战斗准备赢得时间。但希特勒依然认为帮助德军赢得时间的是自己下的那道"只准死守，不许撤退"的"正确"命令。

---

① 请参见第10章关于"库尔兰集团军"的说明。——译者注
② 请参见第10章关于"坦能堡会战"的说明。——译者注

第 7 章 苏联获得解放

在自信心的支配下,希特勒不仅不允许自己的指挥官率部及时从阿登突出部撤出,还下达了最终使东线防御崩溃、调兵支援布达佩斯的命令。

第 8 章 对德国的轰炸加强

The Crescendo of Bombing

第8章 对德国的轰炸加强

第一次世界大战末期及随后的几年,英国出现并发展了一种叫"战略轰炸"的理论。这一理论是英国空军于1918年4月1日作为独立军种(由陆军航空兵部队和海军航空兵部队合成而来)成立[①]后带来的较重要的产物。英国空军热烈拥护这种证明了自己存在和独立必要性的理论成果。

具有讽刺意味的是,曾于第一次世界大战期间在法国指挥英国陆军航空兵部队(即皇家飞行军团),并反对让空军独立存在的休·特伦查德少将也大力支持这一理论。1918年1月,休·特伦查德奉命从法国战场返回英国,并担任英国空军参谋长。然而,休·特伦查德几乎同时就与新走马上任的空军大臣、罗瑟米尔勋爵哈姆斯沃思起了摩擦,空军参谋长的职务被另一位英国空军的先驱、陆军少将弗雷德里克·赛克斯接替。休·特伦查德担任独立轰炸机部队指挥官。独立轰炸机部队成立于1918年秋,其军事

---

① 第一次世界大战时英国就已经动用飞机参战,只是当时叫"Royal Flying Corps"(皇家飞行队),而非1918年4月1日以后的"Royal Air Force"(皇家空军)。第二次世界大战时,很多世界主流军事强国(如美国、日本)都没有独立的空军,其空军大都以陆军航空队和海军航空队的形式存在。——译者注

目标是用于轰炸柏林及其他德国军事目标。此前不久，1917年到1918年，德国"哥达"式轰炸机曾轰炸伦敦。轰炸造成了一些破坏，也给英国军事首脑造成了心理震慑。然而，直到1918年11月第一次世界大战结束时，英国这支轰炸机部队只有九个中队的兵力。部队既缺少实战经验，也缺乏武器装备——当时仅装备了三架用于轰炸德国的"汉得利-佩奇"式大型轰炸机。但这并不影响休·特伦查德成为一名对轰炸机部队独立执行对敌战略打击任务的狂热支持者。1919年，休·特伦查德被召回伦敦，重新担任空军参谋长，一直干到1929年。在这十年，曾任空军参谋部飞行作战处处长、号称弗雷德里克·赛克斯左右手的陆军准将珀西·罗伯特·克利福德·格罗夫斯大大发展了战略轰炸理论。

20世纪20年代，美国陆军准将威廉·米切尔也热衷于战略轰炸理论，但很快就因此被资历更老的同僚排挤出了部队。[1]直到多年后，新人掌权，美国才摇身一变，一举成为空中强国及战略轰炸理论的拥护者。

历史学家把战略轰炸理论的诞生归功于朱利奥·杜黑。1921年，他发表了论述未来空战的著作《制空权》。虽然人们在回顾历史时会发现《制空权》是一本好书，但它刚刚问世时在欧洲没

---

[1] 20世纪20年代，曾经因多次向上级施压要求改善飞行部队装备、顶撞上级，甚至公开指责军队部门，威廉·米切尔先后遭到降级、停职等多种处分。——译者注

第8章 对德国的轰炸加强

有产生什么影响。[1]

在查尔斯·韦伯斯特爵士和诺布尔·弗兰克兰博士所著的英国官方史书《对德国的空中战略攻势》中,当时英国空军参谋部的理论学说总结如下:

> 战略轰炸是一种借航空部队直接打击敌国并使其失去作战能力或意愿的军事手段。一国可以仅凭发动战略轰炸,就能像使用其他军事手段一样赢得战争的胜利。战略轰炸与过去任何已知的作战形式的不同之处在于,它能迅速、直接地对敌国心脏地带进行毁灭性打击。如此看来,航空兵绝不只是单纯在陆军与海军的上空作战,其机动能力更是陆军与海军望尘莫及的。

在第一次世界大战期间,虽然英国的空军只积累了很少的作战经验,但在两次世界大战中间的短暂和平年代里,战略轰炸理念还是让皇家空军的领袖从陆军首脑与海军首脑手中保住了空军的独立地位。陆海军首脑时刻想着剥夺皇家空军的独立地位,使之再次降格为陆军和海军的附属兵种。

---

[1] 1935年访问法国巴黎时,我偶然看到了朱利奥·杜黑《制空权》的法语译本。回国后,我跟几个在空军参谋部供职的朋友提及此书,但他们都表示从没听过。实际上,那时英国空军参谋部的学说比《制空权》发展得更充分。直到1942年,英语版的《制空权》才在美国面世(在英国面世的时间是1943年)。除此之外,《制空权》在意大利王国的影响也很小。1927年,我应邀访问意大利王国时,意大利王国航空部大臣伊塔洛·巴尔博及其手下的高官在谈论问题时很坦率,对英国当时发展起来的空军战略理论表现出了极大的兴趣,但他们对朱利奥·杜黑及其著作只字不提。——原注

欧陆争夺：第三帝国的穷途末路

休·特伦查德和他对轰炸机事业同样倾尽全力的下属发展出了一套极端"亲轰炸机"的理论。他们认为，与陆军、海军不同，空军及其军事活动有自己的独特范畴。虽然这有助于巩固皇家空军当时的独立地位，但犯了轻视、贬低空对空作战的错误。基于支持轰炸机理念，休·特伦查德等人还提出了第二个论点——最好的空中防御法莫过于对敌国心脏地带进行轰炸。然而，随着德国20世纪20年代后期在航空装备方面取得了巨大成就，这种策略不仅在理论上"站不住脚"了，而且变得像以卵击石般愚蠢了。不过，这种策略终于还是走到了极端的"轰炸机万能论"——时任英国首相的斯坦利·鲍德温爵士贸然接受了这个观点。当时的英国空军与美国空军都把这个谬论奉若至宝——直到在1943年到1944年，因为缺乏足够的护航战斗机，在空中战场吃了大亏后，两国空军才不得不承认：要想战略轰炸收到效果，首先必须取得制空权。

战前还有这样一种假设：由于其他形式的轰炸"没有效果"，空袭必须在白天对特定的军事、经济目标实施。[1]休·特伦查德确实强调轰炸对敌国士气的沉重打击，英军也积累了一定的夜航经验。但在当时的皇家空军，上至空军参谋部，下到基层飞行员，一般都不同程度地小看了轰炸任务的执行难度。

历史学家或许会感到疑惑：在第一次世界大战结束后，第二次世界大战爆发前的这段时间，为什么有那么多人研究战略轰炸理论，而1939年第二次世界大战爆发时，英国连一支适合执行战略

---

[1] 因为当时的轰炸机瞄准不够精确，并且夜间能见度低，难以发现目标，因此投弹精准度很低。只有在天气晴朗、能见度良好的白天，轰炸投弹才有效果。——译者注

第8章 对德国的轰炸加强

轰炸任务的轰炸机部队都拿不出来？其实，答案是不仅因为20世纪二三十年代经济危机带来的财政紧张和节约政策造成的军队"缺钱"，还因为皇家空军对为达到战略轰炸目的所需要的兵种和军机种类存在误解。虽然英军从1933年起逐步淘汰序列中的老式双翼飞机，但当时很多航程和载弹量都达不到要求的轻型轰炸机都被保留了下来，即便是新式的"惠特利"式轰炸机、"汉普顿"式轰炸机和"威灵顿"式轰炸机，在那个年代性能也过时了。1939年第二次世界大战爆发时，英国有十七个重型轰炸机中队，但只有六个装备"威灵顿"式轰炸机的中队真正发挥了作用。此外，英国的轰炸机部队还面临缺乏熟练机组（长期以来英国飞行员训练用的都是轻型双座机）和导航等辅助设备等诸多困难。

1929年，休·特伦查德从空军参谋长的位置上退下来，进了上议院。在皇家空军，休·特伦查德可谓"桃李满园"，因此得以保留巨大的影响力。即使早就知道德国空军已经全面占优，休·特伦查德和他的门生还是片面地把轰炸机的发展放在首位。1938年初，英国空军出台的"L计划"提出，要装备七十三个轰炸机中队。但到了1940年春季，英军仅有三十八个战斗机中队。从中队数量来看，轰炸机与战斗机中队的比例是二比一。若从飞机数量看，差距会更大。1938年9月，"慕尼黑阴谋"发生后，英国空军又提出了要装备八十五个轰炸机中队和五十五个战斗机中队的"M计划"——轰炸机中队和战斗机中队的比例从此由二比一调整至五比三。

虽然"M计划"对战斗机中队和轰炸机中队的比例变化的影响不大，但休·特伦查德还是强烈反对——直到1939年春，他还在

上议院辩称要生产更多轰炸机，让比例回到二比一才能最大程度威慑德国空军。但这不现实，因为造轰炸机比造战斗机要麻烦得多，而德军轰炸机数量此时已经比英军多一倍了。

幸运的是，这时英国空军参谋部比过去更加务实了。早在1937年初，国防协调大臣托马斯·英斯基普就曾针对扩编轰炸机部队一事表达过自己的疑虑，并认为"在德国轰炸机飞临英国上空时就将其摧毁，比派遣轰炸机飞到德国机场和飞机工厂炸毁它们更划得来"。1939年初，曾为空军"计划部门"的青年领袖、多次向内阁力陈休·特伦查德轰炸机理论的空军少将理查德·佩克从印度奉调回国，担任空军作战处处长（此前，他在当时还是英国殖民地的印度担任了三年空军高参）。理查德·佩克审时度势，跟很多其他更年轻的空军官兵一样，改变了"轰炸机万能"的立场。第二次世界大战爆发后，理查德·佩克立刻说服了时任空军参谋长的西里尔·纽沃尔爵士接受了"增加战斗机数量才是当务之急"的立场。理查德·佩克的观点还得到了雷达早期预警技术的进步及新一代"飓风"式、"喷火"式等高性能战斗机面世的有力支持。这些新式武器增加了英国防空作战获胜的概率。1939年10月，为了增加英国的防空实力，皇家空军增兵十八个战斗机中队。这一决定很快就付诸实施。事实证明，如果没有这一决定，皇家空军将很可能抵挡不住一年以后，即1940年7月到1940年9月德国空军旷日持久的猛烈轰炸，更别说什么扭转不列颠战役的局势了。

虽然不情愿，但英国内阁和皇家空军还是更加务实地认为：以英军1939年的实力最好不要对德军"先下手为强"——要等轰

第8章 对德国的轰炸加强

炸机部队实力再上一个台阶并且护航战斗机对轰炸机的比例更高时,才能执行对德战略轰炸任务。

英国官方史书是这样评述当时英国空军参谋部的计划、讽刺当时军备情况的:

> 自1918年以来,英国空军的战略是基于这一理念建设的:如果下次世界大战爆发时,英国还不具备战略轰炸敌国的能力,就无法打赢战争。结果在第二次世界大战中,轰炸机司令部给敌人造成的损失少之又少。①

根据上述"不先发制人"等原因,在德国闪击波兰共和国和之后的"静坐战"时期,英国空军除在德国上空抛撒传单或偶尔袭击海军目标外,几乎无所作为。此外,出于担心德国对自己发动更加猛烈的报复性轰炸,法国拒绝英国轰炸机司令部以法国为基地起降飞机作战。和德国一样,法国人认为轰炸机只具备和陆军部队配合的战术价值。与英军的看法相反,德军认为,第一次世界大战期间派出"哥达"式轰炸机空袭英国的行动是一次彻底的失败——德军实际上已经放弃了战略轰炸的理念。

虽然英国空军参谋部制订过轰炸德国鲁尔工业区的计划,但上级不允许英国空军执行该计划。上级或许是对的——因为轰炸将在白天进行,而轰炸机的飞行特点是速度慢、防御脆弱。曾在1937年到1940年担任皇家空军轰炸机部队司令的空军上将埃德

---

① 《对德国的空中战略攻势》,第1卷,第125页。——原注

加·勒德洛-休伊特爵士也认为，此时对德国动手不仅无法保证收效，损失还有可能会很惨重。

1939年12月，在白天执行轰炸德国海军的目标时，英军轰炸机部队的"威灵顿"式轰炸机遭遇一群使用原始雷达的德国战斗机的袭击，非但没取得显著战果，反倒损失惨重。而性能较差的"惠特利"式轰炸机由于执行的是危险系数较低的传单抛撒任务，1939年11月中旬到1940年3月中旬却没有损失。鉴于夜战危险性小得多，英军轰炸机司令部从1940年4月以后便只在夜间派出飞机了。这证明此前英国空军参谋部认为的"昼间作战不会受到严重损失"的想法是错的。

对战略轰炸的另一个误解"搜索和攻击一个特定目标都很容易"还要等很长一段时间才能被修正。这主要是因为通过摄影侦察确认轰炸战果的技术直到1941年才被采用。此前对轰炸效果的判断只能听信机组成员的报告——事后，这些报告往往被发现与真实战果大相径庭。

1939年入侵波兰共和国时，德国空军的水平轰炸机部队和俯冲轰炸机部队就有不俗的表现。1940年4月入侵挪威及1940年5月与装甲部队协同作战入侵西欧时，德国空军的水平轰炸机部队和俯冲轰炸机部队的价值更是与日俱增。然而，英国空军拒绝与英国远征军协同作战，仍坚持"空军单方面战略轰炸"的老一套。因此，轰炸机司令部在其经历的那些重要战役中起的作用实际上微乎其微。英国远征军的空军对德军进攻部队发起的零星空袭，特别是轰炸马斯河桥梁的那次，都付出了巨大代价，收效却少得可怜。

第8章 对德国的轰炸加强

1940年5月15日,以丘吉尔为首的英国内阁终于授权轰炸机司令部动用轰炸机轰炸莱茵河东部地区。当夜,九十九架英国轰炸机袭击了德国鲁尔工业区的铁路和石油工厂。人们往往认为这一天是对德战略轰炸的开始。但轰炸机司令部高估了轰炸的战果和影响力——对此后很长一段时间发动的战略轰炸都是这样的估计。

1940年7月,由于英国本土面临德国空军轰炸的危险,英国空军参谋部只得暂时搁置轰炸德国石油工厂的计划,转而命令轰炸机部队攻击德国控制的港口、船舶、船坞及飞机工厂和发动机工厂,以阻止德军进攻,并削弱德军的进攻能力。

1940年5月14日,德军轰炸了荷兰王国的鹿特丹,随后又轰炸了很多其他城市。英国媒体的风向开始转变,英国人对英国空军向德国发起"无差别轰炸"的反感不再那么强烈。

1940年8月24日,德国空军因"迷航"而对伦敦的"误炸",让英国人对英国空军向德国发起"无差别轰炸"的要求日益强烈。对德军轰炸机飞行员来说,由于他们一直刻板地遵守轰炸任务的"教条",导致屡屡因导航错误而犯错,"误炸"也就"无可厚非"了。只是这让为此付出沉重代价的英国人从心底滋长了要同等报复德国的愿望。当英国人发现轰炸机是当时英国唯一足以攻击德国的武器时,这种复仇的愿望就变得更加强烈——从丘

吉尔的态度上就可见一斑。①

不过，英国空军参谋部态度的转变多半是因为作战中碰到了种种问题。因实际战况和丘吉尔的个人压力，英国空军参谋部妥协了——1940年10月30日，英军在月明之夜轰炸了德国石油工厂，还在其他时间轰炸了德国城市。英国空军参谋部明显已经接受"无差别"轰炸——或被称为"地毯式轰炸"——的理念了。

但英国人提出的上述目标和观念都过分乐观。仅凭英军1940年的技术水平，根本不可能指望轰炸机能准确命中德国境内的小型石油工厂，这和指望仅靠轰炸德国城市就能摧毁德国人士气和纳粹政权一样荒谬至极。

在不断呈现的证据面前，英国空军参谋部不得不承认：针对特定的德国目标开展的空中打击收效甚微。1941年1月，轰炸机投弹的理论误差为一千码，想击中小型工厂肯定没戏。然而，1941年"大西洋战役"面临危机，为了解决危机，必须摧毁德国海军及其潜艇基地，需要轰炸机部队竭尽所能，因此没有人再提精准打击能否实现这一问题。然而，轰炸机司令部表现出了目光短浅、理论固化的一面，不愿为此出力。

不过，轰炸机司令部终于还是竭力摆脱了成规。1941年7月

---

① 英国并不是唯一这样"报复"轴心国的国家。1938年，为了震慑日寇，国民党空军两架马丁B-10轰炸机从宁波起飞，在东京等城市上空抛洒大量抗日宣传单，有力震慑了当时的日本侵略者，留下了"纸弹炸东京"的佳话。1942年，詹姆斯·杜立特率领美军B-25轰炸机从"大黄蜂"号航空母舰上起飞，轰炸了东京等城市。这些攻击虽然无论从规模还是持续性上，都不足以给轴心国带来较大的实质性伤害，但都满足了本国人民反击法西斯侵略分子的愿望，有力提升了军民的士气。——译者注

第8章 对德国的轰炸加强

以后,轰炸机司令部试图打击一些类似德国铁路交通线等"半精确"目标。不过,在天气情况不佳、能见度不好的时候,英军就转而轰炸德国大工业区。然而,即便如此改变策略之后,轰炸的成效依旧不大。经过仔细调查之后,1941年8月出台的《巴特报告》显示:在轰炸鲁尔工业区的过程中,仅十分之一英军轰炸机能在五英里范围内找到既定目标,这比所谓的"一千码误差"理论的误差要大得多。[1]这表明当时摆在轰炸机司令部面前最大的困难就是解决导航技术的问题。作战任务困难重重,外界压力如山般巨大,最终迫使英国空军参谋部认清了现实:"要想夜袭收到实效,就必须以摧毁整个德国城市为目标。"[2]

随着英军对"轰炸精度不高"这一问题的认识越发清晰,英国空军参谋部便开始加大宣传"空袭可以摧毁德国人斗志"这一言论的力度——简单地讲,就是要用空袭制造大恐慌。此时,英国空军参谋部把摧毁德国人斗志列为与摧毁德军战争手段相当的头等大事。

丘吉尔对英国空军参谋部此时仍保持乐观情绪越来越不满,特别是看到其在1941年9月2日拿出的一份轰炸德国的报告中已经把投入的轰炸机数量增加到了四千架,并确信能在六个月之内完成任务的时候。在参考了《巴特报告》及其他类似报告之后,丘吉尔指出:如果能提升轰炸精度,将使效率翻两番,同时更经济。丘吉尔还对英国空军参谋部提出的"大轰炸能瓦解德国人士

---

[1] 《对德国的空中战略攻势》,第1卷,第178页。——原注
[2] 《对德国的空中战略攻势》,第1卷,第233页。——原注

气、瓦解德军防御"的乐观看法表示怀疑。他对当时的英国空军参谋长查尔斯·波特尔爵士说了这样一段话：

> 我很怀疑当下"只依赖对德国的轰炸就能决定战争胜负"这一说法。反之，我还认为我们从大战开始到现在收到的一切关于轰炸作战的战果报告都有很多水分。①

丘吉尔还刻意强调说："德国也'很可能'改进自己的防空措施。"实际上他说的很对。

在一份备忘录中，丘吉尔还曾对查尔斯·波特尔讲了这么一句很有远见的话："只有等德国空军的实力已经弱到无法阻挡我国轰炸机部队在昼间进行大规模、精确的轰炸时，我国才有用轰炸机部队决定胜负的可能。"而这要等1944年美军介入轰炸作战时才能实现。

丘吉尔对德国可能强化防空的担忧变成了现实。1941年11月，英国轰炸机部队损失惨重，特别是在1941年11月7日这一天——英军出动四百多架轰炸机对德国发动了多次袭击。虽然轰炸离英国较近的德国目标付出的代价较小，但轰炸柏林的一百六十九架轰炸机中有二十一架没能返航。

总结英国轰炸机部队自开战以来的经验，不难发现，英国空军参谋部和轰炸机司令部长期以来的固化战法是大错特错的，其在大战头两年取得的战果着实令人失望。

---

① 《对德国的空中战略攻势》，第1卷，第182页。——原注

第8章 对德国的轰炸加强

英国轰炸机部队的低潮自此一直持续到1942年3月。英军整个冬天都在全力搜索德国在布雷斯特的战列巡洋舰"沙恩霍斯特"号和"格奈森瑙"号。英军轰炸机投下的炸弹部分命中了它们。1941年12月,珍珠港遭到日军偷袭后,美国宣布加入战争,美国工厂转而为美军生产轰炸机,从而放缓了对英军的供货速度。1941年冬,苏军成功扭转了局势,给攻入苏联已六个月的德国侵略者重重一击。这时,新的问题出现了:盟军是否真的有必要靠轰炸赢得战争?这么做是否值得?

1942年2月中旬,对德战略轰炸再次恢复。这时,布雷斯特问题已经解决,德国战列巡洋舰已经结束"攻击英吉利海峡"作战并撤回国了。英国轰炸机多装备了一种无线电辅助导航及目标辨别装置,即所谓的奇系统(Gee System)。2月14日,轰炸机司令部接到一项命令:强调目前应把轰炸重心集中到打击"德国平民,特别是产业工人的士气"的"基本目标"①上去。在回应议会质问时,英国政府虽然三缄其口,但"制造恐怖"实际上已经是其既定方针了。

这项要求轰炸机部队攻击平民的命令其实侧面承认了战略轰炸的可行性。早在1941年7月1日,查尔斯·波特尔就谈及当时的主流看法:"除非战术上力所能及,否则即便目标从经济上看是最适合的也不应该纳入考虑范围。"②

这个命令实际上是为1942年12月22日代替理查德·皮尔斯爵

---

① 《对德国的空中战略攻势》,第1卷,第323页。——原注
② 《对德国的空中战略攻势》,第1卷,第189页。——原注

士出任轰炸机部队司令的空军中将阿瑟·哈里斯而发的（在日军空袭珍珠港后不久，理查德·皮尔斯爵士即赶赴远东担任盟军空军总司令）。阿瑟·哈里斯颇有魄力，他的领导作风也鼓舞了司令部和轰炸机机组的成员。然而，他在任上所持的很多观点及做出的很多决定都是错误的。

在令人感到紧张、沮丧的时刻，丘吉尔的科学顾问弗雷德里克·林德曼1942年3月底起草了一份令人感到鼓舞的备忘录。在备忘录中，以3月初英军对巴黎附近城市比扬库尔的保罗·雷诺工厂的毁灭性空袭为例，弗雷德里克·林德曼劝丘吉尔安心——那场战斗是首次利用照明弹指引目标的重大试验，派出的二百三十五架英国轰炸机只损失了一架。

1942年3月下旬，英军"成功"轰炸了德国波罗的海沿岸城市吕贝克。英军投下的燃烧弹几乎将人口稠密的市中心完全烧毁。4月，英军又对罗斯托克发动了四次类似的燃烧弹袭击——只是英军烧毁的大部分都是老城区美丽的古代房屋，根本不是邻近的工厂。实际上，这些城市都在奇系统探测范围之外，但要定位它们比较容易，这对百分之四十的飞机都装备了奇系统的英军轰炸机队来说是莫大的鼓励。不过，轰炸机司令部在对吕贝克的空袭中损失惨重，而对埃森发动的八次袭击，每次都遇上坏天气和德军的防空炮火，效果也很不理想。德国人很快建立了对空防御。他们的雷达能引导高射炮和探照灯，并增大了夜间战斗机编队的规模。英军在1942年初损失的轰炸机仅有百分之一是在夜间被战斗机击落的，但到夏季这个比例就上升到了百分之三点五，这还是在盟军努力采用牵制敌人等策略的情况下。

第8章 对德国的轰炸加强

"我们所有夜间轰炸计划都是建立在可以避开德军战斗机部队的前提下的。"[①]这是空军参谋部和轰炸机司令部人员意识中存在的一种谬想。他们不愿意承认,一架轰炸机无论被如何严密保护起来,总会遭到另一种专为击落它而设计的飞机攻击。即便采用规避战术,给轰炸机配备各种规避对方夜间战斗机雷达的电子设备,除非皇家空军能从德军手中夺取制空权,否则在德军日益强化的防空火力面前,根本没有第二条万无一失的突破途径。

英军试图夺取制空权的尝试始于1941年初开始直到1942年仍在执行的"马戏团行动"——轰炸机和战斗机配合行动,轰炸机在白天进入西欧大陆沿海地带引出德军战斗机,再由英军的"喷火"式战斗机消灭德军战斗机。虽然"马戏团行动"有一定成效,但英军战斗机航程不足,这就限制了其最终战果。如果将行动进一步扩大,英军的损失就会更严重,即便后来投入"兰开斯特"式重型轰炸机也是如此。不过,"马戏团行动"始终还是为盟军在法国北部沿海争取到了制空权,这对后来诺曼底登陆的重要性不言而喻。

1942年,随着"千机大轰炸"的言论甚嚣尘上,战争形势出现了新发展。阿瑟·哈里斯试图通过集中轰炸机行动的战术减少损失顺便扩大战果。1942年5月,虽然轰炸机司令部的一线兵力仅有四百一十六架轰炸机,但英军还是通过集中二线兵力和训练部队的方式拼凑出一千零四十六架轰炸机,并于1942年5月30日夜

[①] 《对德国的空中战略攻势》,第1卷,第350页。——原注

间轰炸了科隆。科隆城区被毁面积达六百英亩①，其损毁程度甚至大大超过了英军在此之前九个月对科隆投入的一千三百六十四架次轰炸机的轰炸效果的总和。英军共损失轰炸机四十架，占轰炸机总数的百分之三点八。6月1日，轰炸机司令部又集中了当时可用的九百五十六架轰炸机轰炸了作战难度更大的埃森。不过，由于当时云雾漫天，能见度低，埃森受到的破坏不算严重，算是逃过一劫。英军损失了三十二架轰炸机，占轰炸机总数的百分之三点二。此后，"千机战队"就被解散了，但阿瑟·哈里斯还在为再来几次这样的作战制订计划。6月26日，他集中了九百零四架轰炸机——其中有一百零二架飞机是从海岸司令部借调来的——轰炸德国港口不来梅和福克-伍尔夫飞机工厂。不幸的是，天空云雾弥漫，能见度低。轰炸使德国的损失很小，但英军损失了约占总数百分之五的轰炸机，其中大部分是训练部队的飞机。从此直到1944年以前，英国再没有对德国执行过"千机大轰炸"。

这些大轰炸给公众留下了深刻印象，有利于阿瑟·哈里斯为维持轰炸机司令部在空军里的优先地位，并向上级请求将所辖部队扩大到五十个作战中队。阿瑟·哈里斯还得到了自己曾反对建立的探路者部队的帮助及来自新式"双簧管"（1942年12月）和H2S（1943年1月）等装备在导航技术上的大力支持。

然而，回想起来，鉴于德军军火产能在1942年提升了近百分之五十，我们不难看出英军极大地夸张了大轰炸对德国工业毁伤的效果。德国的"死穴"，也就是其石油工业近乎完好无损，其

---

① 一英亩约合四千零四十七平方米。——译者注

第8章 对德国的轰炸加强

飞机产量也有很大提升。1942年,德军西线白天战斗机数量从二百九十二架增至四百五十三架,夜间战斗机数量从一百六十二架增至三百四十九架。相反,英军损失的轰炸机总数在1942年上升到了一千四百零四架。

1943年1月召开的卡萨布兰卡会议确定将战略轰炸作为地面作战的先导。盟军空军发出了如下命令:"我们要逐步干扰、破坏德国的战争机器、工业能力和经济系统,打击德国人的士气,极大地削弱其抵抗能力。"对此,阿瑟·哈里斯很满意,还强调了该命令的后半部分极其重要。美国陆军第八航空队中将伊拉·埃克对此表示满意,但他强调的是该命令的前半段。该命令虽然列举出了轰炸目标执行的先后次序,但给了空军指挥官灵活进行战术选择的权利。因此,虽然美军对德国白天轰炸,英军对德国夜间轰炸,但双方的打击无法有效配合。

然而,1943年5月召开的华盛顿会议力促英国轰炸机部队与美国轰炸机部队相互合作(实际上确实有合作),还强调了对双方都存在的来自德军战斗机日益严重的威胁。因此,英军与美军联合空袭,也就是所谓的"冲拳行动",其首要目标是摧毁德国空军及其飞机制造工厂。这"对我军逐步破坏德国的战争潜力是必不可少的"——对英军与美军来说都事关重大。即便如此,阿瑟·哈里斯还是钻了会议文件措辞不清的空子,继续轰炸德国城市这种非重要地区,不顾德国空军的实力在1943年1月到1943年8月增加了一倍的事实。而打击德国空军,对轰炸机部队的发展前景和"霸王行动"至关重要。不过,英军当时空袭汉堡和鲁尔都大获成功,人们自然因此被蒙蔽,看不到德国空军增强存在的危险。

虽然当时英军的"探路者"部队正在逐渐成军,"双簧管"和H2S等导航系统也逐步应用,但与1942年相比,1943年初的几个月对英国轰炸机部队司令部来说都比较平静。于是,轰炸机机组成员得到了改进装备某些缺陷的机会,也得到了适应正逐渐取代旧式飞机的新型"兰开斯特"式重型轰炸机和"蚊"式轰炸机性能的时间。[①]同时,由于英联邦国家(特别是加拿大自治领)开始执行大规模训练计划,并于1942年撤销了副驾驶,因此飞行员短缺的问题得到了解决。

这些对1943年3月到7月在斯图加特到亚琛一带进行的合计大小四十三场主要战斗的"鲁尔空战"[②]来说都是有利的。鲁尔空战的"揭幕战"始于1943年3月5日英军派出四百四十二架飞机轰炸德国重兵把守的克虏伯工厂所在地埃森。由于装备"双簧管"的英军轰炸机能准确攻击目标,使埃森在轰炸中受到了比以往更加严重的破坏,英军仅付出了十四架飞机被击落的代价。此后几个月,埃森又遭到四次大规模轰炸,鲁尔工业区大部分重要核心区域也遭到猛烈袭击。英军投入了八千磅巨型炸弹和燃烧弹,杜伊斯堡、多特蒙德、杜塞尔多夫、波鸿和亚琛都被炸成一片火海。5月29日,英军发动夜间轰炸,摧毁了巴门伍珀塔尔地区百分之九十的土地。虽然当时常受恶劣天气状况的影响,但英国轰炸机轰炸的命中率已经大大提升。这使阿瑟·哈里斯自作主张动用部

---

① "蚊"式轰炸机的数量从1943年1月的五百一十五架增至1944年3月的九百四十七架。——原注

② 历史上较常提起的鲁尔战役还有1945年盟军在鲁尔区一带将德军沃尔特·莫德尔的B集团军群分割包围的战役。沃尔特·莫德尔因回天乏术而饮弹自尽。——译者注

第8章 对德国的轰炸加强

队时就更有底气了。

即便如此,英军当时夜间轰炸的精准度仍不高,仅有1943年5月16日夜间由空军中校盖伊·吉布森率领的经过特殊训练的"水坝破坏者"——第六一七中队准确摧毁了鲁尔工业区内的默内水坝和埃德尔水坝是个例外。但第六一七中队也付出了十九架轰炸机被击落八架的沉重代价。

根据官方史料,我们总结道:在1943年的"鲁尔空战"中,"轰炸技术的革命性飞跃已经成为英国轰炸机司令部手中的有力武器……但当时的英军尚未让其发挥更大的杀伤潜力"[①]。除此之外,虽然"双簧管"起到了关键作用,但英军作战时只要稍微超出其工作范围就难再取得战果了。

在1943年第一次轰炸埃森之后,英军飞机损失的数量就开始飞快上升。整场战役中,英军飞机的损失率平均高达百分之四点七,即损失了八百七十二架。在损失率已达警戒水平的危急关头,英军完全是靠飞行员的高昂士气和不断增援才撑下来的。

"蚊"式轰炸机飞行速度快、飞行高度高,德军战斗机和高射炮几乎对其起不起作用,因此蒙受的损失很少。如果当时没有能在高空飞行的"蚊"式轰炸机,那么"双簧管"就起不了作用(其无线电波沿切线方向离开地球表面,轰炸机必须在高空才能收到信号),更不能为充当轰炸主力的"兰开斯特"式轰炸机提供准确指引了。

"漂亮战士"式夜间战斗机飞行速度太慢,无法很好地为夜

---

① 《对德国的空中战略攻势》,第2卷,第136页。——原注

袭的轰炸机部队护航。虽然先进的科学技术正在逐步把英国轰炸机出动的夜晚照得像白天一样，但德国空军也在逐步改进其反制措施。德国空军似乎很快就可以做到无论白天还是黑夜都可以顺利击落英军轰炸机的程度了。

1943年"鲁尔空战"结束后，盟军很快又在7月到11月发起了由三十三次主要战斗组成、出动轰炸机一万七千架次的"汉堡空战"。汉堡空战以7月24日英军派出七百九十一架轰炸机——其中三百七十四架是"兰开斯特"式轰炸机——轰炸汉堡拉开序幕。由于新型导航辅助设备起了作用，加之能见度好、标记得当，大量英军燃烧弹和高爆弹落在了汉堡市中心。此外，英军还装备了"窗户"式雷达干扰装置，将损失降低至十二架飞机。美国陆军航空兵第八航空队分别在7月24日和7月26日参加了空袭，"蚊"式轰炸机也有参战。这让汉堡城的德军防空部队忙个不停。7月27日夜，英国派出七百八十七架轰炸机夜袭汉堡（仅损失了十二架飞机），给汉堡以毁灭性打击。7月29日，英军又派出七百七十七架轰炸机袭击汉堡。由于轰炸准头不太高，德军开始想办法反制"窗户"式雷达干扰装置，英军的损失上升至三十三架轰炸机。1943年8月2日，英军对德国发动的第四次空袭因为能见度的关系也不是很成功。然而，总体而言，汉堡遭到了严重破坏。英军虽然每次出击损失都有增加，但计算平均损失率只有百分之二点八。此外，在7月25日到7月30日的汉堡空战中期，英军的轰炸对雷姆沙伊德及埃森的克虏伯工厂造成了严重破坏。在此后几个月，英军攻击的范围还包括曼海姆、法兰克福、汉诺威和卡塞尔，并给这些城市造成了巨大破坏。8月17日夜，英军成功轰炸了

第8章 对德国的轰炸加强

位于波罗的海沿岸的德军导弹试验基地佩讷明德——英军出动四发轰炸机五百九十七架,其中被击落四十架,另有三十二架被击伤,但给佩讷明德带来的破坏未达到英国的预期。

这一时期,英军还轰炸过柏林。然而,限于低能见度和超出"双簧管"工作范围,轰炸收效不大,并且H2S系统也只能"照顾"到柏林庞大城区的一角。德国的夜间战斗机此时已经可以来回飞行一千一百五十英里截击英军机队了——德军飞机由雷达站负责指引,雷达操作员已经能熟练应对"窗户"式雷达干扰装置的干扰。德军虽然无法在雷达上逐个分辨出英国轰炸机单机,但还是能探测到其主要动向。英军在1943年袭击了柏林三次,损失轰炸机一百二十三架,其中损失的八十架都是拜德军夜间战斗机所赐。如此看来,英军比苏军还早尝到了"攻打柏林"的滋味。英军在1943年11月到1944年3月轰炸柏林是丘吉尔讨好斯大林的结果。此战,轰炸柏林的主要战斗有十六次,另有对德国主要城市斯图加特、法兰克福和莱比锡等实施的十二次空袭。英军为此出动轰炸机达两万多架次。

然而,"轰炸机哈里斯"(阿瑟·哈里斯的绰号)对此战的预期与最终战果不一样。英国损失惨重,但没有换来德国的屈膝和投降,最后此战因损失过大而被迫半途而废。英军损失率达到百分之五点二,造成的破坏却不能与在埃森、汉堡等地获得的战果相比,这沉重打击了英国轰炸机司令部的士气[①]。当时,英军一千零四十七架轰炸机竟然被击落,另有一千六百八十二架轰炸机被击

[①] 《对德国的空中战略攻势》,第2卷,第195页到第196页。——原注

伤。德军夜间战斗机是否到场助战已经成为英国轰炸机能否全身而退的关键，如1943年10月7日，因为当天前往拦截的德军夜间战斗机正好迷航了，英军夜间空袭柏林时损失率仅有百分之一点二。通常，德军夜间战斗机出击迅速，表现活跃——英国轰炸机指挥部只得被迫将目标往更南移动，还必须调动大部分力量发动牵制性空袭。1944年3月30日，英军对纽伦堡发动的空袭损失惨重：共动用七百九十五架轰炸机，被击落九十四架、击伤七十一架。

英国空军本来就有人对阿瑟·哈里斯的方针不满，这样一来，反对他的人就更多了。英国空军参谋部意识到，只有采取"有选择"（主要选择石油工业、飞机制造业之类的目标）的轰炸策略才会更符合卡萨布兰卡会议提出的设想[1]，但除非盟军真正夺取制空权，否则根本不可能成功。

德国在这一时期防空兵力的增强及军备生产的扩张给阿瑟·哈里斯的轰炸战略的正确性画上了一个巨大的问号。阿瑟·哈里斯现在最关心的问题也变成了怎样才能争取美国人和他一起空袭柏林。然而，美军没受过夜战训练，无法在夜间出动，而1943年底试图在白天空袭柏林等于自杀。1944年初，阿瑟·哈里斯提出，只要使用"兰开斯特"式轰炸机便可使德国人在1944年4月初投降。英国空军参谋部拒绝了这一提议，并坚持继续有选择地空袭德国工业设施，如施韦因富特滚珠轴承厂。

1944年2月25日，阿瑟·哈里斯勉强同意空袭这些德国工业设施，这可能是英美联合战略轰炸攻势首次付诸实施。德国空军实

---

[1] 即从欧洲北部陆上进攻德国势在必行。——原注

第 8 章 对德国的轰炸加强

力不断增强,不仅威胁了盟军的战略轰炸攻势和"霸王行动",也让阿瑟·哈里斯的观点越来越不得人心,"轰炸柏林"的失败更是强化了这一趋势。4月,连阿瑟·哈里斯用行动承认自己已经失败——美军寻求掩护白天轰炸机部队的远程护航战斗机时,阿瑟·哈里斯提出了"派遣夜间战斗机增援"的要求。

英军轰炸机司令部对德国城市大规模轰炸的前景令人们产生了疑虑。幸运的是,为了支援盟军随后横跨英吉利海峡的诺曼底登陆行动,英国轰炸机部队遵循原计划去执行轰炸法国的铁路交通网的行动了。这不仅减轻了英国轰炸机部队的负担,还能以这些任务的成功掩盖之前轰炸德国遭遇的惨败。不仅如此,"霸王行动"发起后,战局胜利的天平明显已经朝盟军一方倾斜了。

自1942年美国加入后,英军的战略轰炸行动从之前的"孤军奋战"转变为联合行动。华盛顿会议上,美国陆军航空兵司令亨利·阿诺德将军提出,要以英国为基地建立一支强大的美国陆军航空兵力量。对此,丘吉尔和英国参谋长委员会当然十分欢迎,甚至不再指责美军白天的轰炸。美军相信,如果可以为轰炸机配备凶猛的火力和厚重的装甲,并在高空呈古代步兵方阵般的密集编队飞行,就可以让德国战斗机束手无策。事实证明,这就跟英国人妄想利用夜间的黑暗减少轰炸机损失一样,简直是妄想和谬论。

1942年前后,因为美军对德国的白天空袭规模较小,所以损失不那么明显。但到了1943年,美军在发动规模更大、飞行距离更远的轰炸时,损失就直线上升了。1943年4月17日轰炸不来梅时,美军出动轰炸机一百一十五架,结果被击落了十六架,另有四十四架受损严重。5月13日轰炸基尔运河时,美军出动了六十六

架B-17"飞行堡垒"式轰炸机,结果被击落二十二架。1943年7月,美军在轰炸汉诺威的一次战斗中出动轰炸机一百二十架,结果被击落二十二架。美军派出加挂副油箱的P-47"雷电"式战斗机为轰炸机护航,但这些战斗机的航程满足不了护航的需求,而这种需求在当年秋天轰炸法兰克福东部的施韦因富特滚珠轴承厂时越发突出。

在1943年10月14日的轰炸中,美军损失惨重。当时,美军派出一支配有二百九十一架"飞行堡垒"式轰炸机、外加强大的P-47"雷电"式战斗机护航的空中部队轰炸德国。结果护航战斗机飞到亚琛附近就被迫返回了。美军护航战斗机撤退后,美军轰炸机在飞向目标和返回英吉利海峡上空时遭到了多批德军战斗机的攻击。美军损失了六十架轰炸机,另有一百三十八架轰炸机受损严重。有些飞机返回后因受损严重,不得不报废。美国第八航空队在骇人听闻的一个星期里先后四次冒险轰炸护航战斗机航程以外的德国目标,结果付出了一百四十八架轰炸机被击落、机组人员无一生还的惨重代价。这超出了美军的承受范围。美军航空兵的主官不得不承认他们真的需要远程护航战斗机,但人们坚持"轰炸机万能论",对这一需求视而不见,一些关键技术也被认为无法实现。幸运的是,当时北美航空研制的P-51"野马"式战斗机解决了这些问题。英国在1940年就下了订单,想要这种战斗机,但被美国回绝。不过,P-51"野马"式战斗机装备了英国罗罗公司生产的"默林"发动机后,性能有了很大提升。1942年秋,使用派卡德"默林"发动机的P-51"野马"式战斗机横空出世。此时,P-51"野马"式战斗机在各个高度的作战空域飞行速

第8章 对德国的轰炸加强

度均快于德国各型战机,机动性也更优良——装备远程油箱后,P-51"野马"式战斗机航程可达近一千五百英里,即从基地起飞,可为轰炸机提供长达六百英里的护航航程,能飞到德国的东部边界。1943年12月,第一批P-51"野马"式战斗机落户美国第八航空队。至第二次世界大战结束,美军共生产了一万四千架各型P-51"野马"式战斗机。

1943年和1944年之间的冬季是美国第八航空队的一个"平淡期"。当时,轰炸机暂时只准攻击离基地距离较近的目标。1943年12月的美军轰炸机损失率只有百分之三点四(1943年10月是百分之九点一)。后来,美国陆军第十五航空队进驻意大利并从这里起飞轰炸德国,破坏德国战时经济。轰炸机部队(第八航空队、第十五航空队)的指挥官由卡尔·斯帕茨将军担任。

P-51"野马"式战斗机的产量在1944年初的几个月里持续上升,其改进型的航程也有所延长。不仅如此,P-51"野马"式战斗机不再仅仅用于护航作战——只要发现德国空军战斗机,P-51"野马"式战斗机就可以上前与之交战。盟军用这种战术迫使德国空军与自己交战,德国空军损失惨重。这样一来,盟军就可以实实在在地掌握制空权,而不用等到轰炸行动开始时才急忙夺取制空权。1944年3月,德国空军在对上P-51"野马"式战斗机时,越来越不愿意与之硬碰硬地交战。这不仅意味着白天作战时,美国轰炸机被拦截的概率降低,损失在减少,也为"霸王行动"铺平了道路。

具有讽刺意味的是,P-51"野马"式战斗机的活跃同时有利于英国轰炸机司令部对德国的夜间作战。德国空军在主宰战场夜空

的同时，也为美军航空兵让出了白天的制空权。英国空军轰炸机在分兵协助支援诺曼底登陆作战后恢复了对德国的战略轰炸。此时，德军夜间战斗机缺乏燃油，失去了设在法国的早期预警雷达站，而英国空军在欧洲大陆上有了自己的雷达站，并因此获利。

这些变化都可以从损失数字上反映出来。1944年5月，英国轰炸机司令部只对德国发动过几次空袭，但损失惨重。6月，英军空袭德国石油工厂等目标时损失率竟高达百分之十一。因此，8月到9月，英军把近一半的空袭改在白天，损失率大大降低。当时，即便是夜袭，损失率也显著下降了，昼、夜轰炸损失率分别为百分之三点七和百分之二点二。9月，英国轰炸机司令部派出三倍于1944年6月的轰炸机力量夜袭德国，但损失只有之前的三分之二。

当时，英国轰炸机司令部已经投入了远程夜间战斗机来帮助减少损失，但护航战斗机不是导致损失下降的主要原因。因为它们飞行速度太慢，执行的任务难度太大。1943年12月到1944年4月这段时间内，英军仅仅击落了三十一架德国夜间战斗机。在战争最后的十七个月里（1943年12月到1945年4月），盟军也只击落了二百五十七架德国夜间战斗机（盟军派出了数量更多、战斗力更强的飞行中队），也就是平均每个月只击落了十五架德国夜间战斗机的水平。因此，盟军在远程夜间战斗机、新型雷达及干扰技术上的进步对降低损失率的贡献远不能与德国燃料（石油）缺乏、领土损失和失去白天制空权等原因相比。

1943年，盟军在德国一共倾泻了二十万吨炸弹，这个数字是1942年的五倍。但德国的军备产能达到了新高，这主要是因为希特勒的军需生产部部长阿尔贝特·施佩尔采用了改组生产的策略，

第8章 对德国的轰炸加强

而"空袭预防"及德国生产力的迅速恢复有效解除了当时德国出现的生产下降、士气受损的警报。1943年,德国军火产能提高了百分之五十,同时飞机、火炮、坦克和潜艇的产量都增加了。

其实,从战争开始,德国人就一直担心遭到英国的大规模空袭。据说,1943年7月盟军轰炸汉堡后,阿尔贝特·施佩尔曾泄气地认为,只要盟军再对六个德国城市发动如此规模空袭,"德国就完了"。但1943年下半年,盟军的区域性轰炸没有造成严重的破坏,对德国人士气的影响不大。在采取了一些分散生产的高明办法后,阿尔贝特·施佩尔没有上半年那么焦虑了。

一时之间,美军有选择的精确轰炸收到了奇效——1943年上半年,德国战斗机产量下降了百分之二十五。但美军在1943年10月遭到惨败后,德国战斗机的产量又回升了,并在1944年初达到较高水平。盟军虽然准确料到了德国遭遇的损失程度,但小瞧了德国的生产水平。盟军错误地认为:西线德国空军的战机数量是因为从东线抽调战斗机增援才会不降反升的。

对英国轰炸机司令部而言,眼下最重要的是夜袭准确度得到了显著提高。精确轰炸的第一个案例是第六一七中队轰炸水坝成功,被作为一支专门的"指引者"部队。不过,随着"探路者"指引系统的改进、一万两千磅的"地震"式高脚炸弹及两万两千磅的"大满贯"式炸弹相继投入使用,英军的夜间精确轰炸正在成为一种"常态"。

最重要的是,英美联合空袭最终逐渐迫使德军将大部分战斗机从东线调回西线,这不仅利于苏军作战,也利于消灭德国空军的战斗机力量,让"霸王行动"在不受德国空军太大影响的状况

下顺利进行。

在战争的最后一年（1944年4月到1945年5月），盟军已经完全掌握了制空权，这主要得益于美军航空兵1944年2月到4月的进攻。但当时"霸王行动"要求英国轰炸机与美国轰炸机将目标从轰炸德国完全转移到直接支援盟军在诺曼底的登陆行动上。

被迫如此分兵让如阿瑟·哈里斯爵士等轰炸机拥护者感到不快，但查尔斯·波特尔爵士与英国空军参谋部人员所持的看法就更加实际。他们认为轰炸机是盟军战略中的配角。因为战略轰炸机部队有支援其他部队进行战术行动的必要，所以阿瑟·特德爵士在1944年4月中旬获得了指挥西线空军的权力。他曾在中东指挥空军作战，给人们留下了深刻的印象。阿瑟·特德认为轰炸机部队只有迅速投入切断德军交通线的作战，才能起到迅速驰援"霸王行动"的作用。虽然丘吉尔担心空袭会伤及无辜的法国平民，但卡尔·斯帕茨将军仍坚持轰炸德军的石油设施（查尔斯·波特尔也支持）。因此，1944年3月25日，盟军批准了阿瑟·特德的计划。

1944年春，在卡尔·斯帕茨将军的坚持下，美国第八航空队仍首先轰炸德国石油目标。1944年4月到6月，英国轰炸机部队在重点轰炸德国的铁路交通线——英军轰炸机在6月投下的炸弹仅有百分之八是用于打击德国本土目标的。6月，在轰炸德军交通线、岸防炮台和火箭发射场等目标的行动中，英军投下了六万五千吨炸弹。从中不难看出，阿瑟·特德此举旨在致使德军交通线瘫痪，确保诺曼底登陆的胜利。阿瑟·哈里斯之所以反对阿瑟·特德这么做，是因为他认为英国轰炸机投弹的精准度不够，但1944年3月，英军轰炸法国铁路货车编组站成功，粉碎了他的这一论断。

第8章 对德国的轰炸加强

当时,英国轰炸机司令部"分兵"的策略遭到很多批评,但它确实是正确的策略——在减轻英军地面部队面临的压力的同时,提升英军的轰炸精准度。除此之外,德国部署在法国的战斗机力量比英国轰炸德国本土时遭遇的战斗机力量弱多了。

英国空军中校伦纳德·切希尔改进了"蚊"式轰炸机的低飞目标指示器,提升了空袭精准度。这种技术在1944年4月首次投入使用。盟军凭借这种技术几乎做到了弹无虚发,这使丘吉尔认为的误伤平民的事件并未发生。5月,盟军投弹的平均误差已经从3月时的六百八十码下降到了二百八十五码。

阿瑟·特德希望将切断交通线的战法应用在对德国本土的空袭上,而盟军在诺曼底登陆前夕对德国交通线的成功袭击坚定了他的这一看法。阿瑟·特德深感切断德国铁路交通线除了能阻止德国调兵(苏联人对此求之不得),还能摧毁德国经济。由此可以看出,轰炸铁路交通线已经成为除对德国进行区域性轰炸(阿瑟·哈里斯的观点)、对德国石油工厂进行专门轰炸(卡尔·斯帕茨的观点)外的"第三方案"。"第三方案"对德国陆军和空军的打击比对德国进行区域性轰炸更加有效。

在诺曼底登陆后的一段时间内,盟军轰炸机袭击了德国各种目标:美军的轰炸目标以德国石油设施和飞机制造厂为主;英军投弹十八万一千吨,但其中只有三万两千吨用于攻击德国本土目标。

很明显,盟军当时已经不再搞区域轰炸了。英国空军参谋部接受了美军"应优先轰炸石油目标"的观点。1944年4月15日,美国第十五航空队从意大利起飞,轰炸了罗马尼亚的普洛耶什蒂油田。5月2日,美国第八航空队从英国起飞,轰炸了德国的石油设

施。德军出动四百架战斗机拦截,但美军是拥有九百三十五架轰炸机和一千架护航战斗机的庞大机群。德军战斗机一下子就被打退了。美军损失四十六架轰炸机,德军损失六十五架战斗机。

1944年6月6日诺曼底登陆后,盟军的轰炸攻势增强了。英国空军参谋部意识到己方轰炸机夜间轰炸的精准度已经提高时,便下令轰炸机部队开始轰炸德国石油设施。7月9日,英军轰炸了盖尔森基兴。英军虽然损失很大,但效果很好。另外进行的几次空袭因天气原因损失惨重:英军三个晚上出动轰炸机八百三十二架,被击落九十三架,大部分是拜德国夜间战斗机所赐。

美军继续开足马力轰炸德国目标。1944年6月16日,美军派出的轰炸机规模竟多达一千余架,另有护航战斗机近八百架;6月20日派出的轰炸机更多,达到了一千三百六十架。6月21日,一支盟军轰炸机部队轰炸了柏林,另一支盟军轰炸机部队轰炸了德国石油工厂,并在苏联降落。因为盟军机组在苏联受到了冷遇,此举便未继续下去。美国的损失固然很大,但越来越多的德国石油工厂因此瘫痪,德国空军的燃料供应因此遭到毁灭性打击。9月,德国辛烷燃料产量已经减少至一万吨,但德军每月的辛烷燃料消耗高达十六万吨。1944年7月,德国石油工厂都遭到盟军的攻击。阿尔贝特·施佩尔处心积虑为德国造了大量新型飞机坦克,结果它们却因缺乏燃料而变成了一堆不能动的铁疙瘩。

德国可用的飞机越来越少,盟军的空军力量却越来越强。英国轰炸机司令部的一线轰炸机数量已经从1944年4月的一千零二十三架上升到1944年12月的一千五百一十三架,1945年4月增加到一千六百零九架。美国第八航空队的轰炸机从1944年4月的一千

第8章 对德国的轰炸加强

零四十九架增加到1944年12月的一千八百二十六架,到1945年4月增加到两千零八十五架。

与此同时,英国空军首次在白天大规模空袭了德国。首次白天大规模空袭是在1944年7月中旬进行的,目标是法国港口城市勒阿弗尔。这次轰炸有"喷火"式战斗机护航,后来多次袭击都有"喷火"式战斗机护航。8月底,英国轰炸机在白天轰炸了德国鲁尔工业区。此时,英军发现德军已经很少抵抗了。

战场上的新局势导致英国轰炸机司令部重启了对德国石油工厂的夜袭——效果比以前更好,损失却比以前更小。1944年8月29日,英国对距离较远的柯尼斯堡发动的空袭大获成功。尽管这次袭击的目标不是石油工厂,但已经可以看出英军轰炸战术已经得到了全面改良。

从1944年10月开始直至欧洲战争落幕,欧洲的天空主宰者成了盟军的轰炸机。1944年最后三个月里,英军投下的炸弹竟然比1943年全年加起来的还多。仅鲁尔工业区在这一期间就承受了超过六万吨烈性炸药的攻击。正如英国官方史书中记载的那样,这是"轰炸机真正万能"的一个时期。[①]德国的抵抗能力正逐渐瓦解,其战时经济也逐渐崩溃。

因为盟军轰炸的精准度更上一层楼,遭遇的抵抗不如以往猛烈,所以在战争的最后时刻,英军把百分之五十三的炸弹投在了德国城市,百分之十四用于轰炸炼油厂,另有百分之十五用于轰

---

① 《对德国的空中战略攻势》,第3卷,第183页。——原注

炸德国交通线。[1]这种做法在实际作战和打击德军士气上的效果让人生疑。美军的做法大不一样——美军专挑德国软肋下手的做法比一味看到目标就投弹的策略要高明得多，更何况当时对阿瑟·哈里斯的"无差别"轰炸策略的批评越来越多。

在战争的最后阶段，盟军空军蒙受的损失主要是因为没能坚持打击最优先目标。1944年9月25日，在一个盟军命令中，将攻击德军石油目标列为最优先事项。若将这个目标和打击德军交通线综合考虑，必定可以大幅缩短战争时长，因为英国轰炸机司令部也在1944年10月集中轰炸德国本土目标，投下了五万一千吨炸弹，自身损失率还不到百分之一。但10月的空袭仍用三分之二的炸弹进行一般的区域性轰炸，对石油设施和交通线只用了少量炸弹。因此，11月1日，轰炸机指挥官收到了"最优先攻击德国石油目标，交通线次之"的命令，并且命令不再要求他们攻击其他德军目标了。当时，打击这两个目标都比较容易，比起区域性轰炸更能加速德国的崩溃。但固执己见的阿瑟·哈里斯甚至不惜以辞职相威胁来阻挠这个计划的实施。

1945年初，由于德军在阿登地区反攻，并且配备了足够的喷气式战斗机和新型通气管潜艇，盟军获胜的前景变得黯淡起来，这引发了盟军对轰炸目标优先级的再讨论。当时，各路"高人"都拿出自己的方案吵个不休，最后盟军只能妥协，拿出一个折中方案。当然，这样的方案往往含糊其词、效率不佳。

---

[1] 轰炸以上三种目标所用弹药的比例在1945年1月到1945年5月分别为百分之三十六点六、百分之二十六点二和百分之十五点四。这个数据是否准确存在较大争议。——原注

第8章 对德国的轰炸加强

在新的折中方案中,为讨好苏联而要恢复将"制造恐怖"列为首要目标引起了热议。1945年1月27日,阿瑟·哈里斯收到贯彻"制造恐怖"袭击的命令。这样一来,"制造恐怖"一跃超过破坏交通线等其他目标,成为仅次于破坏德国石油设施的"第二目标"。于是,盟军毁灭的就不再是纳粹恶魔的工厂和交通线,而是城市中心的无辜百姓。1944年2月中旬,连德累斯顿这样的边远城市都遭到了毁灭性的蓄意攻击,大量无辜平民和难民受害。

1945年4月,德国境内已经没有剩下几个具有战略轰炸价值的目标了,轰炸机部队便不再执行区域性轰炸和精准轰炸任务,改为直接支援陆军作战了。

战略轰炸命中目标的战果比较

1944年夏季,盟军密集的轰炸弹雨已经开始致使德国的生产能力下降。然而,由于阿尔贝特·施佩尔高明的"分散生产、兴建新工厂"的策略,德国的损失得到了很好的弥补。在1945年2月盟军破坏德累斯顿前,德军始终保持着高昂的士气。

盟军对德国石油工厂的轰炸

因为罗马尼亚王国的油田一直没有被盟军轰炸过,所以德国境内的综合工厂不断发展。德国的石油储备在1944年5月达到顶峰,此后才不断下降。

德国三分之二的氢化石油燃料都是从七个大工厂里生产出来

的。1944年夏季，同其他石油工厂一样，它们都是易受盟军轰炸机集中轰炸的目标。盟军的轰炸很快见效——德国汽车用燃料的产量在1944年6月的已经下降到1944年4月的一半，1944年9月更是只有1944年4月的四分之一。航空燃料产量在1944年9月降至一万吨（生产指标只有三万吨），但德军月最低航空燃料需求量是十六万吨。德军最急需的航空燃料百分之九十都是由贝吉乌斯氢化厂负责生产供应的。

后来，随着盟军西线"霸王行动"的开展和苏军东线反攻的节节胜利，德军燃料需求不断上升，燃料短缺的问题开始变得严峻起来。1944年5月，德军燃料需求量首次超过产量。阿尔贝特·施佩尔努力试图扭转局面，终于稍微改善了状况。1944年12月到1945年1月的阿登反击战前，德国燃料储备竟然还有回升。但战争旷日持久，这点储备无法继续支撑德军继续作战。1944年12月到1945年1月，盟军持续轰炸德国石油设施。英国轰炸机司令部发动的夜袭收效显著，因为"兰开斯特"式轰炸机能携带比之前威力更大的炸弹，攻击的准头更高了。

盟军对德国石油设施的攻击不但导致德国因航空燃料短缺而大量削减战机出击数量并几乎停止了新飞行员的训练，还大幅度削减了德国炸药和合成橡胶的生产。现在举例说明：在1944年的第一次出击中，德军最多只能派遣五十架夜间战斗机。燃料的匮乏同样大大抵消了德军新式喷气战机的威胁及后续战斗潜力。

第8章 对德国的轰炸加强

对德军交通线的轰炸

轰炸德军控制的交通线，对盟军诺曼底登陆及登陆后进行的战斗取得胜利，在战略战术上具有重要意义。不过，当时盟军已经逼近莱茵河，因此更难评价空袭取得的成果。1944年11月，盟军计划集中力量轰炸德国在西线，特别是鲁尔地区的铁路和运河——一旦德国的煤炭供应被切断，德国的主要工业生产就会停顿。阿尔贝特·施佩尔忧心忡忡，但盟军首脑对此认识不清。他们因意见不合而争论不休，导致对德军交通线的空袭要么威力不够，要么推迟，因此效果自然就不好了。但1945年2月，盟军动用八九千架军机夜以继日地轰炸德国交通线。1945年3月，德国交通线已被盟军彻底破坏，工业领域出现燃料荒。1945年2月，上西里西亚失守（当时苏联已经攻下上西里西亚），德国再也没有煤炭来源了。当时，德国虽然还有充沛的铁矿石资源，但钢铁生产已经无法满足军火生产的最低需求了。即便是阿尔贝特·施佩尔，也回天乏术，着手制订德国战后的重建计划了。

直接轰炸德国本土

直接轰炸德国本土的战果越来越显著，一个接一个的德国城市被战火焚为焦土。1944年7月，德国工业产能达到顶点后不断下降。1944年10月后，德国埃森的克虏伯兵工厂停产了——因为电力、煤气和供水设施被盟军炸坏了。除了鲁尔工业区，1945年德国工业最后崩溃，主要是因为交通线被盟军破坏，原料奇缺。

总 结

盟军对德国的战略轰炸曾被寄予厚望，但起初效果很差，这表明盟军过分自信，没能保持理智。后来，盟军越发务实地看待战略轰炸，从白天轰炸改为夜袭，随后改为区域轰炸，但还是存在很多问题。

1942年以前，盟军的战略轰炸并未给德国造成什么威胁，但坚持执行这一行动或许可以提振英国人的士气，虽然这一点很值得怀疑。

幸亏到了1943年，美国救援英国的力度日益加强。英国与美国勠力同心，两国轰炸机部队给德国造成了更大的破坏，但这对德国的军工生产和民众士气依然没有造成什么影响。

直到1944年春季，美军应用远程护航战斗机为轰炸机护航，盟军战略轰炸才真正迎来"转折点"。

盟军轰炸机大力支援了"霸王行动"，之后又去轰炸德国工厂，取得了更大的成功。在战争的最后九个月，盟军轰炸机作战能够获胜，多半与德国空军力量被削弱，以及盟军在轰炸、导航技术上取得的新进展有关。

盟军高层决策时犹豫不决、意见不一，如在地面战场一样，苦于无法集中力量，所以盟军在空中的进展变得十分缓慢。盟军空军的战争潜力比其取得的战绩要大得多，特别是英军热衷于对德国发动"无差别"的区域性轰炸——虽然这么做没有任何道理，但英国人还是乐此不疲。

有充分的证据显示：如果盟军能充分集中力量轰炸德国石油

第 8 章 对德国的轰炸加强

设施和交通线,大战就可能提前结束(甚至提前几个月结束)。虽然盟军没能抓住机会,同时犯了战略失当、忽视伦理道德的错误,但轰炸作战对击败纳粹德国仍然功不可没。

第 9 章 希特勒的阿登反击战

Hitler's Ardennes Counterstroke

第9章 希特勒的阿登反击战

1944年12月15日，蒙哥马利写信给艾森豪威尔，说在莱茵河流域下一场大攻势发起前，想回家过圣诞节。蒙哥马利还在信中给艾森豪威尔开了一张五英镑的账单——艾森豪威尔1943年时曾与蒙哥马利打赌，说战争将在1944年圣诞节前后结束。[①]这个玩笑并不好玩，因为蒙哥马利两个星期前的信已经搞得艾森豪威尔"如鲠在喉"。在信中，蒙哥马利尖锐地批评了艾森豪威尔的战略，以及艾森豪威尔的战略为什么没能把德军打垮，言语之中甚至到了建议艾森豪威尔"让位"的地步。[②]

艾森豪威尔展现出的耐心堪称典范。他不把蒙哥马利的话当作尖锐的攻击，而只把它当作玩笑。1944年12月16日，在给蒙哥马利的回信中，艾森豪威尔说："我还有九天时间，虽然看样子你能多赚五英镑过圣诞节，但你也得等到那天到了才能把钱拿到手。"

艾森豪威尔和蒙哥马利及两人麾下的指挥官都认为，在执行进攻计划时，盟军不会再有被德军干涉的可能了。在对第二十一

---

① 哈里·塞西尔·布彻：《我与艾森豪威尔相处的三年》，第722页。——原注
② 哈里·塞西尔·布彻：《我与艾森豪威尔相处的三年》，第718页。——原注

集团军群全体官兵宣布自己对战争形势的最后估计时,蒙哥马利满怀信心地说:"现在,敌人正在全线防御。敌人的处境已经决定,他们不可能再大举进攻了。"指挥美国第十二集团军群的奥马尔·布雷德利也持同样的看法。

但就是在1944年12月16日早上,德军大举进攻,打乱了盟军指挥官的计划。德军发动针对位于山林密布的阿登山脉一带的美国第一集团军前线的进攻。阿登山脉一带的美军并不多,因为部队大多被调走,以便在沿着进入德国的平坦道路上集结最多的兵力。盟军认为,阿登山脉不利于发动进攻,也忽视了其可能被德军用作进攻路线的可能性。然而,正是在四年前的1940年,德军在当地发动了严重动摇盟军前线局势,乃至最后让盟军西欧战线彻底崩溃的"闪电战"。所以1944年,盟军指挥官竟对希特勒可能会寻求在同一地带再搞一次奇袭并成功的可能视而不见,这是很奇怪的。

德军进攻的消息过了很长时间才传到盟军远在后方的高级司令部,而高级司令部用了很长时间才意识到德军进攻的威胁。1944年12月16日傍晚,德军进攻的消息终于传到了艾森豪威尔设在凡尔赛的同盟国远征军最高司令部。当时,艾森豪威尔正在和奥马尔·布雷德利讨论美军下一步进攻的问题。奥马尔·布雷德利坦率地说,德军的进攻不过是一场阻止盟军进攻的"捣蛋"而已①。艾森豪威尔则说自己"很快就意识到德军绝不是局部进

---

① 奥马尔·布雷德利:《一个士兵的故事》,第455页。——原注

第9章 希特勒的阿登反击战

攻"①。然而,重点在于,他直到12月17日傍晚才给同盟国远征军最高司令部的两个师的预备队下达开赴战场的命令。

盟军预备队开赴战场时,长八十英里的阿登前线守备薄弱,只有特洛伊·米德尔顿指挥的由四个师组成的美国第八军,并且已经被德军二十个师的兵力——其中七个是装甲师,集中了近千辆坦克和装甲突击炮的兵力——打开了一个大口子。赶回自己设在卢森堡的战术司令部时,奥马尔·布雷德利发现自己目瞪口呆的参谋长正在作战室里对着地图苦思冥想,就叫骂道:"德国佬哪儿来的这么大劲儿发起进攻?"②战况其实比奥马尔·布雷德利的司令部已经掌握的情况还糟:德国装甲兵先头部队已经突入二十英里,其中一支德军装甲部队突击到斯塔沃洛了。美国第一集团军司令考特尼·霍奇斯低估了德军的进攻,甚至一度坚持要加紧对北部远处的鲁尔水坝发动攻势。1944年12月18日,直到发现德军已经穿过斯塔沃洛逼近自己设在斯帕的司令部时,考特尼·霍奇斯才感觉到危险,这才赶紧将司令部搬到了较安全的区域。

盟军最高统帅部之所以未能及时掌握消息,是因为消息回传的速度太慢。这种情况是德军突击队员造成的。德军突击队员乔装打扮,渗透到盟军被击破的防线,将许多从前线通往后方的电话线剪断,还到处制造混乱。

但这些都解释不了盟军最高统帅部为什么对德军在阿登一带大举反攻的可能性视而不见。早在1944年10月,盟军情报部门

---

① 德怀特·艾森豪威尔:《远征欧洲》,第342页。——原注
② 奥马尔·布雷德利:《一个士兵的故事》,第466页。——原注

就已经知悉,德国装甲师正从前线撤回,以便为新一轮攻势进行整编,并且已经整编出一支新的党卫军——第六装甲集团军。12月初,报告显示,从鲁尔以西的科隆被救出来后,德国第五装甲集团军司令部就转移到了南边的科布伦茨。此外,盟军还发现德军坦克编队正赶往阿登,而许多新编的德军步兵师也在这一带出现。12月12日和13日,盟军又发现两个著名的"闪电"师("大德意志"师和第一一六装甲师)出现在阿登这一"平静"区域。12月14日,德军把架桥设备送到了掩护美军在阿登以南防线的欧尔河河畔。之前,即12月4日,一名在阿登被俘的德军士兵供认了德军正在当地准备一场大规模进攻,这份供述也被后来抓获的很多其他德军战俘证实。战俘们还说,进攻将会在1944年圣诞节前的一个星期内发动。

为什么这些越发明显的信号得到的却是漠视?因为美国第一集团军情报部门的首脑既跟自己部队作战部门的首脑关系不和,还与上级集团军群情报部门的首脑关系僵硬。美国第一集团军情报部门的首脑甚至被认为是一个常喊"狼来了"的危言耸听者。[1] 不仅如此,第一集团军情报部门的首脑没能从收集到的事实材料中得出确切的推断,而受到直接威胁的第八军得出了危险的错误结论:前线上的几个德军师的调防只是在被调走前让新手积累实践经验罢了。这"表明德军仍希望前线的这一区域(阿登一带)能平安无事"。

然而,盟军高级指挥官的失算,不仅是因为缺少来自己方情

---

[1] 奥马尔·布雷德利:《一个士兵的故事》,第464页。——原注

第9章 希特勒的阿登反击战

报部门关于德军进攻力量的确切消息，还有其他原因。已经连续进攻很长时间的盟军指挥官根本想不到德军还会主动进攻。"进攻就是最好的防守"这一军事概念在盟军指挥官的脑子里根深蒂固，以致他们确信，只要自己继续进攻，德军就无法有效地反攻。这是一种危险的错误想法。根据盟军指挥官的估计，德军即便发动反攻，也不过是对盟军正面进攻科隆和鲁尔工业区采取的直接应对措施。因为当时希特勒重新起用七十岁高龄的伦德施泰特担任西线德军总司令，盟军指挥官深信德军会采用正统而谨慎的作战风格。

然而，盟军指挥官的这些想法都是错的，对"伦德施泰特挂帅"的误判使盟军指挥官更加确认前面的几个错误想法是对的。虽然盟军将反攻称为"伦德施泰特攻势"，但其实伦德施泰特只是名义上的司令，根本没有"挂帅"。盟军对反攻的称呼让伦德施泰特很恼火，因为伦德施泰特不但不同意反攻，还把自己撇得干干净净，只让部下尽力为之——他只把司令部当作传达希特勒的"通信站"。

德军在阿登一带反攻的想法、决定和计划都是希特勒本人的意见。希特勒的想法是一种才华横溢的设想。他如果仍有足够的人力、物力，就很可能取得成功。反击作战初期取得的惊人成功，部分归功于不久前刚被希特勒从师长提拔到集团军司令、年轻的（四十七岁）哈索·冯·曼陀菲尔推行的一种新战术，部分归功于希特勒的一种使盟军瘫痪的想法——为了给战胜数百万盟军的胜利开道，希特勒大胆使用几百人小部队打头阵。为了实现这一设想，希特勒起用了另一个自己发现的人——时年三十六岁

的奥托·斯科尔策尼[①]。1943年,他曾奉希特勒之命,使用滑翔机,从一座山顶监狱中救出了墨索里尼[②]。

希特勒的新想法被称为"狮鹫行动"。在德语中,"狮鹫"是神话中的怪物"格里芬"。这个计划的名称十分恰当,因为这个计划收获的最大效果就是在盟军战线后方制造了一个巨大、惊人的骗局。

"狮鹫行动"分"两步走",也可以说是《荷马史诗》中"特洛伊木马屠城记"的现代版——在美军前线被攻破后,一个讲英语、乘坐美军吉普车、在德国军服外面穿上美军夹克的突击连带头向前猛冲,随后化整为零,尽可能地四处搞破坏,如切断盟军电话线,倒转路标将盟军预备队引入歧途,四处悬挂示意"路上有地雷"的红丝带等,在盟军的阵地上制造混乱。接着,一个假扮成美军的德军装甲旅长驱直入,占领了马斯河上的桥梁。

计划的第二步始终没有实现。德国集团军群参谋部只能拿出少量所需的美国坦克和卡车,其余只能用伪装过的德军车辆补齐。这种拙劣伪装极易被察觉,况且德军在承担相应任务的装甲旅埋伏的战场北部地区无法完成彻底突破,进军就只能延迟,最后不得不放弃。

然而,计划的第一步竟然获得惊人的成功,战果甚至超过了德军预先的估计。四十辆这样装作美军的德军吉普车通过防线,在美军防线上大搞破坏,最后除了八辆吉普车,都安全回来了。

---

① 奥托·斯科尔策尼(1908—1975),生于维也纳,曾率领德国伞兵部队多次执行特种作战行动,有"欧洲最危险的男人"的绰号。——译者注

② 即前文提到的"橡树行动"。——译者注

第9章　希特勒的阿登反击战

而少数被美军抓住的乔装打扮的德国兵造成极大恐慌，因为他们给人一种美军前线和后方有很多这种破坏小分队在流窜的感觉。为了把这些破坏分子抓出来，交通停运，几百名真正的美国士兵因答不上自己人的口令而被抓起来，连奥马尔·布雷德利自己都这么说：

> ……五十万美国士兵在道路上每次相遇时都要玩一玩"猫抓老鼠"的游戏。军衔、证件及抗议都没法让行人在每一个岔路口免于盘问。我曾三次被谨慎的士兵要求自证身份。第一次，士兵问我伊利诺伊州首府是哪一个城市，我说是斯普林菲尔德，可他们非说是芝加哥；第二次，士兵问的是橄榄球规则，问我中锋和在启球线上的截锋之间的球员叫什么（答案是护锋）；第三次，士兵要我说出金发碧眼的美人贝蒂·格拉布尔[①]现任丈夫的名字。这个问题我实在回答不上来，但士兵没有为难我，他看到我犯难时自己乐开了花，最后还是放我通过了。[②]

对英军联络官和从后方来的参谋军官来说，这种考题更难，因为他们根本答不出来。

紧接着，1944年12月19日，一个被俘的乔装打扮的德军在受

[①] 原名伊丽莎白·露丝·格拉布尔，好莱坞著名女明星，曾先后与杰基·库根（1937—1940）和哈里·詹姆斯（1943—1965）结婚，这个问题的答案应该是哈里·詹姆斯。——译者注
[②] 奥马尔·布雷德利：《一个士兵的故事》，第467页到第469页。——原注

审时,供述了某些吉普车队担负杀死艾森豪威尔和其他高级指挥官的任务。这其实是德军袭击部队在训练营中尚未被告知真正任务时,流传的毫无根据的谣言。但这个消息一传到盟军指挥部,就让安全保卫部门惊恐万状,恐惧甚至弥漫到了法国巴黎,搞得巴黎也采取了陷入瘫痪状态般的预防措施。这种恐惧竟然持续了十天之久。

在1944年12月23日的日记里,艾森豪威尔的海军助理哈里·塞西尔·布彻上校写道:

> 我今天到凡尔赛去见了俨然成为警卫"囚徒"的艾森豪威尔。他对自己的行动受限感到既生气又无奈。屋子周围遍布各种警卫人员,有的配备了机枪。艾森豪威尔往返办公室都有卫兵开路,有时身后还跟着一辆吉普车,上面都是全副武装的卫兵。[1]

因自己制造的麻烦,以及为满足希特勒野心过大的目标而付出的努力,战争资源超负荷运转,德军蒙受了巨大损失。此时,希特勒已经沉迷于宏大计划之中不可自拔了。

哈索·冯·曼陀菲尔对希特勒的计划做了很好的总结[2]:

---

[1] 哈里·塞西尔·布彻:《我与艾森豪威尔相处的三年》,第727页到第729页。——原注

[2] 我在战争结束后不久审问过一些德军高级指挥官,并根据地图和他们讨论了很多战役细节。有需要时,根据后来发现的其他证据加以核实后,我就会选用这些指挥官叙述中的一些惊人话语。——原注

第9章 希特勒的阿登反击战

阿登一带的进攻计划完全由希特勒的司令部,也就是德国国防军最高统帅部制订,并且以死板的"元首令"传达给我们。进攻的目标是要在西线获得决定性胜利。为此,我军将投入泽普·迪特里希的党卫军第六装甲集团军和我指挥的第五装甲集团军。党卫军第六装甲集团军将朝西北方向出击,跨过位于列日和于伊之间的马斯河,向安特卫普挺进。党卫军第六装甲集团军承担主要任务,也是作战的主力军。而我的部队将沿一条更加曲折的道路推进,在那慕尔和迪南之间渡过马斯河,接着往布鲁塞尔推进,为党卫军第六装甲集团军做侧翼掩护……整个进攻目标是切断英军和补给基地之间的联系,迫使英军撤出欧洲大陆。①

在希特勒的想象中,如果阿登反击战被自己搞成了"敦刻尔克第二",英军就会丧失作战能力,希特勒就会为自己赢得喘息时间,挡住苏军进攻,并在东线形成双方僵持的局面。

希特勒的计划在1944年10月底被交给伦德施泰特和负责执行的集团军群司令沃尔特·莫德尔。伦德施泰特是这样记述自己当时的反应的:

> 我很吃惊。希特勒没有就计划可行性征询过我的意见。在我看来,这显然是一个野心极大的计划,但我们可

---

① 巴兹尔·利德尔·哈特:《山那边》,第446页到第447页。——原注

用的部队少得可怜。沃尔特·莫德尔和我的观点一致。实际上,没人相信我军真能打到安特卫普。但当时我已经知道,同希特勒争论任何事情的可能性都是没用的。与沃尔特·莫德尔及哈索·冯·曼陀菲尔商量后,我觉得唯一的希望就在于向希特勒提出另一个既可以打动他又比较实际的建议,从而让他放弃自己痴心妄想的目标——这就意味着搞一次钳制盟军在亚琛周围突出部的有限攻势。①

但这一更加稳健的计划被希特勒拒绝了,他仍然坚持要搞原先自己制订的计划。德军的准备工作尽量悄悄地进行。哈索·冯·曼陀菲尔说:

> 我麾下的第五装甲集团军的所有师都已经集结,但这些师散布在特里尔与克雷菲尔德之间,隔得很远。这样一来,间谍与平民就不会知道我们想干什么了。我们告知部队的是准备去迎战盟军即将在科隆发起的攻势,而实情只跟数量极其有限的参谋军官说过。②

德国党卫军第六装甲集团军的集结地在更后方的汉诺威与威悉河之间,其麾下的几个师曾从火线上被救出,并进行了休整。奇怪的是,德军给泽普·迪特里希安排的任务事先并没通知他,

---

① 巴兹尔·利德尔·哈特:《山那边》,第447页。——原注
② 巴兹尔·利德尔·哈特:《山那边》,第449页。——原注

第9章 希特勒的阿登反击战

更没有找他商量,而是直到任务快开始时才告知他。大部分师长只是在任务开始前几天才收到通知。而哈索·冯·曼陀菲尔的第五装甲集团军花了三个晚上才移动到进攻前线。

德军的战略伪装未损害进攻的突然性,但因对内部的极度保密而付出了代价,对党卫军第六装甲集团军而言尤其如此。指挥官很晚才得到通知,研究作战问题、识别战场地形和做战备工作的时间实在太少了。这就导致德军忽视了很多事情,自进攻伊始就遇到了很多障碍。希特勒在司令部里和阿尔弗雷德·约德尔一起拟订了计划的细节,似乎认为自己搞出来的细节足以使德军完成任务。希特勒对于实际战场的具体条件和作战指挥官的个人问题一概置之不理,对参战部队的需求也持乐观态度。

伦德施泰特评论说:"我们既没有足够的增援部队,也没有充分的弹药补给。尽管我们有很多个装甲师的番号,但实际保有坦克的数量很少,基本就是纸上谈兵。"①

当时,德军最缺的是供车辆使用的燃料。哈索·冯·曼陀菲尔这样说:

> 阿尔弗雷德·约德尔给我们做了保证:有足够的汽油让我们发挥全力,保证我们的进军。后来,我们发现,这个保证完全就是空头支票。造成这个麻烦的部分原因是德

---

① 这番话得到了由休·科尔编写的官方美国史的证实。休·科尔给出的德国装甲师平均保有的坦克数量介于九十辆到一百辆之间,仅为盟军规模的一半。休·科尔也不认同盟军当时以"师"的数量为基础计算双方实力得出的阿登反击战是德军坦克在第二次世界大战期间前所未有的一次集结的说法。——原注

国国防军最高统帅部是在用数学计算式的、死板的方法计算每个师进军一百千米所需的油耗。在苏联的作战经验告诉我,战场上真正的油耗是这个纸面数字的两倍,但阿尔弗雷德·约德尔对此不是十分了解。

考虑到在阿登山脉这种崎岖难行的地区搞冬季作战可能会遇到格外的困难,我私下跟希特勒讲,实际上要准备计算标准量五倍的汽油(燃料)供应。然而,攻势发动后,实际只给我们提供了标准量一点五倍的汽油。更糟的是,大量的汽油都被存放在后方很远的莱茵河东岸的大型卡车纵队集结地。盟军空军一等雾散就会开始行动,而卡车纵队前进为部队补充燃料就会因此受到严重影响。

德军对自身的致命弱点一无所知,只对希特勒的胜利保证满怀信心。伦德施泰特说:"进攻伊始,参战部队士气格外高昂。官兵们真的相信,取胜是可能的。然而,知道内情的高级指挥官则不然。"

在自己"更小的"计划被希特勒拒绝后,伦德施泰特便让更能影响希特勒决策的沃尔特·莫德尔和哈索·冯·曼陀菲尔争取说服希特勒,让希特勒接受一些技术性改动。之后,伦德施泰特便退居幕后。1944年12月12日,在自己设在巴特瑙海姆附近齐根贝格的司令部召开的最后一次会议上,伦德施泰特只是个名义上的参加者,因为希特勒出席了会议并控制了会议的整个过程。

至于所谓的"战术改进措施",哈索·冯·曼陀菲尔在自己的记录中有着极其生动的、与后来从其他来源搜集到的文件所载

第9章 希特勒的阿登反击战

相符的描述。

我看到希特勒下达的进攻命令，对命令上连进攻方式和时间都做了规定感到十分诧异。炮火准备将在7时30分开始，步兵突击将在11时开始，而德国空军将在这期间的三个半小时轰炸盟军的指挥部和交通线。装甲师直到步兵主力完成突破后才出动，同时把重炮配属在前线发动进攻的各处。

在我看来，这份命令有几处是很愚蠢的。于是，我立刻做了一个不同的方案，然后解释给沃尔特·莫德尔听。沃尔特·莫德尔表示同意，但讽刺地评论道："你还是去和元首争吧。"我说："好吧，要是你和我一起，我就去。"于是，1944年12月2日，我们到柏林去见了希特勒。

我先开口说道："没人知道发起进攻的那天是什么天气。您能保证德国空军面对具有空中优势的盟军可以不辱使命吗？"我提醒希特勒，当初在孚日山脉的作战证明，我军装甲师根本无法在白天行动。我继续说："我们在7时30分开炮只会把美国人叫醒，并且在我军发动进攻前给他们三个半小时组织反攻。"我还指出，大部分德国步兵的实力已经不如从前，不太可能完成要求的纵深渗透任务（特别是阿登山脉的地形那么崎岖），因为美军的防线是由一连串前沿防守哨位外加隐蔽在后方很远的一条主要防线组成，要想突破着实比较困难。

我向希特勒提出很多改进意见。首先，应该在天尚黑时的5时30分，重炮瞄准目标的能力当然会因此受限，但可以集中力量炮轰类似炮位、弹药堆放场和指挥部等已经完全摸清的主要目标。

其次，我建议每个步兵师都要成立一个由最精干军官和士兵组成的"突击营"（军官的人选由我自己决定）。"突击营"应该在5时30分摸黑进军，这样不需要任何炮火掩护就可以直插美军前沿防守哨所之间的地带。部队要尽可能避战，直到渗透很深时为止。

高射炮单位的探照灯将被用于照亮"突击营"的道路。具体方法是，将灯光投射到云端，再由云端反射下来。不久之前，我曾见过这类军事演习，所以对此印象深刻。同时我觉得，这是我军在天亮前进行渗透的关键。

将不同意见告知希特勒后，我争辩道："要是我们想争取胜利的机会，除照此反攻外别无他法。"我还强调道："战场上16时天就黑了，要是11时发动突击，就只有五小时完成突破，但任务能否在五小时之内完成令人生疑。要是您采纳我的方法，就可以额外获得五个半小时的攻击时间。到那时，我就可以在天黑时出动坦克部队。我军坦克部队将在夜间穿过步兵行军。坦克部队可以在第二天黎明时分沿着一条已经扫清敌人的道路进攻盟军主阵地。"①

---

① 巴兹尔·利德尔·哈特：《山那边》，第451页到第453页。——原注

第9章 希特勒的阿登反击战

根据哈索·冯·曼陀菲尔所言,希特勒毫无怨言地全盘接受了建议,这很耐人寻味。从这一点,我们似乎可以认为,希特勒是乐意听从少数受他信任的将领的意见的,沃尔特·莫德尔是另一个让希特勒信任的将领。不过,对自己手下的大多数高级将领,希特勒不信任,这是出于本能。对于自己的直属参谋,希特勒有着"他们缺少实际经验"的看法。

这些战术改进措施确实让德军进攻的前景大大改观。但由于投入的兵力减少,进攻效果被抵消了。这是因为执行阿登反击战的指挥官不久就得到了坏消息:由于苏军东线进攻带来的压力,部分曾许诺拨给他们的兵力现在要调往东线。

于是,当时由君特·布鲁门特里特指挥的第十五集团军不得不放弃对马斯特里赫特发动的集中进攻。这样一来,盟军就可以自由地将预备队从北往南调遣了。此外,向前推进、担任德军进攻南翼掩护的德国第七集团军也剩不下几个师的兵力了,并且没有一个装甲师。

关于德军的作战计划制订,一些关键部分值得着重一提,并且应在接下来叙述阿登反击战的过程中予以重视。首先,对德军来说,多云天气十分重要。德军将领对盟军必要时可以在作战中投入五千多架轰炸机这一点心知肚明。相比之下,戈林只答应派出一千架各式飞机作为空中支援。将计划交给伦德施泰特看时,对德国空军的保证采取审慎态度的希特勒把可支援的飞机数量说成八百至九百架。不过,被削减的空中支援规模只维持了一天,而当时地面作战的结果早已成定局了。

此外,自从1944年的"七月阴谋"失败之后,不管希特勒的计划多么有勇无谋，也没有德军将领能够，或者说想公开提出反对意见了，充其量只能试着说服希特勒接受一些战术改进而已。对于战术改进，希特勒只听信自己特别信赖的将军们提出的意见。

还有一些其他方面的重要因素：德军削减了本来答应划拨给侧翼部队的兵力，并取消了原本交给侧翼部队的任务。1944年11月，美军在亚琛周围发起的攻势产生了把原定供德军反攻用的几个师牵制住的效果。德军的反攻从1944年11月推迟到1944年12月，而这时的条件变得对德军更加不利。此外，德军面临很多与1940年、1941年发起"闪击战"时不一样的不利条件。

战局的发展变化取决于泽普·迪特里希的距离马斯河主要战区最近的党卫军第六装甲集团军是否能快速推进。如果德军在马斯河附近搞空降，将有利于局面的打开，可惜德国的空降部队大部分已被用于地面防御战了。德军只在进攻开始前一个星期聚集起一支千人规模的伞兵部队，组成了一个伞兵营，由冯·德·海德特担任营长。与德国空军司令部接触后，冯·德·海德特发现，拨给自己的运输机机组成员近半数没有空投伞兵作战经验，并且他们缺乏必不可少的装备。

最终，交给德军伞兵的任务并非占领装甲部队进军路线上的一条难以逾越的小道，而是要在位于马尔梅迪—韦尔维耶—奥伊彭的十字路口的里吉山空降，建立一条拖延盟军往北调集援兵的侧翼封锁线。但原本答应把部队送到机场的运输车在进攻前一晚没有来，空降只好顺延到原计划的第二天晚上。

这时，地面行动已经展开了。实际空降时，只有三分之一的飞机飞到预定的空降地带，加上冯·德·海德特只能集结起几百人，

第9章 希特勒的阿登反击战

无法到达目标规定的十字路口建立阵地。数天之中,冯·德·海德特只能派出小股袭击队骚扰盟军交通线。后来,眼见没有任何迹象表明泽普·迪特里希的部队会来救自己,冯·德·海德特就主动东进,试图与泽普·迪特里希会师,结果在半路上就被盟军抓住了。

泽普·迪特里希的右翼部队打出的一记"右勾拳"早早地被美军建立在蒙绍的坚固防线接住,而德军的"左勾拳"则在打出后绕过马尔梅迪,于1944年12月18日到达斯塔沃洛附近的昂布莱沃河河畔的一个渡口——这意味着这支左翼部队已经从进攻开始时的位置前进三十英里了。然而,泽普·迪特里希的左翼部队很快就在当地狭窄的小道遭到堵截,接着就被美军的反攻逼入死角。德军又做了一番努力,却因为美军预备队赶到、实力大增而失败。至此,德国党卫军第六装甲集团军的攻势均以失败告终。

哈索·冯·曼陀菲尔的第五装甲集团军前线的战况起初表现还不坏,用他自己的话来说是这样的:

> 我的"突击营"很快就像雨点般渗入美军前线。我军坦克在16时出动,借助探照灯营造的"人造月亮"在暗夜向前挺进。①

然而,跨过欧尔河后,哈索·冯·曼陀菲尔的部队必须穿过途经克里尔夫河旁边的克莱沃镇的另一条难走的小道。道路难行,加上冬天的天气状况,德军的进军出现了延误。

---

① 巴兹尔·利德尔·哈特:《山那边》,第459页。——原注

 欧陆争夺：第三帝国的穷途末路

　　我军坦克所到之处，盟军的抵抗都很快垮掉。但我军在进军之初遭遇的调动困难抵消了盟军微弱的抵抗为我军带来的优势。①

　　1944年12月18日，德军前进了近三十英里，已经逼近巴斯托涅，但在12月19日试图占领这一公路中心的举动被盟军挡住了。②

　　1944年12月18日，艾森豪威尔手下的两个预备师终于被调动起来了。但美军预备队远在一百多英里外的兰斯驻扎。更糟糕的是，因为参谋的差错，准备前往巴斯托涅的第一零一空降师被误调到北部去了。幸运的是，当时交通堵塞，加上幸好遇到一位军警的偶然盘查，部队才改往南走，终于在12月19日早晨这一关键时刻赶到了巴斯托涅，并巩固了当地的防线。12月20日和21日，德军对巴斯托涅发起了攻击，但都被打退了。因此，哈索·冯·曼陀菲尔就想绕过巴斯托涅，向马斯河推进。但盟军的预备队已经从四面八方集结，已经远比德军投入进攻的兵力要强大。小乔治·S.巴顿的两个军转向北部驰援巴斯托涅，沿着通往巴斯托涅的道路反击德军。虽然小乔治·S.巴顿的部队暂时受阻，但其反击作战让哈索·冯·曼陀菲尔只能从自己准备拿来发动进攻的部队中调出越来越多的部队投入防御。

　　德国人的大好机会已经一去不返了——哈索·冯·曼陀菲尔

---

① 巴兹尔·利德尔·哈特：《山那边》，第460页。——原注
② 德军攻势受阻也不完全是美国守军顽抗造成的。一名德军先头部队指挥官事后竟然向我承认，自己在如此关键的时刻正被自己部队所占领村落里的一个"金发美人"（一位美国年轻女护士）迷住了，并和她调情。由此可见，战役的胜负并非总是由军事教科书中教导的那样决定的！——原注

第9章 希特勒的阿登反击战

转向马斯河的袭击引起了盟军司令部的恐慌。然而，德军的进攻为时过晚，已不足以威胁盟军了。根据计划，德军在进攻发起的第二天，也就是1944年12月17日就要占领巴斯托涅，但实际上在进攻发起第三天才赶到巴斯托涅附近，并且直到第六天，也就是12月21日才绕城而过。12月24日，德军那支像"小拇指"一样的进攻部队赶到距离马斯河四英里的迪南，但已是强弩之末。这根"小拇指"很快就被盟军"砍"掉了。

道路泥泞和燃料短缺共同阻碍了德军的进军。由于燃料短缺，只有半数火炮能投入使用。进攻开始时，浓雾天气使盟军空军不能起飞，这利于德军搞渗透。然而，1944年12月23日，云开雾散，实力薄弱的德国空军根本无力保护地面部队免受盟军可怕的狂轰滥炸。这加重了因时间浪费而带来的损失。然而，希特勒付出了更大的代价。他选择把主要任务交给战场北翼由自己最宠信的、武装党卫队占主流的党卫军第六装甲集团军——完全不顾这支部队所处地形更加狭窄，并且日益受到盟军进攻部队和盟军预备队不断逼近的实际情况。

德军进攻第一个星期发动的攻势比预期小了很多，而第二个星期时的进展加快只是一种假象，因为德军只不过是在美军坚守的几个道路中心地区进入稍深而已。

以上是对希特勒阿登反击战的概述，接下来有必要谈谈该反击战在不同战区的一些关键阶段的战况。

身处较狭窄的前线、担负主要任务的泽普·迪特里希的党卫军第六装甲集团军打算使用三个步兵师在于登布拉特任意一侧打开一个缺口，然后往西北方向转移，形成一个能得到另外两个步

兵师增援的"肩膀"阵型。同时,四个装甲师以两个为一组冲过打开的缺口,进攻大城市兼交通运输中心列日。这些行动都由武装党卫队执行,包括组成党卫军第一装甲军和第二装甲军的第一装甲师、第十二装甲师、第二装甲师和第九装甲师。这些部队共有五百辆坦克,其中九十辆是VI号坦克,也就是"虎"式坦克。值得一提的是,泽普·迪特里希本人只想用两个装甲师搞突破,但沃尔特·莫德尔觉得在阿登一带用坦克完成突破任务很困难,就没有同意。

于登布拉特附近的美军防御部队是莱昂纳多·汤森·杰罗指挥的美国第五军最南部的第九十九师,防守长度约二十英里,跟位于美国第五军南边的特洛伊·米德尔顿的美国第八军几个师的防御战线一样长。只靠一个师根本无法防守如此长的战线。这也体现出美军根本就没有想到德军会发动这次进攻!

1944年12月16日5时30分,德军炮轰开始。不过,步兵直到7时才开始进攻。美军哨位被逐个摧毁,但许多哨位即使面对占巨大优势的德军还是顽强抵抗,给德军造成很大伤亡,并迟滞了德军装甲师的进军。

德军在1944年12月17日和18日虽然可以向西推进,但美军在贝格—比特亨巴赫—埃尔森博恩的坚强防御让德军未能按计划占领北面的"肩膀"。美军保住了这块地盘,得以留待日后使用。美军日复一日地挡着德军的猛烈进攻,这个巨大的成绩应当归于由莱昂纳多·汤森·杰罗率领的美国第五军——刚刚参加过美军在亚琛的进攻,是在德军反击的紧要关头被调到战场南部的。这次败仗搞得德国党卫军名声扫地,促使希特勒决定在12月20日将进攻的主要

第9章 希特勒的阿登反击战

任务转交给由哈索·冯·曼陀菲尔指挥的第五装甲集团军执行。

哈索·冯·曼陀菲尔的部队在前线靠近泽普·迪特里希部队的右翼迅速取得了突破。这条位于施奈弗尔的战线只有二十多英里宽，由刚刚开赴战场的美国第一零六师和第十四骑兵团共同防守。它们还要防守通往重要的公路中心圣维特的道路。这片战场的显著特点是，德军没有在战场北部的压倒性优势兵力，只有主要由卢赫特率领、拥有一个坦克旅的德国第六十六军的两个步兵师组成的兵力。但德军还是成功了。1944年12月17日，德军以一次钳形攻势包围了第一零六师的两个团，并迫使至少七千人，实际上可能有八千至九千人投降。德军的胜利主要归功于哈索·冯·曼陀菲尔应用的新战术。他让德军突击小分队在己方发动弹幕袭击前就出现在美军阵地上。美国官方历史的说法是，"施奈弗尔战役"是"1944年到1945年美军在欧洲战场上败得最惨的战役"。

在哈索·冯·曼陀菲尔的部队前线更往南的地方，德军兵分两路发动主攻：右路是欧根·克吕格尔指挥的第五十八装甲军，左路是吕特维茨指挥的第四十七装甲军。第五十八装甲军在渡过欧尔河后挺进乌法利兹，试图在阿登和那慕尔之间的马斯河上夺取一个桥头堡。第四十七装甲军在渡过欧尔河后要占领重要公路中心巴斯托涅，并继续向前推进，最终占领马斯河在那慕尔以南河段的渡口。

美国第二十八师的前哨曾经拖延了德军渡过欧尔河的时间，但没能阻止德军过河。1944年12月17日夜，德军已经逼近重要的公路中心乌法利兹、巴斯托涅及连接两地的横向公路。德军需要这条横向公路来调动部队，充分配合向西发动的扫荡。

在战场最南面,由埃里希·布兰登贝格尔指挥的、由三个步兵师和一个伞兵师组成的德国第七集团军,以穿过讷沙托往梅济耶尔进军的方式掩护哈索·冯·曼陀菲尔的第五装甲集团军发起的进攻。第七集团军成功渡过欧尔河,处于内侧的第五伞兵师在三天之内往西推进了十二英里,抵达维尔茨。然而,美国第二十八师的右翼撤退的速度十分缓慢。前进不到四英里后,隶属特洛伊·米德尔顿的美国第八军的第四师和第九装甲师就将德军的进攻挡住。

1944年12月19日,德军正面进攻的南部"肩膀"已经明显被美军牢牢制住,而小乔治·S.巴顿的第三集团军正从萨尔往北前进,就快抵达增援了。也是在12月19日,德国第八十军开始转入防守。

哈索·冯·曼陀菲尔曾请求希特勒给邻近的德国第七集团军加派一个装甲师,让这个装甲师和自己的左翼行动保持一致,但希特勒拒绝了。希特勒的拒绝可能给战局带来了决定性的影响。

在战场北部泽普·迪特里希部队的前线上,德军装甲突击直到1944年12月17日才开始。当时,精锐的德国党卫军第一装甲师向前推进,力图从南面包围进攻道路已经被肃清的列日。先头纵队,也就是拥有全师一百辆坦克中的绝大部分的"派普战斗群",在进攻中没遇到什么阻碍,很快就占领了马斯河位丁于伊的渡口。"派普战斗群"一路上用机枪扫射,屠杀了几批已经被解除武装的美军战俘和数百名比利时平民。在战后受审时,约阿希姆·派普宣称这是为了执行希特勒要他在发动进攻前"掀起恐怖浪潮"的命令——但只有"派普战斗群"实施了这种令人发指的暴行①。"派普战斗群"在距离马斯河尚有四十二英里的斯塔沃洛郊区停下来过夜,却不知为何没有占领当地重要的桥梁和北面存有二百五十万加仑汽油的大燃料库。当时,美军在这两个地方只有很少的防御部队。此外,位于斯帕这个内陆温泉所在地的美国第一集团军司令部也在附近。美军增援部队在一夜之间就抵达了战场。12月18日,"派普战斗群"因汽油燃烧造成的大火而受阻。当"派普战斗群"赶到三英里外的特鲁瓦蓬过河时,桥梁又在约阿希姆·派普的眼前被炸毁了。于是,约阿希姆·派普试图经过侧面山谷迂回,结果被美军挡住,继续前进六英里后在斯图蒙被阻截。这时,约阿希姆·派普也搞清楚了一件事:自己正在孤军前进,把党卫军第六装甲集团军的其他部队远远地甩在了后面。

在"派普战斗群"的南面,哈索·冯·曼陀菲尔的部队对重要的道路中心圣维特和巴斯托涅施加的压力正在增强,因为占领这两个地方对于进攻的前景意义重大。1944年12月17日,德军对位于出发点十二英里外的圣维特发动了第一次进攻,但参与进攻的兵力不多。12月18日,美军增援部队第七装甲师的主力抵达战场,但当时德军的突击使圣维特外围的村庄被逐一占领。这就是美国第一零六师被困的两个团得不到增援的原因所在。不仅如此,德军的几个装甲纵队正从南面与北面包围圣维特,另一个德军装甲旅正在赶来支援的路上。

1944年12月18日,吕特维茨的德国第四十七装甲军会同第二

---

① 约阿希姆·派普在审判后被判处死刑,后改为终身监禁,1956年获释。1976年,约阿希姆·派普在法国被反纳粹人士袭击身亡。——译者注

装甲师、装甲教导师和第二十六国民掷弹兵师逼近巴斯托涅。但美军援兵——由美国第九装甲师和几个工兵营组成的战斗群——早就赶来协防了。双方展开逐村争夺。德军交通运输处于混乱之中,这减缓了德军进攻速度,也让艾森豪威尔的战略预备队——第一零一空降师得以在12月19日早晨这一关键时刻赶到。美军工兵大显身手,将巴斯托涅防线打造得固若金汤,德军无法冲进城内。因此,德军几个装甲纵队从城市两边绕过去了。其实,德军已在巴斯托涅城北打开了一个缺口,只留下第二十六国民掷弹兵师和一个装甲战斗群攻城。12月20日,巴斯托涅被包围,成了一座孤城。

直到1944年12月17日早上,艾森豪威尔及其主要下属指挥官才承认德军全面进攻已经开始,直到12月19日才确信德军真的是在全面进攻。奥马尔·布雷德利命令第十装甲师北上,批准了第九集团军威廉·辛普森首倡的、派遣第七装甲师紧随第三十装甲师南下的建议。于是,美军就往战场受威胁的地方派遣了六万多名援兵,并在此后八天之内增派了十八万人以上的援军。

在亚琛附近休整之后,由利兰·霍布斯指挥的第三十师首先接到命令被调往奥伊彭,随后前往马尔梅迪,接着到更西的地方抵挡"派普战斗群"。在战斗轰炸机的支援下,美军夺回了斯塔沃洛的部分地区。"派普战斗群"和党卫军第六装甲集团军其他部队的联系已被切断,但"派普战斗群"在斯图蒙遭遇的美军抵抗更加顽强。1944年12月19日,"派普战斗群"的燃料已经极度匮乏,而美国第八十二空降师和装甲增援部队赶到了战场。原本占优势的"派普战斗群"逐渐落于下风。与此同时,两个德国党

第9章 希特勒的阿登反击战

卫军装甲军的主力部队仍滞留在远处。德军面临道路不足的麻烦，难以进军并调动大量坦克及运输载具。12月24日，受困且油料耗尽的"派普战斗群"终于放弃了所有的坦克和车辆，开始撤退。

在战场更南边哈索·冯·曼陀菲尔部队的前线上，美国第三装甲师和第七装甲师正在行军，前往阻止德军从圣维特地区往西发动的进攻。圣维特守军在一次由哈索·冯·曼陀菲尔指挥的猛烈攻势下伤亡惨重，被迫撤退。幸运的是，交通堵塞使德国第六十六军无法迅速乘胜追击，让美国第一零六师和第七装甲师的残部趁机逃到了安全地带，还导致德军无法向马斯河流域快速进军，从而使德军无法利用突破口长驱直入。

前线已被德军打开了缺口，艾森豪威尔不得不在1944年12月20日马上任命蒙哥马利指挥缺口以北的所有部队，其中包括美国第一集团军和第九集团军。蒙哥马利还命令自己的预备队——拥有四个师的英国第三十军——守卫马斯河上的桥梁。

蒙哥马利能对战局充满信心是很可贵的，但如果蒙哥马利没有"像耶稣净化圣堂一样一步跨进考特尼·霍奇斯的指挥部"（这是蒙哥马利一位部下说的），可能会更好些。后来，在媒体发布会上，蒙哥马利给人的一种仿佛"是他个人的努力拯救了美军，令美军不至于被德军打垮"的印象惹了众怒。蒙哥马利还说，"调动英国集团军群的所有可用力量"，"将英军可用力量全部投入战斗"。这些话引起了更大的愤慨，因为从1944年12月22日以来，战场南部侧翼上的小乔治·S.巴顿的部队一直在反攻，并在12月26日为巴斯托涅解了围。然而，蒙哥马利说要先"整理"阵地，然后在1945年1月3日才能从北面发起反击——在反击

发起前,他只是把预备队置于战斗之外,袖手旁观而已。

1944年12月20日,盟军当时还在对前线进行调整。柯林斯负责被德军打开缺口的北面区域。他指挥的美国第七军后来参加了美军对鲁尔河及莱茵河的进攻。蒙哥马利表达了只有绰号"闪电乔"的柯林斯才能担起自己交付的重任的想法。他拨给柯林斯精锐的第二装甲师、第三装甲师、第七十五步兵师、第八十四步兵师,它们向南反击哈索·冯·曼陀菲尔正在前进的先锋部队。

巴斯托涅的局势还是很危急:德军连连进攻,守军节节后退。1944年12月22日,吕特维茨派出一支"白旗"小组要求被围困守军体面地投降,但只得到安东尼·麦考利夫一个隐晦的回复——"疯子"。这件事随后被传为美谈。为了让德国人明白这句美国俚语的意思,巴斯托涅的美军下级指挥官只能把它解作"见鬼去吧"。

1944年12月23日,天气好转,美军得以为守军进行空投补给。盟军对德军阵地发起了多次空袭。同时,小乔治·S.巴顿的部队也从南边赶来。但局势还是危如累卵,因为1944年平安夜,德军的包围圈已经缩短到十六英里了。吕特维茨的部队在遭到盟军猛烈空袭的同时获得了少量增援。1944年圣诞节,吕特维茨的部队倾巢出动,发起进攻。然而,德军不仅没有攻破美军防线,新来增援的坦克部队还蒙受了巨大损失。不仅如此,小乔治·S.巴顿的第三集团军下辖的、由休·加菲指挥的第四装甲师已经从南边打开了一条通路,并在12月26日16时45分与守城部队取得了联系——算是解了巴斯托涅之围。

尝试为哈索·冯·曼陀菲尔的进攻部队提供左翼掩护时,德

第9章 希特勒的阿登反击战

国第七集团军稍有进展,但其弱点随着盟军南面反攻的开始而暴露出来。1944年12月19日,小乔治·S.巴顿接到要自己放弃进攻萨尔的通知,集中两个军的力量消灭哈索·冯·曼陀菲尔部队制造的突出部。12月24日,美国第十二军将德国第七集团军打退,摧毁了德军正在战场南部建立的"肩膀"。

在战场更西边,包括第四装甲师、第二十六步兵师和第二十八步兵师在内的美国第三军正努力为巴斯托涅的战友解围。大名鼎鼎的第四装甲师正在积极执行小乔治·S.巴顿1944年12月22日发出的"勇猛进攻"的命令。然而,战场地形对徒步作战的、顽强的、以第五伞兵师为主的德国守军有利。美军每穿过一个村、经过一片树林都要历尽艰辛。经过侦察后,美军发现,讷沙托到巴斯托涅的道路上的德军抵抗较弱。12月25日,美军不再从正面进攻,而是转向战场的东北轴线。12月26日,美国第四装甲师仅剩的少量"谢尔曼"式坦克终于突破了德军在巴斯托涅建立的南部防线。

同时,哈索·冯·曼陀菲尔的几个装甲师绕过了巴斯托涅,在那慕尔以南一带朝马斯河进军。为了在进军时给新开赴战场的美军部队掩护渡口,在吉费特到迪南一带的马斯河东西两岸,布赖恩·霍罗克斯的英国第三十军向前挺进。当时,美国工兵已经做好炸桥准备了。

希特勒放下了自己不切实际的想法,把目光聚焦在马斯河上。他从德国国防军最高统帅部的预备队中派出了第九装甲师和第十五装甲掷弹兵师帮助哈索·冯·曼陀菲尔肃清通往迪南公路需要经过的马尔什—塞勒一带。这表示,交战双方都计划在1944

年圣诞节发动一次攻势。而双方相持不下，攻势其实难以发动。然而，柯林斯的部队渐渐占了上风。1944年圣诞节的早晨，在英国第二十九装甲旅的帮助下，柯林斯率部占领了距离马斯河和迪南仅五英里的塞勒村，这里也是德军本次进攻波及的最远处。后来，当地一个个孤立起来的小型口袋阵地或被盟军步兵肃清，或被盟军空袭摧毁。从1944年12月23日起，德军装甲部队就遭到盟军空中力量的猛烈袭击。12月26日，德军装甲部队已经无法在白天活动了。1944年圣诞节当晚，德国第九装甲师姗姗来迟，没能打垮美国第二装甲师的顽强抵抗。12月26日，德军明知渡过马斯河已不可能，于是开始向后撤退。

泽普·迪特里希的党卫军第六装甲集团军接到了命令——集中兵力从西南方向发动一次进攻，支援哈索·冯·曼陀菲尔的部队推进。泽普·迪特里希虽然把所有装甲师都投入了战斗，但由于美军的防线得到了极大加强，并且随时都能得到战斗轰炸机支援，因此只取得了很小的进展。反击开始时，德国党卫军第二装甲师就引起了盟军的警觉和惊慌，但在争夺位于特鲁瓦蓬西南十二英里的马奈村的长时间战斗中遭受了重大损失。总而言之，党卫军第六装甲集团军的反击除损兵折将之外，可谓一无所获。

早在盟军主要反攻发动前，德军就已经放弃了向北发起的进攻，在战场南翼发动的最后一搏也宣告失败。最后一搏是在希特勒迟迟才做出"把大部队调来增援第五装甲集团军推进"的决定后才进行的，但战机稍纵即逝。哈索·冯·曼陀菲尔痛心地说："直到1944年12月26日，上级才把剩余的预备队给我，但预备队赶不过来了。因为没有汽油，在距离我一百英里的地方，预备队

第9章 希特勒的阿登反击战

被迫停了下来。"[1]然而,具有讽刺意味的是,德军1944年12月19日到达斯塔沃洛附近时,距离美军的大油库只有四分之一英里。这个油库里的二百五十万加仑汽油比德军实际占领的最大的油库里的汽油还要多一百倍。

> 在盟军发起反攻前,我们还没有开始新一轮攻击。我打电话给阿尔弗雷德·约德尔,请他转告元首,说我正把自己的先头部队撤出我们制造的突出部尖端……但元首不允许撤退。这导致我们没有及时撤退。在盟军进攻压力下,我们被打得一步步退回来,白白受罪……我们在后期的损失因为元首"不准撤退"的政策比前期的损失惨重得多。"不准撤退"导致了我们的失败,因为我们承受不起这么惨重的损失。[2]

伦德施泰特对这一论断表示赞同:"我早早地就希望停止进攻,因为进攻明显不能达成希特勒的目标,但希特勒大为光火,坚持要把进攻搞下去,最后把作战搞成了'斯大林格勒第二'。"[3]

一开始,因为忽视了自己的侧翼防务,盟军在阿登一带的战斗几乎成为灾难。然而,希特勒迷信"进攻是最好的防御"这一军事信条。但物极必反,这最终导致了更大的失败。事实证明,

---

[1] 巴兹尔·利德尔·哈特:《山那边》,第463页。——原注
[2] 巴兹尔·利德尔·哈特:《山那边》,第464页。——原注
[3] 巴兹尔·利德尔·哈特:《山那边》,第464页。——原注

德军在阿登一带发动的反攻是"最坏的防御",因为德军从此再也没办法集中力量抵抗盟军了。

第 10 章 从维斯瓦河到奥得河的进军

The Sweep from Vistula to Oder

第10章 从维斯瓦河到奥得河的进军

斯大林曾经告知西线盟军,苏军将于1945年1月中旬在维斯瓦河一线发起新的攻势,以策应盟军对莱茵河一线发动的进攻。结果,德军当时在阿登一带发动反攻,给盟军造成了严重的混乱,耽误了盟军的计划。西方高层对苏军的进攻不抱太大希望,因为苏联人总会有所保留:有时拿天气状况当借口,有时对苏军参战部队的具体情况藏着掖着,并且从1944年7月底苏军到达维斯瓦河后就长期没有什么动作。于是,西线盟军内部出现了低估苏军实力的倾向。

对德国来说,在战争进入绝望的后期时,被希特勒请出来担任总参谋长的古德里安收到了一些来自德军情报部门"东线外军科"科长莱因哈特·盖伦发出的不祥报告:苏军将两百二十五个步兵师和二十二个装甲军集中在从波罗的海到喀尔巴阡山脉的战线上,准备发动进攻。

然而,看了古德里安送来的报告,希特勒拒绝相信报告中的内容,破口大骂道:"真是成吉思汗时代以来的最大谎言!这样的垃圾情报到底是谁编出来的?"希特勒更愿意相信希姆莱和党卫军情报机关提供的情报。

以"在西线保持'已夺回的'主动权是头等大事"为由,希特勒推掉了所有"停止阿登反攻,移兵东线"的意见。希特勒还拒绝了古德里安再三请求的,将驻守在波罗的海各国的、孤立的、由二十六个师的兵力组成的集团军群①经海路撤回。如果能将这支部队撤回来,就可以增强进入德国各个门户要道的守卫力量了。

古德里安一回到自己的指挥部就发现,希特勒为解布达佩斯之围,趁自己外出时将部署在波兰的两个德国装甲师南调匈牙利了。他感觉自己挨了当头一棒,因为现在自己的机动预备队就只剩下十二个师了,但它们要用于支援多达五十个实力不强的步兵师作战,而前线更是长达七百英里!随着德军反攻布达佩斯,西线盟军对苏军实力的怀疑与日俱增——因为阿登反击战给西线盟军留下了深刻印象,现在同样是德军反攻,西线盟军自然不敢轻视。德军包围了布达佩斯,发动了好几天的攻势,取得的进展看上去对苏军不利。德军从布达佩斯以西四十英里外的科莫恩发起进攻,一度打到距离苏军防线还有一半路程的位置。但苏军很快反击,德军损失惨重。最后,苏军击败了德军。

德军付出的间接代价更加沉重:苏军强大的"刺猬式"顽抗助长了希特勒让德军固守的偏执心理。结果等德军被包围时,希特勒试图采取一些措施避免第二个"斯大林格勒"出现,却不料给自己带来了更大的麻烦。德军将两个宝贵的装甲师部署在波兰是为了应对意料中苏军在冬季从当地可能发起的攻势。到了新年

---

① 也就是著名的"库尔兰集团军群"。希特勒置古德里安的再三请求于不顾,拒绝让"库尔兰集团军群"撤退。德军就这样被围困在库尔兰半岛,直到战争结束都没参加什么军事行动,因此被戏称为"武装战俘营"。——译者注

第10章 从维斯瓦河到奥得河的进军

夜,为了救援布达佩斯,这两个装甲师被另外组成先头部队调走了。同时,希特勒不允许在苏军攻势发起前将德军撤出维斯瓦河一带。于是,维斯瓦河防线的德军在力量被削弱的状况下,不仅不能及时撤退暂避苏军锋芒,还要正面抵挡苏军的全力进攻。作战"不惜代价"固然有心理学上的价值,但德军在战略上犯的错误太大,所以这个"不惜代价"的策略破产了。

苏军最高统帅部当时已经做好了利用德军这一重大弱点"大做文章"的万全准备。因为意识到"引而不发"的极端重要性,加上运输线过长带来诸多不便,苏军最高统帅部一直没有急于进攻德军,而是等待新战线后方铺好铁路并把原来铺设的西欧国家标准轨距铁轨换成苏联标准的宽轨。苏军为接下来的军事行动准备了大量物资,这些物资在火车始发站堆积如山。首先,苏军要占领德国目前仅存的、在严密保护下免遭盟军轰炸的重要工业区上西里西亚。苏军只要从波兰南部维斯瓦河上的巴拉诺沃桥头堡往前推进一百多英里就能完成任务。但斯大林和苏军参谋长华西列夫斯基在苏军宏伟的军事计划中制订了更长远的目标:他们瞄准的不只是奥得河,还有奥得河后面、离苏军目前所在的华沙附近阵地约三百英里的柏林。只要能扩大与德军的交战范围,苏军就可以利用辽阔的地面战场进行机动作战。更重要的是,苏军现在对德军不但有五比一的兵力优势,作战机动性也大大增强。苏军可以凭借川流不息的美制卡车队使很多步兵旅实现摩托化。苏联坦克产量提高,其装甲军和机动化军的数量成倍增加,利于苏军在作战时扩大突破口。苏军坦克部队越来越多地装备"斯大林"系列坦克,攻击力大幅提升。苏军的这些"钢铁怪物"配备

一百二十二毫米坦克炮，威力堪比德军的八十八毫米坦克炮。虽然"斯大林"系列坦克装甲厚度不及德军的"虎王"式坦克，但优于"虎"式坦克。新战役开始前，苏军改编了前线方面军的配置，起用了三名进攻猛将负责主攻的指挥。伊万·斯捷潘诺维奇·科涅夫仍负责指挥位于波兰南部的乌克兰第一方面军；朱可夫替代罗科索夫斯基（被调去指挥华沙北部的纳雷夫河一带的白俄罗斯第二方面军）指挥位于波兰中部地区的白俄罗斯第一方面军。

1945年1月12日10时，苏军进攻开始。伊万·斯捷潘诺维奇·科涅夫的乌克兰第一方面军（动用了包括两个坦克集团军在内的共十个集团军，外加两个苏联空军集团军支持，总兵力七十个师）冲出了长与宽皆约三十英里的巴拉诺沃桥头堡。

当时，雾锁机场，能见度很低，飞机无法起飞，苏军突击的速度很慢。不过，浓雾也为进攻部队提供了掩护，苏军的精锐炮兵主力从容地摧毁了德军防线。1945年1月14日，苏军已经突破了距离出发点二十英里的平丘夫，在宽阔的战线上渡过了尼达河。接着，苏联装甲部队涌入先头部队打开的缺口，宛如漫卷波兰平原的"钢铁洪流"，战局也正式进入"利用德军弱点"的阶段——扩大缺口比深入推进更加重要。1月15日，苏军一个纵队向北沿着萨格拉山挺进，攻下了凯尔采，对阻挡白俄罗斯第一方面军一部的德军后方形成了严重威胁。

1945年1月14日，朱可夫率领白俄罗斯第一方面军从马格努泽夫、普瓦维两个地方的桥头堡附近出发，发动了一次进攻。苏军右翼转而向北，往华沙后方推进。同一天，伊万·斯捷潘诺维奇·科涅夫的先头部队渡过了距离西里西亚仅三十英里的皮利察

第 10 章 从维斯瓦河到奥得河的进军

河。罗科索夫斯基的部队则从纳雷夫河上的两个桥头堡出击,突破了德军设在通往东普鲁士南部道路上的防线。此时,苏军撕开的口子已经有二百英里宽,包括预备队在内的近两百个苏军师汇成一股洪流,向西奔去。1月16日,苏军占领了拉多姆。

1945年1月17日,朱可夫的部队占领了华沙。苏军消灭了战线两翼的德军,其先头装甲部队则继续向西突破,几乎杀到了罗兹,而伊万·斯捷潘诺维奇·科涅夫的先头部队占领了靠近西里西亚的琴斯托霍瓦,从侧面绕过克拉科夫,向南更进了一步。

1945年1月19日,伊万·斯捷潘诺维奇·科涅夫的右翼部队推进到西里西亚边界一带,左翼部队通过包围战夺取了克拉科夫。朱可夫的部队占领了罗兹。罗科索夫斯基的部队到达东普鲁士的南部门户姆瓦瓦附近。切尔尼亚霍夫斯基的部队和瓦西里·伊万诺维奇·彼得罗夫的部队分别在战场的最北侧和最南侧向前推进。苏军已经推进了一百英里,战线宽度达到四百英里。

德军派遣七个师从斯洛伐克北进,企图守住通往西里西亚的道路,但为时已晚。戈特哈德·海因里希曾在德军进攻前提出如下建议:拿出一部分兵力作为维斯瓦河一线守军的预备队。但这个建议违背了希特勒"全军就地死守到最后一刻"的命令,不符合他分区域指挥部队作战的习惯。戈特哈德·海因里希的部队在斯洛伐克的防御兵力几乎被全部调走后,还坚持抵抗数个星期,这说明德军在当地部署的兵力过多。德军在苏军开始进攻前又往喀尔巴阡山脉以北增派了七个师,但因为苏军打开的缺口实在太大,发挥的作用比不上苏军进攻前派两个师防守。

波兰西部的土地大都是开阔的。在这样的战场地形条件下,若

进攻方具有多数兵力或者利于开阔地带作战的强大机动力量，就具备了巨大优势。如今，曾在1939年瓜分波兰时占了便宜的德国人反过来当了缺少兵力、机动性不强的防守方。古德里安作为主张进行机械化作战的代表，当然知道"坚守阵地"最后只能失败，要设法阻挡苏军的进攻，就必须依靠装甲预备队机动作战进行反制。但古德里安现在不但被希特勒逼着死守维斯瓦河不准动，还要看着希特勒从自己本就所剩不多的装甲部队中抽出一部分调往布达佩斯。古德里安把剩下的装甲部队派往凯尔采附近与苏军作战，为在维斯瓦河河曲被苏军包围的德军撤退争取到了时间（在作战的第一个星期，苏军仅抓了两万五千名俘虏，与取得的巨大突破相比微不足道），但德军可用于迅速撤退的机动手段越来越少，最后在作战的第二个星期竟出现了这样的情况：苏军手中的德军战俘数量增加到八万六千人——是第一个星期的三倍多。除抓获俘虏的数量之外，苏军机动性的不断提升还能从其进攻的推进速度上体现出来。

苏军的快速进军打乱了德军的一切计划：战线附近德国城镇的居民正急匆匆逃离自己居住的城镇，而原本有希望守住"中间地带"的德军都从阵地上被赶走了。

1945年1月20日，伊万·斯捷潘诺维奇·科涅夫的部队推进到德国西里西亚边境地区，在德国领土上站稳了脚跟。罗科索夫斯基部队跨过了东普鲁士的南部边界，到达第一次世界大战坦能堡会战发生的旧战场，对德军而言，这是一个更坏的兆头：苏联不

第10章 从维斯瓦河到奥得河的进军

是俄罗斯帝国，不会重蹈1914年惨败的覆辙。①1945年1月21日，罗科索夫斯基的先头部队到达铁路枢纽阿伦施泰因，切断了东普鲁士的主要铁路。切尔尼亚霍夫斯基的部队继续自东向西推进，在占领因斯特堡后继续前进，1月26日到达位埃尔宾附近的但泽湾。德军退入柯尼斯堡，随即被苏军包围。至此，苏军将所有尚在东普鲁士的德军全部孤立了起来。

1945年1月22日，伊万·斯捷潘诺维奇·科涅夫部队已经到达位于上西里西亚工业区以北的奥得河河畔，摆开了一条长四十英里的战线。在进攻开始后的第二个星期末，伊万·斯捷潘诺维奇·科涅夫的右翼部队在布雷斯劳以南的一条长达六十英里战线上多点强渡奥得河上游，并获得了成功。此时，苏军已经从出发点前进一百八十英里了。苏军另外几个纵队从北面包围了西里西亚首府卡托维兹。苏军其余部队在先头部队的后方转而向南，占领了铁路枢纽格莱维茨，将上西里西亚工业区彻底孤立。②德军在具有发展为要塞潜力的上西里西亚工业区设置了纵横交错的战壕、铁丝网及配备炸药箱的反坦克壕沟，唯独缺少防守兵力。从德国各大城市中匆忙逃出的难民也成了当地德国守军及从其他地方赶来增援的德国援军的阻碍。道路上到处是被毁的车辆及被遗弃的杂物。在正面进攻受阻的情况下，几个苏军纵队正好趁乱

---

① 第一次世界大战时，德军曾用两万人伤亡的代价给俄罗斯帝国军队造成十三万人伤亡、十四万人被俘、司令兵败自杀的惨败。从那时开始直到第一次世界大战结束，俄罗斯帝国军队始终不敢正视德国边境线。——译者注
② 当时，伊万·斯捷潘诺维奇·科涅夫不想破坏这个工厂林立的地方，希望逼退德国守军，将厂区留为己用。苏军在包围工业区的同时，还给德军留了撤退通道。——译者注

从后方攻入。德国的空中侦查报告生动地描绘了苏军进攻情况："苏军就像一条巨大的八爪鱼，在西里西亚各城镇张牙舞爪。一个个满载援军和补给的苏军卡车车队一直延伸到东面，根本望不到边。"

朱可夫的部队在中路的大扫荡方式更加惊人，效果也更加致命。朱可夫采用侧面机动法，将装甲部队主力集中在右翼。苏军长驱直入维斯瓦河及瓦尔塔河之间的走廊地带，趁着德军还没来得及在走廊地带排兵布阵，出其不意地突入格涅兹诺以东的一连串湖泊之间。这是当地最狭窄的走廊地带。苏军穿越了维斯瓦河上著名的托伦要塞的后方，并于1945年1月23日杀进了比得哥什。苏军的其他装甲纵队已经逼近更大的交通枢纽波兹南。苏军在波兹南遇到了较顽强的抵抗，并选择绕过波兹南要塞，往西、西北推进。苏军在周末到达距离华沙二百二十英里、距离柏林只有一百英里的勃兰登堡和波美拉尼亚的交界地带。渡过瓦尔塔河占领卡利什后，朱可夫的左翼部队赶上了伊万·斯捷潘诺维奇·科涅夫的右翼部队。

进攻的第三个星期开始了。伊万·斯捷潘诺维奇·科涅夫的左翼部队占领了上西里西亚的卡托维采及其他工业城市，右翼部队在奥得河河畔的施泰瑙附近占领了一个桥头堡（位于布雷斯劳西北四十英里）。

1945年1月30日，朱可夫的先头部队越过勃兰登堡及波美拉尼亚的边界，将德军建立在结冰的奥得河上的防线压制住。1月31日，朱可夫的部队占领了兰茨贝格，坦克先头部队到达位于库斯特林的奥得河下游地区。此时，苏军距柏林只有四十英里，与西

第10章 从维斯瓦河到奥得河的进军

线盟军的前沿阵地相隔不过三百八十英里。

然而，德军还是占便宜的。苏军原本可以在奥得河上对德军形成巨大压力，但由于补给线过长，所以攻势打了折扣；而德国由正规军和号称"家园卫士"的人民冲锋队①组成的防守力量却得到了加强。德军利用波兹南的坚固防线堵住了苏军为先头部队运送补给和增援的辎重部队必经的公路。1945年2月第一个星期，河流解冻，苏军因公路变变得泥泞而受阻。奥得河上的冰也融化了，这成了苏军面前的又一道阻碍。2月的第一个星期，虽然朱可夫的部队逼近了奥得河，形成了一条宽广的战线，并攻占了靠近库斯特林和奥得河畔的法兰克福的渡口，但由于兵力不足，无法充分利用渡口，只能在简陋的桥头堡暂时按兵不动。

现在，伊万·斯捷潘诺维奇·科涅夫想搞包抄战术，从侧面逼近柏林。苏军已经扩大了布雷斯劳以北的桥头堡，并在1945年2月9日从西面杀出，然后转向西北，在一条宽阔的战线上横扫了奥得河左岸的德军。2月13日，苏军抵达离柏林仅有八十英里的萨默菲尔德。同日，苏军攻克布达佩斯，共抓获俘虏十一万人。接下来，苏军在两天内推进了十二英里，到达尼斯河与奥得河交汇的河畔地带。至此，伊万·斯捷潘诺维奇·科涅夫的部队与朱可夫的先头部队形成了"齐头并进"之势。

这样一来，德军就被赶回到奥得河下游及尼斯河一带，并因

---

① 根据希特勒1944年9月发布的《对十六至六十岁男性总动员令》，德国组建了"人民冲锋队"。实际上，从1945年2月开始女性也要加入"人民冲锋队"。"人民冲锋队"服从纳粹而不是德国军队的领导。希特勒一直醉心于将战争变成全民大战，但没有成功。——译者注

短而直的新防线再次获益。德军沿着从波罗的海沿岸到波希米亚山脉之间的边界筑起的防线长度还不到两百英里，只相当于之前防线的一小部分。之前，德军一直面临着防守部队太少、防守地域太大的困难局面，现在相对较短的防线就弥补了兵力上的不足。自遭遇失利以来，德军还是头一回保持合理的兵力与防线长度之间的比例。就像之前波兹南在1945年2月23日被苏军攻克前对朱可夫的部队起到的限制作用一样，尽管苏军已经将布雷斯劳远远甩在后面，但德军仍控制着布雷斯劳，这就意味着伊万·斯捷潘诺维奇·科涅夫的部队从后方到前线的调度要绕道。

伊万·斯捷潘诺维奇·科涅夫的部队被德军挡在尼斯河河畔。朱可夫的部队虽然前进路线更直，但在奥得河下游地带被德军挡住了。1945年2月的第三个星期，因为从西线和本土调来援军，德军暂时稳住了东线战局，并将苏军一直阻挡到"德军莱茵河河畔防御完全崩溃"这一决定性事件发生前。

事实上，莱茵河防线之所以会丢失，是因为德军做出了"放弃莱茵河，全力将苏军阻挡在奥得河一线"的决定。为了应对苏军的威胁，一大批德军师从西线被调到东线。但比这部分德军师更重要的是，德军还把可以弥补西线缺额的、拼凑起来的增援部队一并调到了东线。西线的盟军正是在这个背景下才轻易发动攻势，杀到并渡过莱茵河的。

第 11 章
希特勒失去意大利

The Collapse of Hitler's Hold on Italy

第 11 章　希特勒失去意大利

1944年冬天在意大利的对德军作战形势跟1943年冬天有着令人不悦的相似之处。德军在意大利以北二百英里的阵地上的抵抗同样顽强，但盟军也不甘落下风。1944年底，意大利的盟军已经杀过"哥特防线"，前面不会再有天险或者坚固的德军阵地存在了。不仅如此，就1945年春季攻势而言，盟军正处于比过去好得多的"出击"位置。一些其他原因也使盟军的战斗力比德军强很多。

时间回到1945年3月，盟军春季攻势发动前夕。当时，盟军在意大利的总兵力已经增至十七个师，外加六个意大利战斗群。德军拥有二十三个师和四个由墨索里尼在被德国人救出来后于意大利北部招募的意大利师——一个意大利师的规模实际上不比一个战斗群大多少。但只看双方"师"的数量，就会得出双方实际兵力平衡的错误结论。盟军总兵力虽多，但实际作战兵力只有由约合三到四个师的六个独立装甲旅和四个独立步兵旅。

计算双方作战兵力的总人数和武器装备的对比数字是更合理的。盟军方面，美国第五集团军和英国第八集团军加起来约有五十三万六千人，外加支持盟军的意大利部队七万人。轴心国方面则有四十九万一千名德军官兵（其中有四万五千名是执行二

线任务的宪兵和防空兵）及十万八千名意大利官兵。1945年4月初，英国第八集团军开始进攻时，盟军和轴心国军队在作战部队人数上的比例是二比一（盟军五万七千人对轴心国军队两万九千人），火炮数量比也是二比一（盟军一千二百二十门对轴心国军队六百六十五门），在装甲车辆方面的比例达到了三比一（盟军一千三百二十辆对轴心国军队四百辆）。

盟军还得到了约六万人组成的意大利游击队的帮助。意大利游击队在德军战线后方不断制造混乱。为了对付意大利游击队，德军不得不从战线上抽调作战部队到后方。

关键是，盟军已经在意大利掌握了绝对制空权。战略轰炸作战瘫痪了意大利的交通线，现在即便是希特勒亲自下令，德军想撤出意大利转战其他战场也是难上加难。德军的油箱慢慢见底，机械化、摩托化部队的燃油供应短缺问题日益突出，德军既不能像以前一样迅速调动堵住阵地上的缺口，又不能执行阻滞性质的"机动性撤退"。这时，希特勒偏偏不愿意德军做任何形式的战略撤退，即便有这个可能。

经过秋季作战后的三个月休整，盟军的精神面貌有了很大改观。大量新式武器被使用，如水陆两栖坦克、"袋鼠"式装甲运兵车、"鸭尾"式履带登陆车，配备重型火炮的"谢尔曼"式坦克、"丘吉尔"式坦克，喷火坦克，以及"推土机坦克"等。盟军还接收了一系列新型架桥设备，储备了大量弹药。

德军方面，1945年1月，阿尔贝特·凯塞林病愈归队。但1945年3月，他调任西线德军总司令，离开了意大利。意大利的德国C集团军群司令的职务由菲廷霍夫接替。特劳戈特·赫尔当时担

第 11 章 希特勒失去意大利

任德国第十集团军司令，正和德国第一伞兵军（五个师）和第七十六装甲军（四个师）一起防守战线东段。弗里多林·冯·埃特林指挥的德国第十四集团军守卫包括博洛尼亚在内、直到热那亚的地中海海滨（这一段与配备四个师的第五十一山地军共同防守）和较宽阔的战线西段。最初，德国集团军群仅有四个师的后备兵力，其中两个在亚得里亚海侧后方，另外两个在热那亚，防备战线后方盟军可能的两栖登陆。后来，防备盟军两栖登陆等威胁的后备兵力一度上升到三个师。

马克·韦恩·克拉克指挥第十五集团军群。其右翼是理查德·麦克里里指挥的英国第八集团军。第八集团军由配备四个师的英国第五军、配备两个师的波兰军、"空架子"英国第十军（仅由两个意大利作战集群、一个犹太旅和洛瓦特侦察兵①组成）和实际上只剩印度第十师的英国第十三军共同组成。第八集团军迎战德国第十集团军。英国第八集团军的预备队是英国第六装甲师。小卢西恩·金·特拉斯科特指挥的美国第五集团军，包括配备四个师的美国第二军和配备三个师的美国第四军及两个师的预备队，另外美国第二装甲师、南非第六装甲师则被部署在盟军的战线西侧。

盟军指挥官的目标及首要难题就是如何在德军逃过波河前将其扫荡并彻底消灭。如果有办法把德军赶到位于雷诺河下游和波河之

---

① 有资料将其翻译为"洛瓦特童子军"。这支部队早在第二次布尔战争时期就作为英军的狙击手部队参战，并在那里学习了布尔猎人的"吉利服"等伪装手法。第一次世界大战期间，洛瓦特侦察兵成为被英国官方承认的狙击手部队。——译者注

间长约三十英里的平原地带最好，那样就能出动装甲部队迅速解决问题了。1945年1月初，意大利气候干燥。英国第八集团军在这时杀到了在亚得里亚海附近汇入雷诺河下游的塞尼奥河。如果英国第八集团军占领位于科马基奥湖正西面的巴斯蒂亚—阿真塔后，能打开通往平原的道路，那么几天后美国第五集团军就会发起进攻，朝北打到靠近博洛尼亚的位置。这样就能双管齐下，达到切断德军后路并将其围歼的目的。盟军计划在4月9日发起攻势。

为英国第八集团军设计的作战计划虽然复杂，但构思巧妙、考虑缜密。盟军在波河以北的登陆准备实际上是虚晃一枪，试图让菲廷霍夫分心，令他在"登陆场"一带投入大量德军预备队作为守备力量。为了让菲廷霍夫更加相信盟军将在波河北岸登陆，1945年4月初，英国"哥曼德"突击队和第二十四禁卫旅占领了位于科马基奥湖和大海之间的沙丘地带。几天后，英国特别舟艇部队又占领了一直深入内陆的辽阔水面上的几个小岛。

主攻部队是英国第五军和波兰军。英国第五军渡过塞尼奥河，先打开缺口，逆流而上，以此打乱德军阵脚。紧接着，英国第五军兵分两路：一路转向南，抵挡来自科马基奥湖西面的巴斯蒂亚—阿真塔走廊（曾被叫作阿真塔豁口）侧面的敌人；另一路转向西北，绕道博洛尼亚后方，从背部切断德军撤退的道路。波兰军队沿九号公路（艾米利亚小道）直进，正面进攻博洛尼亚。战线右翼的英国第五军五十六师接到了"正面进攻，并以'鸭尾'式履带登陆车渡过科马基奥湖侧面包抄配合进攻，猛攻阿真塔豁口"的命令。

英国第八集团军左翼（实力空虚的英国第十军和英国第十三

第11章 希特勒失去意大利

军)向北跨过巴塔利亚山进攻,直到波兰军和美军合兵一处并一同向巴塔利亚山进军后再离开。届时,英国第十三军将协同英国第六装甲师乘胜追击德军败兵。

英军在沙丘和科马基奥湖上的行动将菲廷霍夫视线转移后,盟军于1945年4月9日下午出动八百架重型轰炸机和一千架中型轰炸机及战斗轰炸机对德军发动了大规模轰炸。盟军还动用一千五百门火炮进行了共五次、每次长达四十二分钟(间歇十分钟)的"假警报"式集中炮击。4月9日黄昏,盟军步兵开始进攻。盟军的战术空军把德军牢牢困在阵地上,动弹不得。德军被雨点般落下的炮弹和炸弹震得晕头转向。随步兵杀过来的喷火坦克更是让德军惊慌失措。4月12日,由查尔斯·凯特利指挥的英国第五军跨过了桑泰尔诺河,继续向前挺进。虽然德军稳住阵脚后抵抗开始变得顽强,但盟军还是在4月14日占领了德军来不及彻底破坏的巴斯蒂亚桥("鸭尾"式履带登陆车在水浅地软的科马基奥湖的表现令人失望,但在"阿真塔豁口"周围的洪泛区的表现就好很多)。英军在4月18日穿过了"阿真塔豁口"。波兰部队遭到德国第一空降师的殊死抵抗,但最后还是打败了这支极度顽强的德军部队。

一开始,因天气恶劣,飞机无法起飞执行任务,并且在突破平原到达博洛尼亚前还必须翻过剩下的几座山脊,美军将进攻日期推迟到了1945年4月14日。4月15日,美军的进攻开始加速,盟军飞机在战役中的投弹数量达到了创纪录的两千三百吨。德国第十四集团军十分顽强地抵抗了两天。4月17日,美国第四军第十山地师终于得到一次突破机会,迅速沿着极其重要的、东西向的九

号公路开进。这样又过了两天,德军全线崩溃,美军打到了博洛尼亚近郊,先锋部队向波河一路攻去。

菲廷霍夫的大部分部队都在前线,只能用少得可怜的预备队和更少的燃料抵挡盟军的推进。稳定战线或让部队突围都不现实,只有进行长距离撤退才是唯一出路。然而,希特勒已经通过拒绝特劳戈特·赫尔的"灵活防线计划"(从一条河到另一条河的战略性撤退,这个建议有可能避过英军的攻势)把这条路堵死了。特劳戈特·赫尔只能自作主张,1945年4月20日带着部队"战略撤退"了。

然而,一切已经晚了。盟军的三个装甲师通过两次进攻将绝大部分德军团团包围,并切断了德军所有退路。很多德军官兵虽然设法游泳过河捡回了小命,但再也没办法构筑新防线了。1945年4月27日,英军渡过阿迪杰河,突破了掩护威尼斯和帕多瓦的"威尼斯"防线。

美军的进展更快。1945年4月26日,美军攻占维罗纳。4月25日,意大利游击队全面起义,德军四处挨打。4月28日,阿尔卑斯山脉的山口被封锁。同天,意大利游击队在科莫湖附近抓获并枪决了墨索里尼和他的情妇克拉蕾塔·佩塔奇。当时,意大利境内的德军各部队纷纷望风投降。4月25日以后,盟军无论在什么地方追击德军,受到的抵抗都不强了。4月29日,新西兰军队进入威尼斯,5月2日到达的里雅斯特。这时,盟军要对付的早就不是什么

"德国人"，而是南斯拉夫傀儡军[①]了。

其实早在1945年2月，德国党卫军在意大利的头目卡尔·沃尔夫就已经在幕后积极推进投降谈判了。盟军方面的代表是美国战略情报局[②]在欧洲的领导艾伦·杜勒斯。双方最初通过意大利中间人和瑞士中间人交换意见，后来发展到了面谈。现在看来，当时卡尔·沃尔夫的动机无非想避免继续对意大利造成无谓的破坏，并试图与西方列强单独媾和、共同对抗共产主义。很多德国人当时都有这种想法。对盟军来说，卡尔·沃尔夫很重要。这不仅因为卡尔·沃尔夫手握党卫军，而且因为卡尔·沃尔夫负责战线后方地带的指挥，这就意味着卡尔·沃尔夫可以破坏希特勒建造阿尔卑斯棱堡作为最后据点凭险顽抗的企图。

可惜，谈判被复杂化，并最终耽搁了。原因有以下几个方面：菲廷霍夫奉命取代阿尔贝特·凯塞林，此时苏联人又要求加入谈判；双方在这种上不了台面的谈判中各怀鬼胎、互不信任。尽管与卡尔·沃尔夫在1945年3月进行的几次谈判看上去不太可能解决问题，但4月初，希姆莱暂停了一切后续行动。直到4月8日，虽然菲廷霍夫还想着如何才能投降，但当时已经来不及阻止盟军发动春季攻势了。

1945年4月23日的一次会议上，菲廷霍夫和卡尔·沃尔夫一致决定违抗柏林方面"继续抵抗"的命令，与盟军进行投降谈判。4

[①] 南斯拉夫游击队在铁托的领导下，谱写了很多可歌可泣的抗德故事。但南斯拉夫的领土早在1941年就被轴心国占领并瓜分。德国在南斯拉夫建立了傀儡政权和傀儡军队，并一度利用这些军队和盟军作战。——译者注

[②] 第二次世界大战期间，这个组织负责在世界各地培养反纳粹的地方势力。著名的中央情报局就是以此为基础建立起来的。——译者注

月25日,卡尔·沃尔夫命令党卫军不要抗拒意大利游击队的接管工作。意大利方面,格拉齐亚尼表示愿意代表意大利法西斯部队投降。4月29日14时,德国使者签署了"意大利时间5月2日12时无条件投降"的文件。阿尔贝特·凯塞林一直在干预,不想让德军投降。然而,文件还是准时生效了。这比德国最终投降早了六天。虽然军事上的成功是盟军赢得胜利的保证,但谈判投降算是开辟了一条能让战争早日结束并减少伤亡及物资损失的道路。

第12章 「第三帝国」覆亡

The Collapse of Germany

第 12 章 "第三帝国"覆亡

希特勒将德军西线的兵力"抽干",把德国大部分仅剩的军队和资源拿去对付奥得河一线的苏军。他认为,自己在阿登一带策划的反攻已经让西线盟军瘫痪,再加上从比利时安特卫普基地发射的V系列导弹,足以让西线盟军无法重启攻势了。因此,现在从德国工厂和维修厂送出的大部分可用装备都被送到了东线。不过,就在此时,西线盟军正计划集中优势兵力强渡莱茵河。当时,蒙哥马利奉命在这次排山倒海的攻势中指挥主攻。这意味着他除了指挥自己麾下的加拿大第一集团军和英国第二集团军,还将指挥美国第九集团军。大多数美军将领听说"挂帅"的是蒙哥马利,便都将怨言倾泻在当时担任欧洲盟军总司令的艾森豪威尔身上。他们觉得艾森豪威尔向蒙哥马利和英国人献媚讨好,牺牲的却是美军的利益。

美军强忍着愤慨,在自己的战区里为展示实力而更加卖命地作战。虽然美军为取得战果而集结的力量不如蒙哥马利,但比战区里德军强得多。

1945年3月7日,小乔治·S.巴顿麾下美国第三集团军的坦克在艾费尔一带(崎岖的阿登一带靠近德国的一侧)突破了德军薄弱的

防线,又通过三天十六英里的奔袭,到达了位于科布伦茨附近的莱茵河河畔。德军已经将桥梁炸毁。美军到达之后一时无法继续前进。但在离受阻美军稍北一些的地方,美国第一集团军的一支小型装甲先头部队发现德军防线上有一个小缺口,他们很快就钻了过去,抵达了波恩附近的雷马根桥,并在德军炸桥前出色地将雷马根桥占领。预备队随后赶到,美军就这样占领了一个重要桥头堡。

消息传到了盟军集团军群司令奥马尔·布雷德利耳中。奥马尔·布雷德利在电话中十分开心,像是抓住了破坏德军莱茵河防线的机会似的:"好啊!这下我们可以给敌人好看啦!"但当时身处奥马尔·布雷德利指挥部的艾森豪威尔手下的一名参谋官立刻给奥马尔·布雷德利泼了冷水:"不准去占领什么雷马根桥,这不符合作战计划!"第二天,奥马尔·布雷德利就接到了"不要在这个桥头堡投入太多兵力"的命令。

当时发生的另一件事令人对这个带约束性的命令更加愤怒。四天前,即1945年3月3日,美国第九集团军抵达莱茵河河畔的杜塞尔多夫附近。尽管第九集团军司令威廉·辛普森恳求上级让部队马上过河,但蒙哥马利就是不准。盟军的总攻日设定在三个星期后的3月24日,中间还有很长一段时间。在这段时间里,美军因作战处处受计划掣肘而产生的情绪越发严重了。

小乔治·S.巴顿得到了奥马尔·布雷德利支持,率领部队向南,横扫了莱茵河西岸德军,并顺便物色了可供部队早早渡河的好渡口。截至1945年3月21日,小乔治·S.巴顿的部队已经肃清了科布伦茨到曼海姆之间长达七十英里的莱茵河西岸的全部德军。1944年3月22日夜,小乔治·S.巴顿的部队在美因茨到曼海姆之间

第12章 "第三帝国"覆亡

的奥彭海姆渡过莱茵河,没有遇到什么抵抗。

希特勒收到了小乔治·S.巴顿的部队发动奇袭的消息,下令立刻采取应对措施。但部下告诉他,除了远在一百英里外的一个坦克仓库里有五辆刚修好的坦克,德军再也拿不出多少物资以应对小乔治·S.巴顿的威胁了。希特勒已经"没货"了。美军渡过莱茵河后的挺进如入无人之境。

蒙哥马利已经完成了对位于莱茵河下游一百五十英里的威悉河流域的德军发起大规模袭击的准备工作。蒙哥马利的准备工作不可不谓"精心":先是在莱茵河西岸储存了二十五万吨弹药及其他物资,然后又集结了二十五个师的兵力。他准备进攻的渡河地段长三十英里,德国仅有五个既弱又疲惫的师在此防守。

1945年3月23日夜,在三千多门火炮的炮击和轰炸机群的连续轰炸后,盟军的攻势拉开序幕。两栖坦克搭载步兵打头阵,没遇到什么抵抗就渡过了莱茵河,并在河东岸建立了桥头堡。破晓之后,两个空降师在地面部队前方降落,帮助开路。过河的步兵后方的部队加紧搭建方便增援的步兵、坦克和运输车辆过河的桥梁。德军抵抗很弱:占突击兵力近半的美国第九集团军仅有四十人战死,英军只在莱茵河边的小村庄雷斯遭遇了一次顽强抵抗——一个德国伞兵营在这里坚持了三天。

1945年4月28日,盟军的桥头堡已经有二十多英里长、三十英里宽了,但蒙哥马利并未放松警惕。直到在桥头堡集结了二十个师外加一千五百辆坦克后,蒙哥马利才批准向东发起总攻。

战场上更能有效地阻碍盟军前进的单位竟然是盟军自己的空军——过度狂轰滥炸造成道路崎岖不平,这比德军设置在道路

327

上的障碍物还有效。当时德国军民大都希望西线盟军在苏军摧毁德军奥得河防线前东进，尽快杀入柏林，并多占领一部分德国领土。只有极少数人支持希特勒玉石俱焚的自毁政策。

就在西线盟军渡过莱茵河前夕，希特勒在一个命令中叫嚣道："我们进行战争时不要考虑什么'德国民众'。"因此，地方官员开始奉命破坏"一切工厂、一切主要电厂、煤气工厂"及"所有的食品仓库、服装仓库"，以求盟军所到之处只剩一片焦土。

然而，希特勒的战时生产部长阿尔贝特·施佩尔随即对这一严格的命令提出了抗议。希特勒是这样反驳阿尔贝特·施佩尔的："一旦战败，德意志民族就会随之灭亡。那时，哪里还需要考虑让民众继续生存下去的事情呢！"

阿尔贝特·施佩尔被希特勒的冷酷无情深深震撼，随之动摇的还有他对希特勒的忠诚。他随即背着希特勒游说军界和工业界领袖，叫他们不要执行希特勒的命令。阿尔贝特·施佩尔没费多大力气就得到了这些人的支持。

然而，战局眼看着一天天变坏，希特勒心中的幻想不减反增，直到大限来临之际还在等着天降奇迹的"救赎"。希特勒喜欢阅读或让旁人念托马斯·卡莱尔写的《腓特烈大帝史》。书中谈及腓特烈大帝是如何在军队即将崩溃的黑暗时刻，因为俄罗斯沙皇伊丽莎白一世的驾崩（随着俄罗斯沙皇伊丽莎白一世的驾崩，反对腓特烈大帝的同盟也就不复存在了）而时来运转、绝处

第12章 "第三帝国"覆亡

逢生的。① 希特勒还喜欢研究占星术，曾预言1945年4月会有灾难发生，但会逢凶化吉，令人满意的和平会在8月到来。

1945年4月12日午夜，希特勒收到了罗斯福总统突然去世的消息。戈培尔打电话给希特勒说："元首，我祝贺您，老天带走了您最大的敌人，上帝并没有抛弃我们。"看来，这就是希特勒一直在等的那个如同"俄罗斯沙皇伊丽莎白一世驾崩"场景再现一样的所谓"奇迹"。希特勒因此相信：丘吉尔口中的东方与西方强国"大联盟"很快就要因国家间利益冲突而解体了。

偏偏一切事与愿违：腓特烈大帝一度被逼得想结束自己的生命一了百了，但"奇迹"一再出现，挽救了他的生命；虽然希特勒的"奇迹"已经"降临"，但他还是在两个星期后自戕，一命呜呼。

1945年3月初，朱可夫扩大了建立在奥得河上的苏军桥头堡，但还没有向前推进。苏军较远处的侧翼部队继续前进，4月初进入维也纳。当时，德军在西线的抵抗已经崩溃。西线盟军渡过莱茵河后，一路向东长驱直入，途经之处没有遭遇什么抵抗。4月11日，西线盟军抵达位于柏林六十英里外的易北河，并再次停下。4月16日，朱可夫的部队和强渡尼斯河的伊万·斯捷潘诺维奇·科涅夫的部队继续向前进攻。

苏军突然从桥头堡中冲出，不到一个星期就杀到了柏林近

---

① 在著名的"七年战争"中，普鲁士军队虽然越战越勇，却一直失败。直到1762年1月5日，痛恨腓特烈大帝的俄罗斯沙皇伊丽莎白一世驾崩，即位的彼得三世是腓特烈大帝的崇拜者。双方通过一系列友好姿态建立了关系，俄罗斯帝国甚至反过来成了普鲁士王国的盟友。——译者注

郊。希特勒决定背城一战。1945年4月25日，伊万·斯捷潘诺维奇·科涅夫的部队和朱可夫的部队将柏林孤立并团团包围。4月27日，伊万·斯捷潘诺维奇·科涅夫的部队和美军在易北河会师。但当时柏林市区正发生激烈的巷战。直到希特勒自杀、德国无条件投降、战争结束，巷战才停止。

1945年5月8日午夜，欧洲战场的战火算是正式结束了。这一天不过是对战争结束的最后承认而已，部分地区早在一个星期前就停战了。5月2日，位于意大利南部战线的所有战斗都已停止——德军的投降书是在正式停战前三天签署的。5月4日，在蒙哥马利设在吕讷堡荒野的司令部，欧洲西北部的德军代表签署了另一份相似的投降书。5月7日，在兰斯的司令部的艾森豪威尔签署了一份范围更大（包括德军所有部队在内）的投降书，还举办了一个大规模的战争结束仪式。除英国代表、美国代表、法国代表外，苏联代表也一并出席。

这些投降手续都是在1945年4月30日希特勒与忠于自己的情妇爱娃·布劳恩——当时他们刚刚结婚一天——在柏林的总理府废墟内自杀后进行的。根据希特勒的遗嘱，为防止已经近在咫尺的苏军士兵找到他的遗体，德军在花园里把他和爱娃·布劳恩的尸体焚烧了。

德军签署的三份投降书中，意大利战场的那份是最重要的，因为它既是德军将领在希特勒生前不顾希特勒的命令签署的，也是在两个月前的1945年3月初意大利战线上盟军策动德军"暗中"投降的结果。至于德国本土方面，德军将领虽然一直私下议论迫切需要投降的问题，但希特勒大权独揽，尚未撒手人寰，所以一

第12章 "第三帝国"覆亡

直不敢冒这个险。

自1944年6月西线盟军在诺曼底登陆后,许多德军将领便认为大势已去。1945年2月,德军在阿登一带发动的反攻被西线盟军击退,同时苏军攻入德国东部,几乎让所有德军将领完全丧失了继续抵抗的希望和决心。德军将领之所以继续指挥作战,主要是因为恐惧,担心投降会违背自己许下的、忠于希特勒的军人誓言,还担心投降会激怒希特勒,更害怕因为不服从命令被希特勒送上绞刑架。除此之外,德国将领也害怕盟军,因为盟军早就放风威胁说:"要在德国无条件投降后收拾他们。"

战争之所以延后了不必要的几个月才结束,主要是因为希特勒的残酷。如果西线盟军搞清楚"无条件投降"对德国人心理产生的影响,并且不那么无情地坚持这个条件,战争可能会早点结束。如果盟军当时不摆出一副赶尽杀绝的姿态,向德国人做一些关于战后处理问题的合理保证,那么很可能会激起一场由德军高级将领带头的投降浪潮,德军的前线会因此迅速崩溃,纳粹政权会随之垮台。那时,即便希特勒一个人想顽抗也毫无办法了。